문화예술의 시대, 세계 무대를 열다

프랑스와의 국제 문화예술 교류 30년을 중심으로

지은이 최준호

성균관대학교에서 프랑스어 · 문학을 전공, 프랑스 파리3대학에서 연극학 박사학위를 취득했다. 예술가이자 연구자로 시작하여 교육자, 문화행정 및 기획자로서 다양한 활동을 하고 있다. 1996년부터 한국예술종합학교 연극원 연극학과 교수로 재직하고 있으며, 국립중앙극장 운영심의위원장, 국제문화교류진흥위원(문체부), 문화외교자문위원장(외교부), 한예종 기술지주회사 대표이사 등을 겸직하고 있다.

2005년 〈창의한국〉, 〈새예술정책〉, 〈문화헌장〉과 2018년 〈문화비전 2030〉 등 정부 정책연구와 주프랑스 한국문화원장, '문화도시' 심의위원장, 실감형콘텐츠진흥위원으로 문화정책 실현에도 참여하였다. '97세계연극제 예술부감독으로 시작해서 2021년까지 예술의전당, 서울국제공연예술제, 의정부음악극축제 등에서 예술감독, 서울국제연극제와 서울거리예술축제에서 프로그램 또는 운영 책임을 맡았다. 1995년 프랑스 〈한국문학의 해〉, 1998년 아비뇽축제 공식초청작 〈Les Coréennes〉, 2002년 파리가을축제 한국특집, 2006년 한불수교 120주년 문화사업과 한불수교 130주년 〈2015-2016 한불상호교류의 해〉 등 여러 국제예술교류사업을 총괄 기획했다.

예술가로서는 창작 오페라 〈김구〉(2002), 연극 〈고백〉(2013), 〈리타의 보따리〉(2018), 전통예술총체극 〈다르마〉(2017) 등의 연출 외에도, 프랑스 연출가들과 함께 국립극단에서 〈앙드로마크〉(1993), 〈브리타니쿠스〉(2000), 〈귀족놀이〉(2004) 등을 창작했다. 세계적인 단체인 프랑스 태양극단과 징가로극단이 한국 예술과 협업한 〈제방의북소리〉(1999)와 〈일식〉(1996)에도 코디네이터로 함께 하였다. 저서로는 다수의 정부 문화예술정책 연구서 외에 공저로 집필한 〈오태석의 연극세계〉와 〈우리시대의 프랑스연극〉이 있다.

긴 기간의 연구, 프랑스와의 문화예술교류 활동의 공로로 프랑스로부터 학술훈장 기사(2005), 문화훈장 오피시에(2007) 그리고 국가최고훈장인 레지옹도뇌르 기사(2017)에 임명되었다.

문화예술의 시대, 세계 무대를 열다
프랑스와의 국제 문화예술 교류 30년을 중심으로

초   판 : 2022년 5월 30일

지은이 : 최준호
펴낸이 : 이성모
펴낸곳 : 도서출판 동인
등   록 : 제 1-1599호
주   소 : 서울시 종로구 혜화로 3길 5 118호
TEL: (02) 765-7145 / FAX: (02) 765-7165
E-mail: dongin60@chollian.net / Homepage: donginbook.co.kr

ISBN 978-89-5506-859-7   93680

정가 : 24,000원

문화예술의 시대,
세계 무대를 열다

프랑스와의 국제 문화예술 교류 30년을 중심으로

최준호 지음

도서출판 **동인**

세계 평화는 지구촌이 폭넓게 공유하는
문화로 지켜진다고 믿는다.
이 일은 '세계에서 가장 아름다운 나라'의 국민이 만들어 낼
높은 '문화의 힘'으로 이루어질 것이다.

책을 펴내며

이 책은 필자가 약 30년간 직접 참여하고 경험한 일들을 중심으로 프랑스와의 문화예술 국제교류를 입체적으로 조망한다. 관객과 시민들은 그 결과만을 향유하거나 정보로 알게 되지만, 실제로 국제 문화예술 교류사업들은 시작부터 마무리된 이후까지, 수많은 새로운 일과 가치들이 그 과정에서 파생된다. 하지만 대개는 사업으로 종료되고 말기에 시간이 지나면, 마치 한 편의 공연처럼 사라질 뿐, 국제교류의 실상은 잊혀지고, 지워져 버린다. 역사를 알면 현명함을 얻는다는 말을 믿으며, 여기에 그 상세한 기록, 종합적인 정리, 분석을 싣는다.

필자는 오랫동안 국제 문화예술 교류분야에서 수많은 민, 관의 동료들과 함께 일을 하고 있다. 모두가 경험조차 일천하여 좌충우돌 하며 수습하기도 했었고, 일에 익숙해지고서는 젊은 청년들에게 길을 열어주려고 노력하고 있다. 이제 글로 정리하여 더 많은 사람들을 만나자는 욕심이 생겼다. 이는 먼저 운좋은 경험을 한 필자의 채무감이기도 하다. 긴 기간 경험한 전문적인 국제 문화예술 교류의 내용과 가치를 가능한 한 가독성 있게 전하고 싶었다. 공연예술, 축제, 예술과 문화교류에 관심이 있는 학생, 실무자, 애호가 및 일반인들까지도 다양한 사업 과정들의 현장을 흥미롭게 읽을 수 있기를 바란다.

국제 문화예술 교류는 인위적으로 나누어 놓은 영역 안에서만 이뤄지지는 않는다. 예술과 일반 문화는 문화예술 공간이나 축제, 교육 또는 일상에서, 공공정책이나 개별 사업을 통해서 긴 시간 동안에 서로 영향을 주고받으며 국제적인 차원에서 발전된다. 필자는 이를 별개의 영역으로 나누기 보다는 사업에 따라 예술가, 기획자, 문화예술 행정가 그리고 연구자의 관점에서 필자가 직접 실행한 현장의 일들을 풀어내었다. 그리고 필자가 함께 일했던 수많은 국가를 다루기보다는 한국과 프랑스로 영역을 제한하고, 오히려 구체성을 확대했다. 잘 알려진 것처럼 유럽 한류의 거점은 프랑스이다. 문화예술에서는 국경으로 나뉘기보다는 문화권에 따라 선호도가 달라질 뿐, 한 국가의 의미는 크지 않다. 다만 프랑스와는 한국이 국가적 차원에서 국제교류를 한 지 유럽에서 가장 오래되었고, 문화예술이 국제사회로 확산되는 플랫폼 역할을 프랑스가 매우 잘하기 때문에 프랑스로의 축소 선택을 주저하지 않았다.

글의 맥락은 한국을 중심에 둔 프랑스와의 국제교류로 방향을 잡았다. 우리나라 안에서 문화예술계와 국민들이 어떻게 프랑스의 문화예술을 만나고, 서로에게 문화적인 영향을 주고 변화했는지도 매우 흥미롭지만 이는 예술 영역의 사업 분석에서 주로 다루었다. 독자들의 일상, 공공극장, 축제, 국가정책에서의 국제교류도 각기 매우 중요하지만 이 책에서는 각 장의 내용과 연결하여 녹여 넣었다. 다만 필자가 개인적 차원에서 교육자ㆍ예술가ㆍ기획자로서 행했던 프랑스와의 교류사업들은 생략하였다. 공적인 전문 영역에서 필자가 예술가ㆍ행정가ㆍ기획자로서 주요 역할을 했던 일들을 주로 다루었다. 이는 구체적인 국제 교류사업의 내용이 가능하면 포괄적이고, 보편적인 차원에서 생산적으로 읽혀지기를 바라기 때문이다.

이 책은 문화예술과 국제교류는 왜 해야 할지부터, 세계적인 축제에의 초청을 통한 교류의 입체적인 발전, 공연예술 창ㆍ제작 및 배급에서 국제교류로 인한 새로운 변화, 그리고 오늘날의 국제 문화예술 교류가 어떻게 세계 무대를 지속 가능하게 열어주게 되었는지를 세세히 밝힌다. 유럽 한류의 중심인 프랑스에서, 한류 이전, 한류 확산의 시기에, 그리고 그 이후 최근까지 펼쳐졌던 문화예술 교류를 독자들이 종합적으로 이해할 기회가 될 것이다.

문화예술 기획에 관심이 많은 독자들에게 한마디. 국제 문화예술 교류사업에서도 마지막에는 예술가, 단체, 기관들의 성과요, 그들의 결실로 남지만, 기획자가 최초에 양국의 모두를 설득하고, 연결하고, 만남을 성사시키며 동시에 필요한 예산을 만드는 일을 하지 않으면 실현되기 어려운 경우가 많다. 보통의 기획보다 더 어렵다. 그런데 끝까지 뒤에서 박수를 보내며, 그 순간에도 후속을 준비하는 인물도 기획자이다. 자신이 드러나는 순간 다른 것들의 가치를 가릴 수 있기 때문에 몸을 낮춘다. 결국 찬사는 못 받고 책임을 짊어지는 일이 벌어져도, 기획자가 견디는 힘은 사람과 국제 문화, 예술에 기여하고자 하는 열정일 것이다. 어려운 만큼 후속의 파장은 예상을 넘어서는 경우가 많으니 용감하게 모험할 만하다. 이런 국제사업은 더 많은 새로운 사람들을 만나게 하며, 더 많은 주역들로 확대되고, 더 다양한 영역으로 연계되곤 하기에 기대 이상의 감동을 준다. 이 책을 읽으며 자신감을 얻을 수 있기를 바란다.

오랜 세월 동안 자주 곁을 비워도 기꺼이 필자를 안아준 사랑하는 가족에게 감사의 인사를 먼저 전한다. 30년가량 함께 했었던, 이름을 다 언급할 수 없을 정도로 많은, 한국과 프랑스에서 함께 했었던 모든 고마운 분들께도 이 책을 바친다. 아울러 졸고를 기다려주고, 다듬고 응원해준 도서출판 동인께도 감사드린다.

2022년 연초에
석관동 연구실에서

담은 내용

글을 시작하며

자연스러운 기회가 매우 긴 기간 동안에 주어져서, 필자는 국제교류를 일상적으로 경험하며 살게 되었다. 1984년부터 만 9년간 프랑스에서 유학했던 시절, 프랑스인들은 한국에 대해서는 기껏해야 식민지, 전쟁, 군사쿠데타와 군부독재, 더 안다고 해도 민주화운동과 고도 경제성장 정도만 알 뿐이었다. 따라서 필자는 매번 반복하여 한국의 역사와 문화, 한국 사회와 한국인 그리고 한국의 예술에 대한 이야기로 대화를 몰고 가곤 했었다. 박사 논문을 오랫동안 준비하던 때에도 어쩌다가 한국 예술가들이 현지에서 노출되면, 달려가서 거들며 더 잘 소개되게 힘을 보탰고, 현지에서 좋은 공연이나 문화적인 환경을 경험하면, 어떻게 해서든 우리나라와 연결되게 하려 했었다. 그것이 제도이건, 공연이나 영화이든, 다른 예술 분야이든 가리지 않았다. 심지어는 필자가 현지 무역회사에 다니면서도 당시 외국 브랜드 주문자 생산방식(OEM)으로 수출하던 한국 대기업들이 프랑스인들에게 신뢰를 잃지 않게 중간 매개자로서 자주 우리 문화의 강점을 얘기하며, 설득하곤 했었다. 결국 이런 다양한 일들이 내 스스로의 문화적인 정체성을 확인하는 기회였고, 우리 문화와 예술에 대하여 한 걸음 떨어져서, 또 다른 시각으로 다시 볼 기회였다. 문화와 예술을 통해서는 서로 간의 차이와 거리가, 열등감이나 박탈감이 아니라, 자존감과 공감, 다양성의 가치로움을 깨닫게도 해주었다.

'국제 문화예술 교류' 라는 말은 독자들의 일상과는 거리가 멀게 느껴질 것이다.

내 삶과 전혀 관계없는 '수출', '국위선양', '한국문화 홍보', '문화산업 진흥', '한류' 등의 단어들이 먼저 떠오르기 때문이다. 하지만 반대로 지난 100년간 외국의 문화가 들어와서 우리 문화로 자리잡을 때에 우리는 이와 똑같은 생각을 했었는지를 자문해보자. 서양 음악, 미술, 문학, 의식주를 둘러싼 생활문화, 각종 대중문화 등이 천천히 스며들 듯이 우리 가까이로 다가와서, 이제는 우리의 문화가 되었다. 이질적인 외국 문화예술이 우리 문화를 파괴하고 휩쓸어 엎어버리는, 그래서 우리의 모든 것이 고사되는 일은 일어나지 않았다. 이는 물론 문화예술이 주로 하는 일이 아니기도 하지만, 다행히도 우리와 사회를 구성하고 있는 오래된 문화 안에서 그 모든 것들이 소화되고, 재창조되어 그것들이 훌륭한 우리의 문화로 자리잡게 되었다. 필자도 청년 시절에 우리 문화의 정체성 상실에 대해 심각한 고민에 빠져있기도 했었다. 하지만 당시 이질적이고 왜소했던 한국 현대예술에 대한 고민도 전통의 현재화와 균형, 공존, 교류를 통한 문화적인 성장과 성숙이라는 길에서 풀리고 있다. 따라서 '한류'가 산업적으로는 위협적이더라도, 다양한 문화예술을 아울러서 다가가면, 결국 한국, 한국인과 문화에 대한 호감으로 발전되는 데 기여할 것이라고 필자는 오래 전부터 주장하게 되었다. 방탄소년단의 활동 안에서 이런 내용들이 잘 관찰된다. 결코 일방적인 상품의 판매에 그치지 않고, 문화적으로 교류하고 공감하고 공유하게 하는 일들이 깊고 넓은 신뢰를 만들어서 그들은 세계인의 BTS가 되었다.

오늘 우리는 각종 매체를 통해서, 또 자유로운 해외여행을 다니며, 아니면 국내에서 여러 다른 외국인들을 보면서 다양한 외국의 문화를 접하며 산다. 그것들이 새롭고, 신기하게 여겨지는 경우가 많겠지만 아마도 너무 이질적이어서 거부감을 느끼는 일은 드물 것이다. 20~30년 전과 매우 다른 점이다. 이는 그만큼 다름에 대한 이해의 폭이 넓어지고, 또 경험을 하면서 공감대도 커지고, 차이로 인해 우리 스스로를 다시 볼 기회가 많아졌기 때문일 것이다. 일반 문화에서는 이미 국제교류가 우리 생활 속에 자리를 잡고 있다. 다만 예술이 아직까지는 우리의 일상과 먼 거리에 있기에, 예술에서의 국제교류가 삶에 어떤 새롭고도 생산적인 가치를 만들어줄지는 확인되지 않았다. 이 책의 여러 사례와 분석을 통해서 일부이나마 이를 가늠해보고자 한다.

"고맙다. 길고도 어려웠던 역사 속에서 이런 훌륭한 예술을 지켜서 내게 보여준 한국과 한국인을 존경한다." 2015년 한국과 프랑스의 국가 간 행사의 개막 공연 〈종묘제례악〉이 끝난 후, 프랑스 정치, 문화계를 이끄는 여러 사람들이 건넨 말이다. 기억해보면, 경제적으로 또 정치적으로 힘들었던 과거에 사람들을 한데 모으고, 서로 돕고 용기를 얻게 했던 바탕에는, 정치력·군사력·경제력도 아닌, 우리가 공유하는 문화의 힘이 있었다. 해외에서 당당히 활약하던 한국 체육인·음악인·무용인들이나, 우리 문화를 사랑하는 세계인들이 있었기에, 그 시절 우리가 자존감을 회복하고 자신감을 가지며, 함께 어려움을 이겨내는 공동의 힘을 얻게 되었던 기억이 생생하다.

어느 부강한 나라도 존경받기는 쉽지 않다. 부유한 사회에서도 너그러운 포용력을 찾기 어려운 경우를 종종 본다. 문화의 힘이다. 다양한 생각과 가치들은 서로 충돌할 수도 있지만, 소통하고 공유하는 문화 속에서 그것들은 오히려 나를 새롭게 보게 하고 우리의 삶을 더욱 풍요롭게 하지 않는가. 우리가 일상에서 자주 접하는 공격적인 사회, 집단이기주의적인 힘의 파괴적인 충돌들은 문화적인 삶이 결여되어서일 것이다. 국제 문화교류에는 분명히 새로운 가치들이 담겨있고, 그 새로움은 우리 자신의 변화를 도와준다. 이 책에서 소개되는 국제 문화예술 교류의 구체적인 실제 사례들을 통해서, 다양한 문화예술 사업들의 구성, 실현과 결실의 과정 속에서 서로 어떻게 연결되고 연동되는지를 보게 될 것이다. 필자는 이런 방법적인 노하우에 대한 검토를 넘어서, 우리의 문화적인 정체성과 자존감을 얻는 과정과, 열린 세계 무대를 향한 자신감, 나아가 다양한 가치를 소화하는 조화로운 사회 속의 넉넉한 삶에 대해 독자들과 함께 생각하고자 한다. 독자들은 다양한 예술이 섞여서 만들어진 한 편의 긴 연극을 보듯이, 몇 차례 인터미션으로 쉬어가며, 논단, 연구, 기록의 성격이 혼합된 다음의 글들을 관심사에 따라 흥미롭게 읽기를 바란다.

I.

문화예술, 국제교류를 왜 해야 할까?

예술은 밥이다

예술은 먹고 살만한 시절이 되면 새로 찾는 '반찬'이 아니라, 없으면 몸과 마음이 황폐해지는 '밥'이다. 경제적 여유가 있는 사람들의 여가선용을 위해 제공되기도 하지만, 예술은 특별히 고단한 삶을 사는 개개인이 새로운 가치를 발견하며 들이마시는 신선한 공기와 같은 것이다.

부(富)와 권력의 미망이 우리를 사로잡은 가운데, 모두가 위로 향한 경쟁으로 인해 얼마나 많은 스트레스를 받고 있는가. 게다가 유행과 이익을 주로 좇는 사회의 집단의식이 서로 다른 생각과 가치들을 배척하는 숨막히는 현실에서, 대다수의 우리들은 종종 무기력하게 위축되고, 박탈감을 느끼며 살곤 한다. 이때에야말로 기계적인 일상을 벗어나 우리를 기쁘게 하고, 우리에게 인간과 사회를 새롭게 발견하게 하고, 아름다움과 감동을 느끼게 해주는 예술의 다양한 가치가 필요하다.

예술은 우리 개개인들을 자유롭게 해준다. 예술가들이 자유롭게 자신들의 지적(知的), 시각, 청각, 체험적 세계를 창조해내면, 이를 만나는 관객들도 각자가 자신이 원하는대로 자유롭게 작품들을 느끼고, 받아들일 수 있기 때문이다. 여기에는 어떤 우월적 왕도도, 정답도 차별도 없다. 서로 다르기에 존중받는 예술처럼, 우리 개개인이 서로 다른 예술과의 만남을 통해서 각각의 가치들을 확인하고, 함께 나누는 기쁨과 열정이, 다르기에 더욱 풍요로운 가치들을 서로 이해하고 경험하며 사는 넉넉함이, 각자에게 그리고 나아가 사회에 생겨나는 것이다. 그래서 예술은 우리 일상과 다를수록 좋고, 익숙하지 않은 가운데 낯섦으로 인해서, 새로운 시각으로 우리와 사회를 바라볼 수 있게 할수록 좋다. 혹여 집단 대중이 선호한다고 해서, 돈이 된다고 해서 그것만을 우선한다면, 우리는 결국 예술이 주는 다양한 가치와 신선한 공기를 잃고 말 것이다. 예술이 우리의 일상에서 자라나고, 그 풍요로운 결실을 누구든 향유하는 일이야 말로 우리의 서로 다름이 존중받는 가운데, 우리가 조화롭게, 평화롭게, 즐거운 꿈을 꾸며 살 수 있게 하는 데에 필수적인 밥이다. 그 중에도 우리와는 다른 문화에서 발현된 예술은 더욱 별난 맛의 밥일 것이다.

연극예술과 교류

필자가 연극과 관련된 일을 하거나 공부를 한 지 이제 42년이 넘었다. 그간 가장 많이 들은 얘기는 "연극해서 뭐 하려고?" 또는 "연극 왜 하는데?"라는 질문이었다. 연극은 우리의 일상생활과 거리가 먼 일이기 때문에, 연극이라는 예술이 왜 이 세상에 있어야 하는지 알기 어렵기 때문에, 달리 말하자면 연극은 우리 삶에 아무 쓸 데가 없는 일로 보이기 때문에 나온 말일 것이다. 예술은 과연 우리의 삶에 아무 쓸모가 없는 일일까? 흔히 하는 말처럼, 이제 경제적으로 살만해졌으니, 즉 밥은 굶지 않게 되었으니, 예술은 밥상에 더해지는 맛깔진 반찬의 하나인가? 왜 수많은 예술가들은 경제적인 궁핍에도 불구하고, 자기 예술을 놓지 못할까? 특히 연극예술가들은 아직도 라면으로 끼니를 때우더라도 왜 연극을 계속할까? 아마도 독자들도 이런 질문들을 쉽게 던지곤 했을 것이다. 대개의 연극 예술가들의 삶의 목표는 자기 작품의 완성도이다. 그것이 설혹 부와 권력과는 무관하다 하더라도, 사회에 가치로운 무엇인가를 남긴 인간으로서의 명예가 최고일 것이다. 내 연극을 보며 웃고, 울고, 공감하고, 고뇌하고 또 감동하는 관객이 있기에, 또 예술가로서 자신이 다른 사람의 마음을 움직이는 것을 직접 경험하는 기쁨이 있기에, 연극인들은 척박한 삶의 무대에서 살고 있다. 연극이 고되고 힘겨운 삶을 사는 우리에게 건네는 따뜻한 한 그릇의 밥이요, 신선한 공기이기를 그들은 바란다.

시, 청각 예술과 시간, 공간이 어우러져 하나의 작품을 이루는 연극은 이른바 종합예술이다. 이 종합예술의 완성을 위해서는 작가, 연출가, 배우, 공간·무대·조명·음향디자이너, 연습과 공연을 진행하는 스탭, 공연 계획의 결정부터 공연 후 결산에 이르기까지를 총괄하는 기획자 등 수많은 전문 예술인들이 결합되어 일을 한다. 공연 한 편을 위해서 하는 일들도 다르지만, 이뤄내는 성과 또한 각각 다르다. 이는 외형적으로 관객의 눈에 보이기도 하지만, 보이지 않는 영역이 훨씬 더 많다. 자세히 들여다보면 우리가 살고 있는 사회와 유사하다. 이들 공연예술가들은 공연 현장에서 직접 관객과 얼굴을 마주하며 서비스를 하기도 하고, 무대에서 작품을 통해 말을 걸고 마음과 생각을 건드리기도 한다. 다른 한편으로는 간접적인 일을 통해 공연에 대한 관심을 갖게 하거나, 최적의 환경에서 공연에 집중하게 하거나, 또 공연을 본 후에는 이를 복기하며 공연의 기억이 관객의 일상과 계속 관계를 맺게 하기도 한다. 공연을 위해 모여서 역할 분담을 하는 창작 단체도 있지만, 외부의 비평가, 예술행정가/경영자 등도 실상은 이들과 함께 하고 있다.

이 책에서 주로 다루는 공연예술은 현재 우리 사회의 상품에 대한 일반적인 요구와 거리가 멀다. 인스턴트적 달콤함, 획기적인 성과, 확대 재생산성, 원가대비 수익성, 가시적 효과, 빠르고 변화무쌍한 디지털 체계 등 어느 것과도 거리가 먼, 지극히 아날로그적이고 수공업적인 분야이다. 자연히 일반대중의 일상적 관심과는 먼 거리에 공연예술이 자리 잡고 있다. 하지만 공연예술은 인간 사회가 존재하기 시작한 그 때부터 공동체의 희로애락을 공유하게 하고, 개개인의 삶과 사회를 되돌아보고, 달리 보게 하였으며, 시민들은 예술가들의 헌신과 봉사에 감사해했었다. 일제시대나 군사독재 시절 같은 어려운 때에도 그들은 우리의 상처 난 가슴을 어루만지며, 우리 사회가 공유해야 할 무형의 정신적 가치를 되살리고자 노력하지 않았던가.

연극인들은 왜 가난을 각오하며 인생을 무대에 바칠까? 그들은 연습이 시작되기 전부터 관객을 생각한다. 최고의 기쁨은 관객을 만나는 일이며, 작품의 감동과 이야기를 관객과 함께 나누었을 때에 가장 큰 보람을 느낀다. 그들의 존재 이유는 관객에게 있는 것이다. 아무런 만날 기약도, 일면식도 없는 관객을 위해서 모든 현실적인 어려움을 이겨내며 그들은 무대를 지키고 있다. 관객이 공연을 숨죽이며 지켜볼 때, 웃음과 탄식과 긴장이 객석에서 무대로 전해질 때, 공연이 끝나고 박수로 화답받을 때, 수개월 간의 고통도, 현실의 어려움도 이겨낼 용기를 다시 얻는 그들은 미련한 건망증 환자처럼 보일 지도 모른다. 그들이 준 감동이나 기쁨, 삶과 사회에 대한 성찰이 관객 개개인에게 어떤 영향을 주는지 우리 사회에서는 아무도 확인하고자 하지 않지만, 그들은 진실을 얘기하기 위해 혼신의 힘을 바쳐 준비하고, 정성을 다해 관객을 맞았기에 그것으로 보람을 느낄만큼 순진무구한 이들이다. 우리 사회가 어떤 존경도, 찬사도, 보상도 그들에게 너그럽게 제공하고 있진 않지만, 그들은 우리를 기다리며 다행히도 아직 그곳에 살아 있다.

스스로가 배려받지 못하는 소수의 약자이면서도, 늘상 사회 벽지, 소외계층, 저소득층, 청소년들을 찾아다니는 연극예술가들은 지금도 심하게 앓고 있다. 사회의 정의를 당당하게 앞장서서 말하지만, 그들은 곤궁하다. 그들의 현실적인 어려움은 전 세계 어디를 가더라도 비슷할 수밖에 없다. 하지만 삶의 질이 담보된 선진국에서는 그들에 대한 국민들의 인식이 다르고, 국가와 지자체 차원에서의 연극 활성화에 대한 책임있는 배려와 장치가 다르고, 예술가들이 살 수 있게, 또 육성, 발전되게 하는 제도가 현저히 다르다. 다행히 우리에겐 전국에 이백 개 이상의 공공극장이 있고, 정부차원에서의 예술교육 및 체험 프로그램도 있다. 우리의 예술 향유 권리를 회복하기 위해, 예술가들에게 제도적인 배려도 허락하고, 그들을 살려내라고 지자체와 정부에게 요구해야 할 것이다. 그들과의 빈번한 만남이 우리 일상의 일부가 될 때에야 비로소 우리는 훌륭한 문화, 예술을 삶에서 누릴 수 있기 때문이다.

나와 연극과 프랑스

연극동네에서 살고 있는 사람들이 자주 듣는 질문은 "어쩌다가 연극을 하게 되었나?"
는 우려 섞인 말이다. 나는 어쩌다가가 아니라, 연극을 하기 위해 많은 편안한 길들을
버렸다고 항변한다. 사업, 텔레비전 방송, 26세에 제안되었던 교양학부 교수 자리
등. 어려서부터 호기심이 많았고, 답을 얻을 때까지 열정을 쏟곤 했던 몹쓸 습관이 한
편에서는 원동력이 되었고, 더 거창하게 말하자면, '문화혁명'을 꿈꾸던 10대의 친
구들과의 약속과 의병장의 증손자라는 운명적 뿌리가 이 길에서 삶을 묻게 했다. 소
소하게는, 희곡을 읽는 재미와 이를 무대에 창작하여 관객을 만나는 과정에서, 삶, 인
간, 사회를 새롭게 읽고, 스스로가 변화되는 삶을 사는 일이 좋았다.

프랑스어·문학을 전공했던 대학(원) 시절에 아마추어 연극 활동을 통해서 필자
는 파뇰(Pagnol)의 〈Jazz 재즈〉, 비앙(Vian)의 〈Les Bâtisseur d'empire ou Schmürtz
제국의 건설자들〉, 비트락(Vitrac)의 〈Victor ou les enfants au pouvoir 권력을 가진
아이들〉, 오디베르티(Audiberti)의 〈Opéra parlé 말로 하는 오페라〉, 아누이
(Anouilh)의 〈le Bal des voleurs 도둑들의 무도회〉, 마리보(Marivaux)의 〈le Jeu de
l'amour et du hazard 사랑과 우연의 장난〉 등 대부분의 초연작들에서 스탭, 배우도
하고, 주로는 연출을 했다. 18세기 시민연극 시대에서부터 20세기 초반의 세기말
적 위기, 초현실주의, 2차대전 후의 사회적, 계층적 문제, 개인과 사회집단 간의 괴리
등 프랑스 연극을 통해 수많은 인류, 사회적 가치를 다시 돌아볼 소중한 기회를 대학,

대학원 시절에 가진 것은 행운이었다.

필자는 극장에서는 〈에쿠우스〉, 〈아일랜드〉, 〈신의 아그네스〉, 〈관객모독〉 등 외국 원작극 공연들을 인상 깊게 감상할 기회가 많이 있었다. 중학교 시절부터 자주 관람하곤 하던 오페라 공연들과 클래식 연주회들, 공간사랑 소극장에서 매월 열리던 사물놀이를 비롯한 전통공연예술 프로그램, 소규모 현대무용, 연극 공연 및 재즈 연주회들과 대학에서 전공한 프랑스문학 등 이 모두가 예술 창작과 관련된 일이 펼쳐지는 길에서 나를 떠나지 않게 해준 자극들이고, 나의 예술적 호기심을 키워준 자양분들이었다. 대개가 한국 예술가들이 훌륭하게 완성한 극장 예술들이다.

운 좋게도 필자는 프랑스에서 만 9년간 유학을 할 수 있었고, 귀국 직후 현재까지 우리 예술 현장에서 일을 하며, 1996년부터는 한국예술종합학교 연극원의 교수로 재직하고 있다. 수많은 예술가, 기획자, 연구자들의 곤궁한 삶에 비해, 안정된 삶을 꾸려갈 수 있는 행운을 얻게 되었다. 이때부터 예술창작이 중심이었던 삶에, 우선 내가 만나고자 했던 관객들과, 용기있고 재능 넘치는 예술가들을 위한 일들이 중심에 자리잡기 시작했다. 한국에서 예술 전문고등교육기관을 처음으로 만드는 일과 젊은 예술가, 스텝들을 육성하는 일은 큰 기쁨이 아닐 수 없다. '예술을 위한 삶'의 중심은 바뀌었으나, 이때부터 정책, 기획, 국제교류 등 다양한 연결통로를 다지는 작업들이 상시적으로 병행되기 시작했다.

연극은 희곡(공연대본)을 통해 새로운 세상을 만나고, 함께 작업하는 예술가들을 관찰하고 서로 귀 기울이며 소통하고, 협력하는 일을 해내고, 관객 개개인, 그의 삶과 내가(작품이) 어떻게 만날까를 끊임없이 고민하는 예술이다. 철저히 픽션이면서도, 인생과 닮아 있고, 관객과 예술가가 함께, 지금, 여기에서 완성한다. 때로는 이야기를 통해, 때로는 감각, 감성을 통해 고단한 일상을 사는 우리에게 신선한 기운를 제공하듯 한다. 그 중 연출가는 결코 관객을 직접 만나지는 못하지만, 무대 위의 배우들 모두에게 길을 열고, 그들 각각의 걸음과 호흡에 일일이 힘을 실어준다. 무대 뒤의 모든 스텝들의 창조적 제안을 끌어내고, 모두가 서로 소통하고, 설득하고, 합의하게 하고, 끝내는 하나의 완성작 안에 수많은 다양한 노력이 배양되게 하는 일을 책임진다.

얼핏 전혀 다르다고 생각되는 교육, 창작, 기획, 행정, 경영, 국제교류의 일을 어떻게 다 하느냐고 물으면, 나는 연극에서 배운, 연출자로서 익숙해진, 함께 하는 사람들에 대한 존중을 기초로, 목표와 과정과 결실을 연계, 협력하는 방식이 그 기반에 있다고 대답한다. 내가 보이지 않더라도, 나의 일이 가져다주는 과정과 결실이 우리 모두의 것이어서 행복한 연극 정신이다.

연극 연출을 하기 위해서는, 늘 사람과 사회를 관찰하고, 새롭게 읽어내고, 타인에게 귀기울이고, 시각, 청각, 미디어가 중심인 다른 예술에도 관심을 가지고, 사유하고 실천하는 일을 하며 살아야 한다. 사람과 사회의 이야기로 숨어있는 시각을 끌어내고, 여러 다른 예술가들과 함께 작업해야 하고, 관계와 소통 속에서 책임질 수 있는 중심을 잡으면서도, 다른 이들에게 놀 자리를 내어주어야 하기 때문이다. 무슨 일을 하던 이 연출가의 자세가 나의 중심에 있다.

필자는 1984년부터 1993년까지 프랑스에서 유학을 했다. 낯선 외국에서 외국어로 소통하고, 공부하고, 작업을 하려면, 거의 모든 것에 집중하고, 완전히 새롭게 읽고, 설득해야 했다. 연극이 세상을 '낯설게' 하여, 새롭게 보이게 하듯이, 그곳은 마치 연극에서처럼 낯선 곳이기에 모든 것이 새롭게 보였다. 프랑스인들에게는 익숙해서 무심코 지나칠 일들도 필자에게는 마치 무대에서 보는 듯, 더 자세히 보였기에 더 많은 것을 배울 수 있었다. 운 좋게도 세계적인 대가라고 불리는 많은 예술가, 기획가, 행정가, 교수[1]들과도 길고 집중된 시간을 함께 할 수 있었다. 생활을 위한 일에서도, 낯설기 때문에 많은 것들이 더 새롭게 보였다. 분명히 나는 더 성숙한 인간, 더 품이 넓은 공연예술가로 성장하는 것 같았다. 그들 모두에게도 나는 낯선 청년, 다른 문화에서 온 독특한 아시아인이었기에 새롭게 보였던 것으로 기억한다. 한 개인으로서 이런 국제교류의 매력을 체험하고서는, 10년간 떠나있어서 너무 많이 변한 것처럼 보였

---

1) 우선 피터 브룩, 아리안느 므누슈킨, 파트리스 셰로, 미셸 비나베르, 다니엘 메스기슈 등의 연출가, 작가들과 미셸 코르벵, 안느 위베르스펠트, 파트리스 파비스 등의 교수, 자크 랑, 베르나르 페브르 다르시에, 제라르 드니오, 아와드 에스베르 등의 정치가, 예술감독, 기획자 등께 배움의 빚이 있다.

던, 또 다른 외국 같은 조국으로 돌아왔다. 긴 해외체류로 인해서도 더 낯설게 보이는 한국 연극 동네에서의 삶은 또 달리 긴장된 '의사소통'과 '교류/협력'을 필요로 했다. 이렇게 긴 시간이 필요했지만, 필자가 앞장섰던 프랑스와의 문화예술교류는 분명 새롭고도 넉넉한 결과를 동반하며 우리 곁에, 또 그들과 함께 숙성되고 있다고 믿는다.

파리 K-pop 공연이 일깨워준 한국문화와 교류

필자는 2007년 10월부터 2011년 8월까지 파리에 있는 한국문화원 원장을 역임했다. 마지막 해인 2011년 6월 10, 11일 양일간, 7,000명을 수용하는 공연장에서 K-pop 공연을 파리에서 기획하게 되었다. 자세한 내용은 이 책의 마지막 장에서 밝히겠지만, 여기에서는 그 공연을 8개월간 준비하면서, 문화와 교류에 대해 새롭게 깨달은 점을 얘기하고자 한다. 공연을 기획하기 몇 년 전부터, 나는 'K-pop이 우리 문화인가?' 라고 회의적이었고, 프랑스의 K-pop 애호가들을 위해 우리 아티스트들과의 즉흥적인 만남을 여러 차례 만들었었지만, 콘서트를 기획하는 일에는 적극적이지 않았다.

그런데 2010년 봄에 '한국문화축제' 를 열면서, 그들과 거의 매일 대화할 기회를 경험하며 생각이 달라지기 시작했다. 그들은 한마디로 K-pop은 한국인, 한국사회, 한국의 문화에서 나온 특별한 것이라고 답하였다. 그들이 자신들의 부모들에게 하는 답변과 같다면서 필자에게 전해준 '왜 그들은 K-pop에 열광하는지?' 를 순서대로 요약하겠다. ① 너무 낯설지 않으면서도 훌륭한 음악성(작곡) ② 대단한 가창력과 춤 실력(퍼포먼스)을 겸비 ③ 잘 생긴 외모와 개성적이면서 멋진 의상 ④ 정서적으로 친밀한 노랫말[2] ⑤ 한때 유행했던 J-pop 아티스트들처럼 신비로운 면이 있지만, 반드시

---

[2] 마약, 폭력, 성 등 비관적인 사회에 관해서 보다는 사랑과 우정, 인생에 대한 노랫말로 그들의 부모들도 무척 좋아하던 대목이다.

살가운 대응을 해주는 태도 ⑥ 앞의 장점을 모두 갖춘 수많은 아이돌 그룹들의 다양성 ⑦ 기타 공연에서의 역동성, 화려함, 관객과의 적극적 교감, 비디오클립의 창의성, 기술력 등이었다. 이런 내용들을 해석해보자면, J-pop에서 성공한 유럽 작곡가들을 초기에 대거 영입하고, 협업하며 음악적 성과를 내었고, 한 나라에 하나 내지는 두어 개에 그쳤던 외국의 보이즈밴드, 걸즈밴드의 유사한 성공사례를 넘어선 것이다. 엄청난 '경쟁'에서 살아남기 위해 '필사의 노력'을 기꺼이 해내는 한국인의 힘과 정신도 담겨있다. 쉽게 만족하지 않고, 희망보다 큰 야망을 향해 질주하는 성향, IT 기술의 발달로 개인화 되어가는 세계사회에서, 먼저 겪으며 이끌어낸 소통하고 공감하는 능력 등 이 모든 것이 한국, 한국인에게 익숙한 문화였다. BTS의 성공에 이르러서는, 집단 대중 중 개개인이 공감하고 소통하며 함께 삶을 영위하는 듯한 이런 문화의 힘이 외국에서부터 일어나게 된 것이다.

당시 매주 수백 명과의 채팅을 통해 확인된 바, 그들은 유행에 따라 잠시 K-pop을 즐기고 있는 것이 아니라, K-pop을 통해 한국의 문화를 알게 되었고, 이에 매료되어 한국인, 한국문화, 한국과 함께 하는 삶을 살고 있었다. 문화, 예술, 역사, 사회, 우리의 장, 단점 등 거의 모든 것을 대부분의 팬들이 알고 있는 것을 확인할 수 있었다. 그들에 의해서 K-pop이 분명한 한국문화임을 깨닫게 되었고, 필자도 그 변화와 발전에 주목하며, 유럽 최초의 대형 콘서트 기획을 결심하고, 이를 자랑스러워 하게 되었다. 유행으로 시작되기도 하지만, 인터넷 환경의 발전으로 인해 유행의 공간이 더 크게 확대되고, 기간도 길어지고, 유행의 고향에 대한 이해와 인식의 폭이 넓어지면서, 문화로 자리잡아 가는 과정이었던 것이다. 여기에 이제는 문화를 통한 소통과 교류의 갈증이 채워지면서, 우리 문화가 세계문화의 중요한 일부가 되고 있다.

이제 우리에게로 눈을 돌려보자. 외국의 문화는 우리도 모르는 사이에 우리의 삶속에 스며들어, 우리 문화의 일부가 되었다. 작곡가의 악보를 보며 음악을 연주하고 또 청취하는 음악을 우리는 서양음악이라고 부르지 않는다. 일반인들이 라디오를 통해 듣기 시작했던, 서양 악기들로 연주되고 외국어로 노래하던 팝송이 우리말 가사와 곡으로 변화된 것을 이제는 외국 문화라고 생각하지는 않는다. 각종 색깔의 물감을 섞어서 캔버스에 그리는 일도 굳이 서양미술 그리기라고 하지도 않는다. 연극도, 무용도, 영화도, 앞의 모든 예술들도 우리가 스스로 창작하고 향유하면서 한국 연극, 무용, 영화, 미술, 음악이 되었다. 외래 문화에 점령된 것이 아니라, 우리의 문화가 더 넓어지고, 깊어진 것이다. 오히려 그 반대로, K-pop의 예에서처럼, 언제부터인가 한국 대중예술은 다른 문화의 관객들도 생각하며 창작되기 시작했고, 그들의 문화의 일부가 되어가고 있다.

우리가 일상에서 만나는 생활문화는 더 빨리 교류되고 쉽게 공유되지만, 필요성이 줄어들거나 다른 관심거리가 생기면 신속히 변화되기도 한다. 이 책에서 주로 초점을 맞춘 무형문화, 정신문화나 예술은 쉽게 전파되지도 않고, 매우 천천히, 단계적으로 공유되게 된다. 즉, '교류'를 통해 조금씩 이해하고, 받아들이고, 사랑하게 된다. 그런데 이 교류는 상대 문화에 대한 더 넓고, 깊은 이해를 이끌어내고, 심리적 거리를 좁히는 과정을 거치며 자연스럽게 자신의 삶으로 소화해내는 과정으로 완성된다. 그리고 나면, 어떤 국제 정치, 사회, 경제적인 변화가 있어도 변화하지 않는 서로 간의 우호성을 가지게 한다. 우리 문화가 국내에서 드러내는 집단이기주의, 백인 우월적 인종차별성, 배타성, 경제적 성공 및 권력 지향주의 등은, 물론 변화하고 있기에 일반화의 위험은 있으나 매우 보편적이기에, 우리나라 내에서의 국제문화교류가 더욱 필요해 보인다.

2000년대 초반에 외국인 노동자와 국제결혼이 크게 증가할 즈음에, 정부와 지자체는 물론 이웃들까지도 한 목소리로 제3세계에서 온 그들에게 한국어 학습과 한국 문화 숙지와 적응을 재촉하였었다. 실용주의 사회의 한 단면이다. 당시 문화부의 한 회의에서, 필자는 소수에 불과한, 형편이 어려운 그들을 압박, 강요하지 말자고 하였다. 오히려 다수인 우리가 그들의 문화와 역사, 말을 접할 기회를 늘여서, 그들을 존중할 수 있는 여건을 만들어서, 그들이 편안한 가운데 우리 문화 속에서 기쁘게 살 수 있도록 환경을 만들자고 주장하였다. 이상주의적인 말로 취급당했지만, 지금은 가끔씩 우리가 볼 수 있는 상황이다. 사람의 문화가 위축된 사회에서는 쉽사리 상대적인 우월감에 도취되어 약소국의 다른 문화와 사람을 폄하하고, 배타성과 집단적 이기주의를 키우게 된다. 경제와 국력을 앞세운 지극히 비문화적인 일이다. 그 당시 우리는, 어쩌면 아직도 우리는, 문화를 통해 우리의 품을 넓히고, 자존감을 스스로 키워갈 문화국가로의 변화 기회를 놓치고 있지는 않은지 생각해볼 만하다. 문화의 교류는 서로의 가슴을 키우는 일이다. 그 중 가장 어려운 예술의 교류는, 서로의 문화, 역사, 정신, 감성을 모두 담고 있기에, 실현은 어렵지만, 가장 오랫동안 존중받을 수 있는 소여이기에, 이 책에서 집중적으로 다루고 있다.

교류하며 변화, 발전하는 문화와 예술

선사시대부터 한반도에서 인류의 삶이 시작되며 수많은 민족들이 지나가거나, 이 땅에 정착하기도 했었다. 이 사람들은 반도를 떠나 타지로 가기도 했었고, 또 다시 돌아오기도 했었다. 사람을 따라서 항상 문화도 이동하고, 변화하고, 발전하거나 소멸되곤 한다. 그런데 필자가 성장할 때 자주 배운 말은 '우리는 단일민족으로서, 우리만의 고유한 문화를 가진 국가에 살고 있다' 는 것이다. 지금의 젊은 세대들은 고개를 갸우뚱할 말일게다. 외세의 침략에 맞서기 위해서, 한데 뭉쳐 힘을 모으기 위해서 단일민족이 강조되었을 것이다. 침략자들은 항상 지배 문화를 우월한 것으로 가지고 들어오고, 피지배자들의 문화를 열등화시키면서 삶의 지혜와 정신을 우선 지배하고자 한다. 이때 우리 문화 지키기는 무엇보다도 중요했었다. 그 결과로 우리의 고유한 생활 문화, 사상, 예술이 현재 우리의 일부가 되어있다. 하지만 문화는 정지되어 있지 않고, 늘 움직이며, 흐르고, 솟고, 스며들고, 퍼지는 성질을 가지고 있어서, 서로 다른 문화들은 영향을 끼치며 변화한다. 역사적인 이유로 교육된, '단일 민족의 고유한 문화' 는 자존감을 만들어 주기는 하지만, 상당히 비문화적인 말이며, 실제로 민족과 문화가 서로 교류하며 섞이고, 발전될 수 있는 길에서 우리의 울타리를 치게 했었다고 보인다. 한국 사회에서 불쑥 드러나는 폐쇄성이나, 집단성이 여기에 기인하는 것은 아닐까.

　문화는 개개인보다는 다수의 사람들이 공유하고, 그 공동의 가치를 서로 존중하며, 함께 나누는 것이다. 유행도 문화의 형태 중 하나이지만, 우리가 유행이라고 따로 부르는 이유가 오히려 문화의 성격을 분명히 해준다. 유, 무형의 문화는 유행보다 우리가 공유하는 시간이 길고, 유행이 일부의 계층이나 집단, 세대에서 시작하여 매우 신속한 변화를 야기하지만, 문화는 계층, 세대, 특정 집단을 넘어서는 넓은 범위에서 천천히 변화를 이끈다. 유행은 비교적 짧은 기간에 살아났다가 없어지고, 자주 어떤 지역에서 특별히 강렬히 두드러지게 확산된다. 반면에 문화는 세대를 넘어서 긴 기간 동안 사회 안에 자리 잡거나, 오랜 시간에 걸쳐서 매우 넓은 지역으로 확산된다. 전자가 단기간 역동적인 소비와 직접 연계되어 위력을 발휘하는 반면, 문화는 비교적 느리게 오랫동안 소비(수용)되면서도, 더 넓은 의식이나, 정신으로 확대되는 경향이 강하다. 가전제품과 공예품의 비교, 유행음악과 서양 클래식이나 우리 전통 음악과의 비교, 실용서적과 문학, 철학서의 비교를 통해서도 차이를 확인할 수 있다. 문화에 대한 설명을 위해서 유행과 비교를 했지만, 유행이 지나가면서 일부가 남아서 문화로 자리잡게 되는 경우도 종종 있으니, 문화와 유행이 완전히 별개의 것이라고 단언할 수는 없겠다.

유형의 문화는 우리가 문화유산이라고 부르곤 하는 것들을 떠올리면 쉽게 알 수 있다. 긴 역사를 거치면서, 많은 사람들이 계승, 발전시켜서, 우리가 아직도 감각으로 만날 수 있는 것들이다. 문화재들이 있고, 의, 식, 주에 속하는 다양한 것들이 그것이다. 무형의 문화는 대개 '예술과 학문'으로 분류되는 것들이 있지만, 사람의 마음과 정신을 움직이게 하는 것으로서, 또 일상의 실용성 보다는 우리의 일상과 사회를 움직이는 근간이 되는 것들을 말한다. 자연은 그 자체로 존재하며 자연이 되지만, 사람이 이 자연을 어떻게 만나고, 함께 하며 서로의 관계가 어떻게 변화해 가는가 하는 것은 문화가 된다.

우리가 사용하는 한글과 한국어는 한국에서의 의사소통을 위한 도구에 그치지 않고, 그 안에 사는 사람들 간의 관계에 대한 의식, 자세, 사고의 구성, 소통의 형식 등 우리 사회와 역사가 가지고 있는 수많은 것들 담고 있는 대표적인 고유한 한국문화의 하나이다. 세계인이 한국어에 관심을 가지고 배우려 하는 근자의 경향은 우리 문화가 세계가 공유하는 문화 속에 들어가고 있다는 징조라고 하겠다. 서로 가깝게, 호감을 가지며 소통할 수 있는 문화적 통로가 열리는 현상이다. 이는 결코 한글의 우수성이 널리 확인되어서도 아니고, 우리의 국력이나 부가 엄청나서도 아니다. 긴 세월 동안 수많은 경로를 통하여, 한국인, 한국의 생활 문화, 대중예술, 전통예술, 대한민국이 그들에게 가깝게 다가가서, 그 모두를 담고 있는 우리말이 소개되고, 이제는 또 다른 문화교류의 중요한 주춧돌이 되었다.

그런데 우리말은 우리 사회 안에서 상처투성이인 채로 망가지고 있다. '서포터즈, 레시피, 인싸, 네거티브 등'의 명사에서 시작해서 이제는 형용사, 부사, 동사에 이르기까지 엄청난 외국어, 외래어들이 일상의 우리말과 뒤엉켜 있다. 왕성한 국제교류로 인해 신조어가 급속히 늘어나게 된, 소위 '글로벌한(!)' 변화라고들 하나, 잘못된 국제교류의 결과가 아닐까 하는 생각도 지울 수는 없다. 국수주의적인 꼰대의 생각이라고 해도 좋다. 하지만 잠시 함께 생각을 해보자. 문제는 그 말들을 무의식적으로 선호하면서 우리말의 자리를 잃게 하는 것이다. TV와 언론, 인터넷 등에서는 불과 소수의 인력들만이 우리말을 바로 쓰려고 애쓸 뿐, 아무렇지 않게 앞다투어 우리말을 일그러뜨리곤 한다. 지식인들조차도 새로운 단어에 상응하는 우리말을 찾고 만들기보다는, 마치 경쟁이라도 하듯이 외래어, 외국어를 자랑스럽게 왕성히 남발한다. 사회 전반을 돌아보아도 유아기부터 영어를 배우기 시작하는 바람이 불고, 거의 모든 국내 기업들이 입사 시험에 일정 수준의 토익 점수도 요구한다. 실용주의 사회인 대한민국이 필요로 하는 인재에게, 물론 모든 국민의 삶과는 무관하지만, 외국어 구사 능력이 필수 덕목인 것은 받아들일 수도 있다. 하지만 국민 모두가 사용하는 한글과 한국어 교육에 대한 어떤 새로운 기운도, 한국어의 발전과 변화에 대한 어떤 노력도 우리 일상 속에서 쉽사리 찾아볼 수가 없는 점은 매우 안타깝다.

세계와 소통하기 위해서 외국어를 배우는 일도 중요하지만, 세계인이 관심을 가지기 시작한 한국어를 잘 정비하고 발전시키는 것은 그 이상 중요하다. 왜냐하면 말은 의사소통의 수단이기도 하지만, 그 안에는 한 민족의 삶, 철학, 문화가 들어 있기 때문이다. 말을 배우는 일은 언어를 구사하는 기술을 배우는 것뿐만이 아니라, 그 언어권의 사람들이 함께 사는 방식, 생각하는 법, 사회의 규범과 가치, 나아가 그 민족의 오래된 그리고 지금도 살아있는 의식과 역사를 배우는 것이 아닌가. 외국어를 잘 구사하려면 뛰어난 의사소통 능력과 더불어 그 사회에 대한 깊이 있는 이해가 있어야 한다. 이때 필요한 외국어로의 사고력과 설득력이 발휘되기 때문이다.

우리 문화가 세계인이 사랑하는 문화 중 하나가 되고 있는 상황에서, 소통의 편의성에 밀려서 우리말이 폄하된다면, 얼마나 많은 것을 잃게 되는 지를 인지해야 하겠다. 우리 사회와 문화의 정체성 회복은 가장 가까운 일상에서, 우리말의 건강을 되찾기 위한 치유에서부터 시작해야 하겠다. 우리말이야 말로 우리 문화의 심장이요, 문화를 담고있는 그릇이다. 우리는 문학과 글을 사랑했던 민족이다. 무관조차 시를 쓸 줄 알아야 했었고, 시집이 세계에서도 드물게 잘 팔리는 사실에 세계인들은 놀란다. 연극 무대에서는 한 마디의 말도 버리지 않고 지금, 여기에 있는 관객에게 오래 남길 말, 정확하고 아름다워서 긴 여운이 있는 말, 말의 생명과 힘을 키우려고 애쓴다. 하지만 우리 모두가 우리말의 가치를 공유하고 살려주지 않으면 이런 소수의 노력조차 의미를 잃는다. 우리말도 시대의 변화와 함께 발전할 수 있도록 우리가 고민하고 노력해야 하겠다. 젊은 BTS의 영어 구사력도 훌륭하지만, 그들이 우리 문화와 한국어에 대한 사랑을 항상 잊지 않고 팬들과 함께 나누는 모습에 감사함을 느낀다.

공연예술에서 교류와 국제교류의 중요성

대개 희곡을 무대화로 완성하는 연극은 우리의 현실 내지는 사실을 실감나게 전달하기 위한 예술만은 아니다. 현실과 문화에서 작품의 재료를 가져오는 경우가 대부분인데, 연극은 이를 가공하여, 관객 각각이 작품과의 심리적 거리를 좁히면서, 작품을 자신들의 인생과 연결하기 쉽게 한다. 작은 일상적 에피소드나 역사적 사건들이 극화되면서, 다른 시각, 다른 입장, 다른 각도에서 바라보는 재미도 있지만, 극 이야기 자체와 만나서 공감할 수 있는 보편성이 확보된다. 기사로 읽는 사건들이나, 역사적인 사실은 습득되는 정보로서 나오는 거리가 멀어서, 그것 자체를 인정하고 나서는 곧 잊게 되지만, 연극 이야기는 관객인 내가 만나서, 내 스스로가 그것을 통하여 인식을 새롭게 한다는 점에서 서로 다르다. 여기에서 중요한 것은, 작품과 관객 간의 '교류'가 일어나며, '교감'의 결과가 관객의 일상과 사회로 '연계, 연장'되는 점이다. 오늘날에는 온라인 활동이 일상화 되면서, 각 개인이 모든 것의 중심이 되고 있다. 동시에, 넘쳐나는 정보 상업주의에 희생되어 독립된 판단을 하기보다는 특정 집단으로 귀속되어 자존감을 잃기도 한다. 스스로가 열린 자세로 서로 소통하고, 새롭게 공감하는 일은 더 어려워졌다.

연극은 장르 자체가 소통과 교류의 산물이다. 연극예술 작품 안에서도, 희곡을 쓰는 작가, 몸으로 연기하는 배우, 시각예술을 담당하는 조명, 무대 디자이너, 공간과 기술을 다루는 엔지니어, 기획자, 그래픽디자이너 등 이루 헤아리기 어려울 정도로 많은, 서로 다른 영역의 예술가들이 교류하는데, 결국 이들의 예술이 '융합'되어 하나의 완성된 공연이 탄생된다. 교류는 연극예술 창작 안에서 그렇듯이, 서로에게 귀 기울이고, 관심을 가지고, 관찰하고, 함께 키울 가치에 대해 의견을 나누고, 서로를 존중하는 가운데 설득도 하고, 결국은 새로운 무엇을 창조해내어 공유하게 하는 과정이다. 대중문화도 교류를 통해서 변화와 발전을 이루는 것을 우리는 일상에서 자주 경험한다. 그러니 사람의 정신과 사회, 공동의 가치와 아름다움 등을 담고 있는 공연 예술에서의 교류는 절대로 필수적일 수밖에 없다. 작업 내에서 활발한 교류를 통해, 보편성과 선명성, 수용의 수월성 등이 확보되기 때문이다.

　　공연예술은 관객을 생각하며 준비하고, 관객을 객석에 맞이하고, 결국 관객과 함께 완성되는 예술이다. 그중에도 연극은 무대에서 사용하는 다양한 언어[3]를 통해 관객과 교감하고자 하는 예술이기에, 관객을 위한 준비가 가장 철저하다고 하겠다. 관객과의 교류가 준비되고 있는 것이다. 그런데 연극은 얼핏 우리말을 하는 한국관객 들만을 위한 예술이거니 생각할 수도 있다. 그래서 국제교류라는 것이 필요한가 하는 의문을 던지게 된다. 그렇다, 가장 중심적인 연극언어인 말이 매우 중요하다. 그런데, 결과를 놓고 연역적으로 질문을 해보자. 국제무대에서 가장 호평받은 우리 연극이 소위 비언어극(넌버벌 퍼포먼스)인가? 역으로 우리 관객이 가장 감동했던 외국 연극 작품은 말이 축소된 공연이었나? 결코 아니다. 그것은 언어의 장벽에도 불구하고, 시대와 공간의 차이를 넘어 보편적 공감대를 줄 수 있는 대사와 다른 무대언어들의 융합이 이루어진 창의적인 공연들이다. 작품과 감상자 간의 소통과 교류가 이루어져, 지금, 여기에서 관객 각자에게 와닿은 공연이라고 하겠다. 결국 철저히 준비된 자기 문화권 관객과의 만남은, 그 보편성의 연장선상에서, 다른 문화권의 관객에게도 설득력을 갖추게 된다. 예술에는 국적과 인종의 경계가 없다는 말이 이를 증명해주기도 한다. 인간사회와 역사가 그어놓은 지역 간, 인종 간의 경계를 예술이 항상 넘어서거나, 그 기반에 있는 본질의 중요성을 다루고 있기 때문이다.

---

3) 이때 언어는 한국어, 말(langue)이 아니라 의사소통을 위한 도구로서의 언어(langage)를 뜻한다.

그런데, 한국의 공연예술가들과 관객들은 외국공연들을 보면서 새로운 형식에 대해 자주 관심을 갖곤 한다. 대한민국 그것도 서울에서, 외국에서 온 공연예술을 한 해에 여러 편을 볼 수 있는 기회가 주어진 건 불과 20여 년밖에 되지 않기에, 이해할 만 하다. 1989년부터 예술가와 일반인들이 해외여행을 자유롭게 할 수 있게 되었고, 외 국에서 접했던 새롭고도 낯선 작품들을 자신들의 창작에 실험해보고자 하는 시도가 늘어나기 시작했던 것도 이 이후이다. 물론 1970년대 초반부터 미국 유학에서 돌아 온 안민수, 김우옥 등 몇 명 연출가들의 선구적인 다문화적 연극 창작의 성과들도 연 극인들에게 국제무대에 참여할 자신감을 주었다. 하지만 기회가 쉽게 올 수 있는 시 기가 아니었기에, 확산, 발전되지 못했다. 이후, 1990년대에는 전통예술의 현대적 응 용 및 공간 연출의 변화가 우선적으로 눈에 띄게 되었다. 채승훈, 김아라, 이병훈, 이 윤택, 오태석 등의 예술적 실험과 연출은 새로운 양식의 개발에 자신감을 부여하기도 했다.

오랜 세월이 지난 오늘날에는 세계무대의 새로운 창작을 한국 극장에서 볼 수 있 는 기회가 자주 있는 편이다. 그럼에도 불구하고, 문화적 교류가 녹여내어 완성시킨 예술성보다는 새로운 볼거리를 먼저 찾는 경향은, 교류에 대한 본질적인 생명과 강점 을 희석시키곤 한다. 〈난타〉나 〈점프〉 같은 넌버벌 공연의 국제적인 성공은 분명 축하 할 일이지만, 공연예술 국제교류의 즉각적인 효과에 눈을 돌리게 했었던 점은 아쉽 다. 또 한편으로는, 연극에서 외국 관객을 염두에 둔 연출을 하는 방법은 다양할 수 있 으나, 이런 영향으로 인해 국제적으로 알려진 대작가 셰익스피어나 체홉을 어떻게 다 른 형식으로, 또는 한국적으로 연출하는가에 자주 초점이 맞춰지곤 했다. 유럽에서 는 몇백 년간 이들 작품의 다양한 연출을 이미 경험했기 때문에, 한국적인 연출에 성 공한다고 해도, 잠시 동안 인상적이라는 평가를 받을 뿐이다.

지금, 여기에서 관객을 만나는 연극은, 작품이 어떻게 관객에게 새로운 경험을 통해 감상 후에 자신의 현실로 연결시키게 하는가 하는 공감, 감동, 자각 등의 체험이 중요하다. 그래서 실제로 국제연극계에서는 현재의 지구적 상황에서, 또는 그들 사 회를 연상시킬 수 있는 한국의 유사한 극현실에서, 한국 예술가들이 무엇을 찾고, 한국인들이 어떻게 반응하고, 무엇을 새롭게 상상하게 하여서, 외국의 문화 안에서도 보편성을 확보할 수 있는지에 관심이 훨씬 더 많다. 작품에 나오는 한국인이 그들과 공감할 현실을 어떻게 마주하고 사는지, 역으로, 외국작품은, 볼거리가 아니라, 그들의 이야기와 한국관객 간의 심리적 거리가 좁혀지며, 무엇을 새롭게 공감하고 체험하게 하는가가 중요하다. 실제로 외국관객까지 염두에 두고 연극을 창작하는데 익숙하지 않은 한국 예술가들이 국제적 보편성을 확보하는 일은 형식적 독창성에 있지만은 않다. 성공적인 수용은 내용적, 연극적, 미학적 설득력에 더 좌우된다. 국제적인 교류가 수적으로 늘어나면서 인지하게 되는 일이지만, 교류는 서로 주고 받으며, 서로를 알고, 이해하고, 서로 변화되게 하는 장이다. 정보나 지식과는 달라서 일방적으로 전하고, 알리는 데 그치지 않고, 다름을 인정하는 계기이며, 여기에서 발견되는 가치를 공유하게 한다.

결국, 교류를 통해 예술적인 변화, 발전이 이뤄지고, 관객/수용자가 확대되고, 가치가 증대되거나 확산되고, 국제적인 공감대 및 연대가 형성된다. 쌍방의 교류만으로도 처음 가졌던 호기심이 관심으로 발전하고, 서로에 대한 이해를 키우면서, 공유하는 것이 늘어가고, 나아가 함께 문화적인 발전을 이루는 것이다. 연극에서는 문화상호주의적 연극이라는 개념이 있는데, 창작 집단 내의 국제교류가 창작의 발전에 기여하고, 창의롭고 보편성을 확장한 작품을 만드는 데 지대한 기여를 한다. 이와 관련하여 필자가 오랫동안 충실한 관객으로서, 때로는 협력자로서 함께 하고 있는 프랑스의 태양극단의 사례를 세밀하게 다음 장에서 소개할 것이다.

국제 문화예술 교류의 단계와 흐름

600여 년 전 대양을 통해 전 세계 시민들이 더욱 왕성하게 왕래하기 시작하면서 지구촌의 문화가 본격적으로 대거 이동하기 시작했다. 여행자를 통해 대륙의 문화가 이동하여, 오늘날 세계가 공유하고 아끼는 문화들이 발전되었다. 이후 식민지 시대 또는 제국주의 시대에는 강대국이 자국의 문화를 유입시킴으로써 정신적인 식민지화의 도구로 문화를 이용하기도 하였다. 종합적으로 볼 때, 광의의 문화적 교류는 일반인들의 삶을 변화시켰고, 예술분야의 교류는 서로가 영향을 주면서 국가와 민족 간의 벽을 허물고, 새로운 가치 창조에 기여하였다. 그러던 중, 제2차 세계대전 이후부터는 대중문화예술의 산업적 부가가치가 부각되면서 국제문화교류의 새로운 국면이 나타나게 되었다. 지금 우리나라에서 자주 강조하는 문화산업적 측면이다. 하지만 대중문화산업들은 잠시 유행처럼 지나가기도 하고, 획일적인 문화세계화—물론 불가능하기에 다행이나—를 기도하기도 하였다. 하지만 문화는 삶의 일부로 자리잡고, 무의식중에 우리의 사고를 지배하는 근거가 되는 것이기에, 그 파급효과는 일일이 계산할 수 없을 만큼 지대하다. 우리의 근,현대화 과정에서 유입된 서양의 문화, 예술이 어떻게 현재 우리의 문화가 되었나를 보면 이해가 쉬울 것이다.

그런데, 과학의 발전으로 지구촌의 민족들이 더욱 가까워지고, IT 기술의 진화로 문화교류의 속도가 놀랄 만큼 빨라진 지금, 국제문화교류는 부지불식간에 어떤 원하지 않는 방향으로도—예를 들면 혐한류—신속히 진행될 수 있기에, 국가적인 차원에서 기반을 잡는 일은 절대 필요할 것으로 사료된다. 국제문화교류는 대략 4가지의 단계로 구분될 수 있다. ① 우선 문화적 교류가 거의 전무한 상태에서 '정보'를 제공하고 문화를 '현지에 소개하는 홍보' 단계로 시작한다. 계기성이긴 하나 양질의 문화를 우선 '전달'하는 차원이다. ② 다음 단계로는 진출 국가의 주요 문화예술 기관, 매체, 공간 등에 프로그램화하여, 그 나라 사람들의 일상적 문화생활에 진입하는 과정이다. 문화는 정보나 지식과 달라서, 일방적으로 알려주는 것이 아니라, 체험하고, 그 가치를 함께 나누는 것이다. 이때 우리 문화의 노출 횟수와 체험 기회 증대로 본격적인 문화교류가 시작되는 과정에 이른다. ③ 이런 과정이 시간과 공간을 확대해 주면서, 우리 문화는 대상국가 문화의 일부가 되는 단계가 된다. 한국인들에게 클래식 음악, 미술, 외국 음식, 스포츠, 영화 등이 우리 문화의 중요한 일부가 되어버린 것이 좋은 예이다. ④ 다음 과정에서 문화가 그 나라의 문화와 어울려 새로운 문화로 발전되고, 그 중심에 있는 예술은 세계 무대에서 창의롭고 독창적인 것으로 발전되어, 전 세계(인)을 대상으로 확장된다.

우리 문화예술을 중심으로 달리 설명해보면 ① 우리 문화예술의 생산자와 수용자 모두가 한국인인 단계에서 ② 우선 향유자가 외국인으로 발전되어 가면서 ③ 문화예술의 무대가 세계 국가들로 확대된다. ④ 그 다음 각각의 나라들의 문화예술(가)과 만나는 과정이 심화되면서 생산자가 섞이고-다문화, 다국적화-, 아울러 수용자의 폭은 더욱 넓어지게 된다. 결국 문화예술의 국가적 경계는 무의미해지고, 지구촌의 새로운 문화를 창조하는 일에 우리 문화(문화생산자)가 기여하는 단계에 이르는 것이다. 예를 들어 K-pop이나 영화, 뮤지컬, 스포츠, 예술 등이 이런 마지막 단계에서 발전되고 있다. 산업적인 수월성으로 인해 각각은 발전의 정도가 다를 뿐이다. 이런 시점에서, 우리의 국제문화정책은 아직도 첫 번째 단계에 머물러 있지는 않은지, 계기성 소개나 정치, 외교적인 이벤트로 문화가 이용되는 데에 그치고 있지 않은지 숙고해봐야 할 것이다. 또 정상적인 국제문화교류는 쌍방향에서 이뤄지며, 후속 사업들이 현장에서 셀 수 없을 정도로 확대되기 마련이니, 이를 역동적으로 전담할 전문 기구의 마련과, 국내 문화현장의 국제 전문화도 중요한 과제로 보인다.

국제 문화교류 활성화를 위한 선결 조건과 정책 과제

21세기에 들어서 부쩍 문화의 중요성을 우리 사회가 강조하는 반가운 현상이 일어났다. 하지만 문화 자체와 그 진흥이 우선되기보다는, '문화를 통한' 실용주의적인 논의와 사업이 앞서며 우리 문화의 질적 가치 고양 및 향유의 확대가 중심에 서지 못하는 불행한 현실에 처해있다. 문화산업, 문화홍보, 문화외교 등의 영역이 강조되고 관심을 끌면서, '문화가 이 영역들의 도구로 전락되기 쉬운 우려스러운 상황'에 놓여있다. 다양한 문화의 발전과 확산, 향유에 대한 고민을 하기보다는, 즉 '문화를 위한(au service de la culture)'이 아니라 '문화를 이용한' 여러 분야의 발전에 시선이 편중되는 불균형적인 지형이 그려지고 있다. 특히 대한민국의 국가이미지 고양, 국제정치, 경제적 성과 등에서 문화의 역할이 강조되면서 문제는 더욱 혼란해졌다. 문화를 계기성 행사에 주로 이용하는 상황에서, 중장기적인 발전, 연계를 토대로 하는 국제사회에서의 우리 문화 발전에 대한 미래 전략이나 정책이 성립될 수 있겠는가 하는 점이 염려스럽다.

'우리 문화예술의 국내적 진흥이 최우선' 되어야 하겠다. 이 과정에서 '국내에서 이루어지는 왕성한 국제문화교류'가 그 다음이고 ─ 국민과 한국 문화예술 현장이 수혜자 ─, '그 연장선상에서의 국제문화교류'가 이루어졌을 때, 어떤 정치, 경제적인 이유로도 국가의 위상이 흔들릴 수 없는, 문화국가로서의 대한민국이 지구상에 자리잡는 것이다. 이때 우리 문화가 해외에서 다른 문화와 외국인들을 만나고 또 향유

됨으로써, 한국 문화의 가치가 존중되고, 사랑받게 되어, 국가 홍보, 외교, 산업에 큰 영향을 줄 수 있게 되는 것이다. 국내의 문화예술 진흥을 위해 문화부가 중심이 되어 국가 정책을 세우고 실행에 옮기는 가운데, 그 산물들 중 전 세계의 '각 문화권에 맞는' 것들을 선별하여, 그 나라 국민들이 자주 찾는 '문화 현장과 일상에서' 우리의 문화예술을 '계기성'이 아니라 '자주, 상시적으로' 만날 수 있게 해야 하겠다. 일 년에 몇 차례 한국문화원에서 또는 문화원, 대사관이 주관하는 '행사'를 통해 우리 문화예술을 접하는 정도나, 수교 ○○주년 기념, ○○계기 문화행사를 통해 한국문화예술을 접하게 하는 일은 '일회적'이며, 관계자들을 위한 행사이기에 효과도 후속도 기대하기 어렵다. 그렇다면 당연히 주재국 내에서 왕성하게 활동하는 전문 문화예술 공간(또는 기관)이 우리 문화예술을 인정하여 그들의 프로그램으로 선정하고, 직접 예산을 쓰면서 홍보, 집객하고, 자신들의 성과로서 최대한의 관객을 모으게 해야 할 것이다. 그 후속으로 더 많은 관련 공간들이 또 다른 한국문화예술을 프로그램함으로써 발전되어 나가는 것이 정상적인 문화예술교류의 양태이고, 이를 위한 기본 장치가 국제문화예술 네트워킹이다.

'모든 문화예술교류 사업은 전문 네트워킹과 파트너십을 동반하여야 성과 및 발전'을 이룰 수 있다. 외국 현지의 전문가들이 한국문화예술의 가치를 이해하여, 자신들의 사업화했을 때에야 비로소 향유자의 확대, 한국문화 진출의 활성화, 나아가서는 인적 교류를 통한 공동의 새로운 문화 창조가 가능해진다. 국제 문화교류를 활성화시키기 위한 '기본적이면서도 필수적인 현지와 한국 현장을 연결하는 네트워킹'이 있어야 한다는 말이다. 아울러 한 번 성공한 국제 문화교류가 지속될 수 있도록 하기 위해서는, 민간 문화예술인이 주가 되는 다양한 문화컨텐츠가 전략적으로 소개되고, 현지 프로그램화되고, 확산되는 과정을 전적으로 뒷받침하는 국가 차원의 국제문화교류 총괄 추진 창구가 필요하다. 프랑스의 엥스티튀 프랑세(Institut Français, IF)나 영국의 브리티쉬 카운슬(British Council), 독일의 괴테 인스티튜트(Goethe Institut) 같은 기구들은 모두 '자국 내의 문화예술 진흥정책을 기반으로 하여, 국제문화교류 정책과 전략, 지원을 전담'하고 있다. 말하자면 해외로 진출하는 문화예술의 주 매개센터, 정책 및 지원의 본거지 역할을 한다.

　이러한 총괄적인 국제문화교류의 본부가 부재하였기 때문에, 주프랑스 한국문화원을 운영하였던 필자는 예술경영지원센터, 문화예술위원회, 국제교류재단, 지자체 문화재단, 각종 축제, 한국문학번역원, 국악원, 영화진흥위원회와 영상자료원, 대한체육회, 국기원, 콘텐츠진흥원, 국공립/민간 미술관/박물관, 공연장, 기획사 등을 각각 그에 맞는 프랑스 현장과 내 스스로 연결시킬 수밖에 없었다. 하지만 이렇게 애써서 현지와의 국제 네트워크를 만들어도, 더욱 커지기 마련인 후속 사업들을 수행하려면 또 다시 여러 기관에 사업별로 다시 협력과 지원을 요청해야만 한다. 프랑스의 경우, IF가 전체 문화교류를 '총괄' 하는 가운데, 주한국 프랑스문화원이 '양국 현장을 매개하는 실행 주체' 가 됨으로써 단, 중, 장기 정책적, 전략적, 효율적 국제문화교류가 이루어진다. 이때 IF는 프랑스 문화예술계의 전문가들이 모인 독립된 기구(특별법인)이며, 문화원에는 원장 지휘 하에 문화계 전 분야에서 파견된 전문가들이 담당관(attaché) 자리에서 한국 내 전문가/기관/단체들과 협력, 공동사업을 매개하고 있다.

　독립된 총괄기구도 없이 전 세계 29개국 32개의 한국문화원 대부분에 문화원장 한 명만 파견되어 문화, 체육, 관광, 홍보를 모두 맡으며, 외교관으로서의 역할까지 해야 하는 우리의 현실과는 너무나 큰 차이가 있다. 더구나 대개는 문화예술 현장과는 거리가 먼 공무원들이 그 일을 하고 있다. 지속적으로 외교적인 행사, 기념일 또는 기념의 해 행사, 교민 행사에 문화가 동원될 수밖에 없다. 결국은 이런 숫자가 많아지는 걸 놓고 왕성한 해외문화 교류활동의 성과라고 자부하는 일이 당연히 벌어지기 마련이다. 이런 식의 계기성, 행사성 사업은 국제사회에서 우리 문화가 정당하게 바로 설 기회를 잃게 하거나, 정상적인 진출에 장애가 되기도 한다. 1990년대 중반, 한국 공연예술의 국제사회 진출을 위해 필자가 동분서주하던 시절, "한국의 대표적인 국, 공립 예술단체들이 출연료와 체제비 없이 늘 공연하곤 했었는데, 왜 당신은 초청 조건을 따지나?"고 되묻는 거대한 장벽 앞에 놓인 적이 여러 차례 있었다.

　우리 문화예술이 외국의 전문 네트워크를 통해 현지 전문가들에 의해 인정받고, 정당한 대우를 받으며 문화 현장에서 소개되고, 체험되게 함으로써 외국인들에게 존중받고, 사랑받게 해야 한다. 또, 한국문화의 활동무대와 입지가 넓어져서 양 국민 간의 이해가 증진될 때에는 반드시, 자연스럽게 외교, 국가이미지, 산업 등의 활성화에 기여하게 된다는 것을 잊지 말아야 하겠다. 우리 국민에게 문화예술을 즐기는 일이 일상을 풍요롭게 하고, 건강한 삶을 위한 신선한 숨구멍 구실을 하는 것이 아니라 연중 행사로 여겨지는 한, 국내로 눈을 돌려도 이런 국제교류의 토대를 형성할 이유가 무색하다. 이 책에서 여러 가지 국제 문화교류 사업의 실제를 세세하게 소개하겠지만, 모든 성공한 사업들의 경우 매우 긴 시간이 필요했었고, 서로 간의 수많은 협의와 협력이 요구되었었다. 그런데, 우리는 이를 전담할 기구가 없을 뿐만 아니라, 여러 기관이 계기적, 산발적으로, 때로는 중복적으로 담당하고 있기도 하다. 게다가, 담당자와 책임자가 2년도 제자리를 지키지 못하고, 순환 보직으로 이동하기 때문에, 실상 외국의 파트너들은 한국의 어느 기관의 누구와 지속적으로 일을 해야 할지 혼란에 빠지는 경우가 대부분이다.

문화예술의 특성조차 존중하지 못하는 단기 사업 수행 기관 및 인력으로는 문화로 세계 사회와 함께 하는 미래는 망상에 불과하다. K-pop과 드라마를 만들고, 세계로 진출하는 민간 회사들은 '최상의 전문가들'이 '최대의 노력'으로 '꾸준히 오랫동안' '일관성 있게' 그 일을 하고 있기에 경쟁력을 갖추게 되지 않았는가. 문화에 관한 일은 사람이 하고, 관계를 맺고, 조직과 기관이 이를 담아서 지속적으로 안정, 발전시킨다. 지금처럼 문화예술 전문 기관의 입지가 취약하고, 사람이 성장하는 기회를 조직 체계 안에 담지 않으면, 국제문화교류는 국제행사를 반복하는 수준에 머무르고 말 것이다.

이미 국제사회는 20여 년 전부터 이 단계를 넘어 왕성한 문화예술인 간의 인적 교류를 통한 새로운 창작, 새로운 문화를 만들어가기 시작했다. 공적 차원에서 교류의 길이와 넓이를 전망하며, 비록 늦게 시작했지만, 오래 전부터 제기해 온 문제들을 하나씩 풀기 시작하면, 다음 단계의 국제교류는 훨씬 빠르고 수월하게 진행될 것이다. 민간 예술가들은 이미 준비가 되어있으니, 정부와 지자체는 어떤 사업을 직접 하려 들기보다는 그들이 디디고 오를 발판을 하나씩 마련해 주어야 한다. 이 책은 그 실제 사례를 꼼꼼히 담고 있다. BTS의 후속은 국제문화를 함께, 오랫동안 만들어갈 다양한 문화예술가들의 세계무대에서의 활동이 그 중심에 있게 될 것이다.

II.

공연예술축제를 통한 국제교류의 입체적인 발전

왜 공연예술축제인가

우리보다 먼저, 유럽에서도 지방자치화와 국가 산업화가 되는 과정에 지역 예술축제가 대거 창설되었었다. 모든 것이 대도시에 집중되면서 유럽 각국의 지역에서는 인구가 줄고 삶의 조건이 열악해지자, 제2차 세계대전 직후, 지역에 공공극장들을 세우고 예술축제들도 만들었다. 이는 문화지방화정책의 일환이다. 우리나라에서도 1995년 6월 단체장까지 선출하는 완전한 지방자치제도가 시작되면서 각종 축제가 폭발적으로 늘어나기 시작했다. 지역 공동화 현상은 우리의 경우에도 심각했었기에, 1980년대부터 지역에 문화기반시설들이 건립되기 시작했고, 아울러 축제를 통하여 지역민들의 화합, 지역사회와 산업의 활성화, 지역 특화 등 많은 것들을 추구하기 시작했다. 하지만 예술가들의 주도하에 작은 규모에서 시작되었던 소수의 공연예술축제[1]는 '마을 큰잔치' 나 '특산품 시장', '관광활성화 행사' 에 가까운 다른 축제들과 달라서 긴 시간 동안 홀로 어려움을 겪게 되었다. 이제는 일부이나마 지자체가 나름대로 예술축제의 의미를 인식하고 인정하기 시작했기에, 그 필요성과 활성화의 방향을 더욱 구체화해야 할 것이다. 공연예술축제의 경우, 관객 동원이 수월하기 때문에, 자칫 그것으로 단순히 '많은 사람들을 위한 행사' 자체에 현혹되기 쉽다. 또 다른 정치적이거나 상업적인 목적으로 이용되기에도 용이하다. 우리는 공연예술축제 창설의 이유, 필요성과 목적을 다시 생각하면서, 진정으로 우리와 사회를 위한 축제로 성장, 발전시켜야 하겠다.

공연예술축제는 우선 지역의 주민들에게 예술향유의 기본권을 회복시켜주는 일에서 시작되어야 한다. 습관화 되어버린 과시성, 행사성 잔치는 특성도 기쁨도 보람도 없이 주민들이 소모되고, 후유증만 클 따름이다. 문화, 예술이 메마른 삶을 얼마나 윤택하게 해주는지, 공동체의 유대를 얼마나 강하게 해주는지를 먼저 우리의 것에서 찾아내어 지역 주민에게, 또 전국민을 대상으로 체험하게 해주어야 한다. 이런 일이 정착될 무렵에는 보다 다양하고 좋은 예술을 제공하기 위하여, 새로운 세계를 경험하기 위하여, 국제적인 판으로 발전시켜 다음 단계를 밟는다. 하지만 국내 여기저기에

---

1) 대표적인 예로, 춘천의 마임축제와 인형극축제가 1989년에 이렇게 창설되었다.

서 펼쳐놓은 국제 규모의 축제들은 다분히 과시적이며 부대적인 결과가 목적화 된 듯하여 우려를 금할 수가 없다. 일을 크게 벌여야 지원도, 관심도 끌어올 수 있다는 행정적인 발상이 현실이기 때문이라고 항변하지만, 결코 오래 고민하고, 협의해서 창의롭게 기획한 흔적을 찾아보기 어렵다. 과연 누구를 위한, 무엇을 위한 축제인지 기획의 단계에서부터 실행과정, 축제 이후를 연결하여 일관성을 찾아야 하겠다. 문화, 예술에의 투자가 지방을 살린 예는 헤아릴 수 없이 많으니 이제 의심하지 말고 투자하고, 매번 결과에 대한 검토와 발전적인 연구를 연계하여 행정기구나 행사 주체를 위한 축제가 아니라 관객, 국민을 위한 축제로 거듭나야 하겠다.

공연예술축제가 열리는 장소는, 유럽의 경우, 대개 관광지, 유적지, 휴양지 또는 첨단 산업기지 등의 순이지만, 특히 외지고, 격리된 지방이 다수 포함되어 지역을 활성화시키는데 크게 기여하고 있다. 예술축제의 공통적인 특성은 지역인과 타지인들로 하여금 문화, 예술적인 기대감을 갖게 하는 것이고, 잔치[2]이며, 새로운 활기가 부여되는 마당이다. 짧은 기간 동안 일상적인 삶보다 더욱 강한 힘을 느낄 수 있고, 지역의 예술가들과 도시를 살리고, 그 지역의 이미지를 새롭게 해주며, '부대적으로는' 경제적인 이익을 가져다준다. 따라서 개인적인 목적과 사적인 재원이 아닌 공적인 투자와 그 지역에 맞는 계획 수립이 매우 중요하다.

왜 축제의 도시들이 휴양지 내지는 그 길목에 있는 지역에 밀집되고, 축제의 기간이 휴가철에 몰려 있겠는가? 휴가철에는 무엇인가 새로운 것, 생기있는 것을 찾기 마련이다. 또 보다 많은 사람들이 가족단위로 시간을 내기가 용이하다. 게다가 쉴 수 있는 여건까지 마련된다면 그들을 움직이게 하는 좋은 조건이 될 수 있다. 짧은 축제 기간은 상설기구의 연중 활동과는 반대로, 운영에 유연성, 역동성을 주며, 또 휴가 기간에 주민들이 일상에서 벗어나 색다른 잔치에 기꺼이 참여할 정신적 여유를 갖게 해준다. 반면에 우리의 경우, 상당수의 축제가 휴가 기간을 피해 행정적으로 편의한 일정에 이루지고, 상거래가 축제의 성격을 결정짓는 등의 문제를 안고 있다. 하물며 문

---

2) 이 글에서 예술축제는 프랑스어로 festival, 잔치는 fête(축연)를 말한다.

화, 예술의 창의로움이 지역의 이미지를 새롭게 하는 경우는 매우 드물다.

결국 공연예술 유통이 활발하지 못한, 그래서 주민들이 연중 공연예술을 원활히 향유하기 어려운 지역에 공적 자금을 투여, 집중 공급함으로써 그들의 기본권을 되찾아주며 지역을 활성화시키는 일이 공연예술축제 창설의 우선적인 이유라 하겠다. 여기에서 주시해야 할 점은 대규모 공기금을 투여하는 축제가 결코 며칠간의 행사에 그치지 않는다는 것이다. 준비 과정에서 지역의 예술가들을 육성하고, 주민들의 관심을 증대시키며, 축제기간 중에는 폭발적으로 지역과 타지, 주민들과 방문객들의 활발한 교류와, 해당 분야의 예술 작품들의 집약이 벌어진다. 축제 이후에는 축제로 인한 관련 분야의 역동적인 발전 동력과 주민들의 참여가 증대되며, 이런 과정의 축적으로 인해 지역이 되살아나는 것이다. 지역에서 공연예술의 원활한 공급과 수용이 이루어지는 중요한 기반의 하나로서 축제가 기능한다고 보인다.

공연예술시장으로서의 축제

공연예술시장의 중앙에는 극장이 있어서, 생산자인 예술가(단체)의 작품을 최종 소비자인 관객과 만나게 하는 매개 장소가 된다. 하지만 공연예술은 일상의 필요성, 편이성에 따라 수요가 늘고, 생산되고, 소비되는 일반 상품과 달라서, 수요와 공급 간의 일정한 상관관계를 파악하기 어렵다. 게다가 우리의 경우처럼 극장이 관리를 주목적으로 하는 하드웨어로서 주로 존재할 때, 생산자(예술가)가 직접 허가받은 장터(대관극장)에서 판을 벌이고, 소비자(관객)를 불러들여, 구매하게끔 해야 하니, 대다수의 공연들은 매번 똑같은 현실적 어려움에 직면하며 그때그때 생존할 뿐이다. 결국 예술가들은 스스로 만족하는 공연을 만들었고, 시장에 들렀던 소수의 매니어 구매자들을 만날 뿐, 생산, 유통, 소비가 유기적으로 맺어지지 못하는 형국이 오래 전부터 우리 공연예술시장의 모습이다.

　다행히도 작품의 생산을 돕고, 판매를 매개하는 프로듀서 그룹이 우리의 공연예술 시장에 자리잡기 시작하면서 1차적인 생산과 공급, 소비(관극)의 체계가 자리를 잡아간다. 하지만 공연예술시장에서는 극장이 핵심적인 매개의 구실을 할 때, 생산에 기여하면서(제작 참여), 1차 구매자(공연작품 구매)로서 또 2차 공급자(공연주관)로서, 나아가 3차 공급(극장 유통망을 통한 판매와 유통)을 성사시켜, 바야흐로 완성된 공연 한 편이 전국의 공연장에서 오랫동안 유통되는 본격적인 공연예술시장이 형성된다. 예술가는 최선의 창작에 전념하고, 공연장은 좋은 작품 확보와 관객을 전적으로 책임지며, 이들 가운데에서 기획자가 예술가, 극장, 관객을 역동적으로 매개하는 구도가 바람직한 공연예술시장의 모습일 것이다.

아직 이런 생산과 유통의 유기적인 체계가 원활히 돌아가지 않는 현실에서는, 공연예술시장의 제작, 공급, 유통 활성화를 위해 단기간에 많은 공연을 소화하는 공연예술축제를 창설한다. 우리나라에서는 특이하게도 축제 자체가 직접 다수의 공연예술 작품 공급을 주로 담당할 뿐, 극장들의 프로그래밍 – 극장들을 통한 유통 – 과는 매우 먼 거리를 유지하고 있다. 다수의 공연예술축제들이 제자리를 잡아도, 극장들이 이를 활용하지는 못하고 있다. 즉 축제는 축제대로, 극장은 극장대로 움직이는 것이다. 중소도시에서는 축제 간의 작품 유통과 극장의 시즌 프로그램 공급에 축제가 기여하고 있는 것이 국제적인 현황이다. 축제에 초청된 소수의 외국작품들이 간간이 국내에서 공급(유통)되고는 있으니, 이를 우리 작품, 공연장 프로그래밍으로 확대해야 하겠다. 일반 행정에서 중요시하는 '단독' 초청이나 '단독' 공연이란 구호가 더 이상 탁월한 성과일 수는 없고, 오히려 더 많은 국민들에게 유통시키는 '공동' 초청으로 발전시켜야 하겠다.

축제로 인하여 지역주민과 이웃한 사람들이 공연예술을 대폭적으로 향유하며, 나아가 공공극장들을 통해서 상시적인 예술향유의 권리를 회복시켜주는 기반을 마련해야 한다. 대도시에서의 공연예술축제는 결코 공연장들과의 경쟁관계에 자리잡아서는 안 되며, 소도시처럼 축제의 일시적 폭발성으로 예술 향유의 갈증과 작품 공급의 어려움을 해소하는 것과도 차별화해야 한다. 모스크바의 체홉페스티벌, 파리가을축제, 비엔나페스티벌 등 수도에서 열리는 공연예술축제들은 다수의 주요 공연장에 최고의 작품을 공급하는 역할을 극장과 함께 하고 있다. 아울러 이 작품들이 국내외 공연장 네트워크에 유통되게 하는 핵심적인 매개와 시장의 구실을 한다. 보통 2~3달 동안 열리며, 시민들도 이 기간 중에 최고의 작품, 극장들의 익숙한 프로그램과는 전혀 다른 특별한 작품들을 만날 절호의 기회를 놓치지 않는다.

공연예술축제는 시민들이 단기간에 다양하고 새로운 공연들을 향유하는 신명나는 잔치이다. 아울러 그 존재 이유는 축제 기간 외에 공연예술시장에 어떤 역할을 하는가에 있기도 하다. 공연예술축제는 한 판의 잔치이면서 공연예술시장 속의 시장이다. 결코 일회적인 행사에 그치지 않고, 축제의 폭발성과 역동성, 몰입의 즐거움이 공연장의 상시 프로그램과는 전혀 색다른 경험을 제공한다는 데에 큰 미덕이 있다. 짧은 기간에 많은 공기금을 쓰는 이유가 여기에 있다. 게다가 국제교류를 통한 낯설고 새로운 프로그램과 시장의 확대는 더욱 매력적이다. 결코 축제 종사자들만의 노력으로는 성사될 수 없는 일이다. 예술가, 기획자, 극장종사자, 관객 등 모두가 힘을 모으고, 개발, 실현할 때, 우리의 축제가 기운이 넘치는 공연예술시장에 생명력을 불어넣을 수 있을 것으로 기대된다.

공연예술축제를 통한 지역 활성화

이제는 세계적인 경제 대국이 된 대한민국에 사는 우리는 행복한가? 기능적인 편의성과 각종 서비스의 발달로 세계에서 가장 살기에 편리한 곳이 우리나라임에 틀림이 없다. 놀기에 너무 재미있는 것이 많고, 세계적인 관심거리인 모든 것을 다 구할 수 있는 곳이 이곳이다. 단 한 가지 전제, '돈만 많이 있으면'. 그런데 이런 삶의 조건은 도시에서, 특히 대도시를 중심으로 마련되어 있다. 게다가 우리의 경우, 극단적인 형태로 발전되어 전 국토의 도시화, 도시의 비대화가 가속되고 있다. 그렇다면 최첨단 문명의 대도시는 과연 살만한 곳인가? 언제부터인가 우리 사회에서도 흔히 인간 생명 및 인권의 존중, 개인주의의 폐해, 환경 및 자연의 보호 등 삶의 의미를 되묻게 하는 이슈들이 반복되고 있다. 모든 종류의 유행을 따라가는 사람들의 숫자가 많아지면서 서로를 비슷하게 보이게 하고, 경제, 교육, 부동산 문제, TV 드라마가 자주 공동의 화제가 된다. 연장되는 맥락에서 우리는 필요에 따라 학연, 지연, 혈연으로 결합되거나, 서로 배타적인 집단들을 형성하고, 결국 금력과 권력이 최고의 가치가 된 듯한 사회에 살고 있다. 게다가 종종 이분법적으로 나뉘곤 하는 사회가 야기하는 집단적인 의식이 개개인의 차이가 존중받지 못하고, 오히려 자유를 감시, 억압하고 있는 듯한 현실에 숨막혀한다. 같은 땅에 살되 공유하는 가치가 다양하지 못하고, 집단사회의 관심에서 멀어지면 따돌림을 당하고 마는 현실과 우리는 마주하고 있다.

　모든 사회적 차별을 넘어서, 우리의 마음과 생각(또는 정신)을 어루만지고 움직이는 영역인 문화와 예술이야말로 이런 현대 사회에서, 서로 다르면서도 조화로운 가치들을 우리에게 찾아줄 수 있는 기반이다. 더 이상 꿈꿀 것이 없고, 상상할 것이 없는, 반복적인 경쟁속의 기계적인 일상을 살다가 떠난다면 연장해 놓은 생명이 무슨 의미가 있겠는가. 전 세계의 수도나 대도시가 아닌 지방의 중, 소도시에서 만나는 문화예술축제는 이런 이유로 더욱 활성화되어 있다. 하지만 수천 개에 달하는 한국의 축제들은 아직도 대다수는 일상의 삶을 풍요롭게 하는 문화나 예술과는 거리가 멀다. 다행이도 문화체험적인 축제가 늘어가는 추세이기는 하나, 아직도 대개는 지역 홍보와 관광, 경제 활성화 자체가 목적이고, 축제를 통한 지역 물산의 마케팅, 집약적인 소비가 중심에 있다. 각박한 일상에 새 숨을 쉴 수 있게 하거나, 문화예술을 통해 일상에 새로운 에너지와 가치를 줄 수 있는 저변과는 거리가 멀다.

　　지역에서의 삶 자체가 대도시보다 훨씬 더 인간적인 삶을 꾸릴 수 있고, 다양한 문화적 가치들이 풍요롭고 넉넉한 사회를 만든 사례도 대도시가 아닌 지역에서 이루어진 것을 국제사회에서 쉽게 발견할 수 있다. 소위 선진국의 지방화정책들이 많은 경우 문화지방화를 통해서 실현되었고, 그 핵심에는 문화예술축제가 시너지를 제공했다.3) 우리의 지역 문화예술축제도, 지자체가 정착된 이 시점에서, 서로 경쟁적으로 '힘겨루듯이 치러 내는 행사'가 아니라, '중, 장기적인 계획을 가지고, 목표가 분명한 문화정책의 일환'으로 자리잡고, 중앙 정부와 지방자치단체가 구체적으로 협력함으로써 성공적인 정착의 단계를 밟아가야 하겠다.

　　프랑스의 경우, 이미 70여 년 전에 지역의 '문화적인 특수성'을 살리기 위해 우선적인 재정 지원을 하였다. 문화로 지역 주민들의 이주를 막고, 그 특성을 전문적으로 발전시키면서 수많은 문화예술축제들을 매개로 한 문화도시이자 관광도시들이 발전되었다. 공연예술 분야에서는, 제2차 세계대전 직후인 1946년 문화지방화정책

---

3) 프랑스의 예를 들면 아비뇽(Avignon)은 공연예술, 칸(Cannes)은 영화, 월드뮤직 등, 로리앙(Lorient)은 켈트 문화, 앙굴렘(Angoulème)은 만화 등 수를 헤아리기 어려울 정도이다.

의 일환으로 첫 번째 국립연극센터(Centre Dramatique National)⁴⁾를 창설하며 각 지역의 더 작은 단위인 문화의 집(Maison de la Culture)⁵⁾과 연계하여 활동을 시작하였다. 결국 전후의 상처를 치유하고, 도시로 집중되는 인구를 억제하고, 도시에 편중된 예술의 향유권을 지방에 되돌려 주는 방법으로 문화민주주의 정책을 시행, 실효를 거두었다. 세계적인 권위를 자랑하는 칸영화제(1947)와 아비뇽축제(1947)도 이와 같은 맥락에서 시작되었다. 48년간(1946~1994년) 149개의 문화예술축제가 단계적으로 창설되었는데 어느 하나도 중앙정부가 지원(40~20%)하지 않는 것이 없고, 시와 다양한 지자체들의 재정지원이 늘어가고(20~40%), 축제 자체 수입(20~30%)도 안정화되면서 자리를 잡은 상태이다.⁶⁾ 축제의 내용을 보면, 음악 장르가 최다수를 차지하는 가운데 극예술(연극, 무용, 인형극, 마임 등), 영화, 영상, 사진, 민속, 문학, 신기술을 토대로 한 이미지와 소리, 역사 등 다양하다. 이들은 대개 단일 장르의 축제로 정착되었으며, 다양한 장르를 부수적으로 포괄하는 복합형으로 변모된 경우도 다수이다.

　유적지와 자연 경관이 좋은 지역들은 서로 연계를 하며 연중 관광객을 유치하곤 하지만, 공연예술축제들을 통하여 일정 기간 폭발적인 수의 방문자들을 유입시켜, 지역 문화를 키우고, 지역을 살리고 있다. 프랑스 중서부의 인구 3,000명이 채 안되는 콩폴랑(Confolens)이라는 도시의 예를 들어보자. 고대 마을이며, 프랑스 내에서도 비교적 낙후된 농촌지역이지만, 1958년부터 오늘까지 세계 민속예술축제를 8월 중순에 개최하고 있다. 우리나라도 1978년 봉산탈춤 단체가 초청받아 간 이후 꾸준히

---

4) 2021년 현재 프랑스 전국에 39개의 국립연극센터가 있는데, 이는 국립극장보다 하위 단계의 공공극장 네트워크로서, 중앙정부로부터 연간 운영예산의 평균 40% 가량을 지원받는 공연예술기반 시설이다.

5) 창설 당시의 명칭은 문화의 집(Maison de la culture), 현재는 국립무대(Scène nationale)로 불리며, 현재 76개가 프랑스 전국에 설치되어 있다. 국립연극센터보다 하위 단계의 공공극장으로, 인구 5만~20만 명 규모의 지자체에 설치되어, 연간 예산의 20~30%를 중앙정부에서 지원받는 공연예술 공공네트워크의 실핏줄이다.

6) 이상 "Atlas de France", Reclus, 1997와 Institutons et Vie Culturelles, La Documentation Française, 1996 참조.

민속예술과 무용으로 참가하고 있다. 평균 30만 명의 관객/방문객이 6일간 축제를 통해 약 450명 가량의 예술가들을 만난다. 이 축제로 인하여, 세계의 민속이 서로 교류하며, 연대하기도 하고, 낙후된 지역의 중세도시가 널리 알려지는 계기도 되었다. 이 작은 도시의 축제가 프랑스 내에서는 세계 민속공연예술의 중심 역할을 하고 있고, 또 세계 민속공연예술이 소개되는 유럽 플랫폼이 되었다.

중부의 중세 산골마을 오리악(Aurillac)은 프랑스 거리극의 대부 크레스팽(Michel Crespin)이 1986년 거리극축제를 창설한 이후, 1만 명 안팎의 도시의 인구가 25,000명으로 늘어난, 프랑스 거리예술의 본거지가 되었다. 7개 극단이 참여하면서 시작한 축제는 오늘날 600개 단체가 참여하고, 100,000명의 관객이 함께 하는 축제로 성장하였다. 국제거리예술창작센터가 설립되기도 하고, 한국의 거리예술축제 창립과 운영, 교류에도 핵심적인 역할을 하고 있다. 이 두 도시는 지역의 문화와 연결하거나, 새로운 문화를 만들면서, 전문가들과 함께 차분히 한 단계씩 공연예술축제를 성장시킨 좋은 사례이다. 두 도시는 서로 멀리 떨어져 있지 않고, 8월에 축제를 개최하면서[7] 흥미롭게도 관련 예술 분야와, 도시와 지역을 모두 살려내었다.

우리의 지역 축제들도 20년 이상의 역사를 가지면서 나름대로 다양한 프로그램들을 운영하고 있다. 하지만 아직도 공통적으로는 '중,장기적인 방향' 은 잘 안보이고, '행사성 특징과 지역 홍보 수단' 으로 이용되는 경향이 자주 눈에 띈다. 주민들이 가질 수 있는 '축제 이전' 의 기대와 즐거운 상상, '축제 이후' 에 축제가 사회에 가져다줄 정신적, 물질적인 기여와 발전에 대한 고려도 구체적으로 찾아보기 어렵다. 지역 광고와 상거래 활성화, 지자체 장의 개인적인 정치역량 과시가 목적이 되면 결국 현실적인 힘이 우월한 대도시에 모든 것을 빼앗기게 된다. 남아있는 주민만 '이용' 되며 상대적 박탈감을 느낄 뿐이다. 아비뇽축제나 에딘버러축제가 지역을 세계적인 방문지로 활성화 시키고, 11개월 수입에 맞먹는 수입을 3~4주간에 올리게 된 데에는 50만 명 이상의 관객을 불러 모을 수 있는 예술적인 프로그램이 지역의 특성－유적,

---

7) 콩폴랑축제는 2021년 8월 9~15일, 오리악축제는 2021년 8월 12~21일에 열렸다.

자연환경 – 과 조화를 잘 이루었기 때문이다. 일천 수백 개의 공연이 올라가는 떠들썩한 외형과 부수적인 효과에 현혹되어서는 곤란하다. 70년 이상의 투자와 운영의 내용을 보다 꼼꼼히 짚어보고, 당장 실천할 수 있는, 우리의 형편에 맞는 것을 찾아내는 일이 시급하다. 기획도 창의력이 뒷받침되어야 하며, 게다가 연구와 검토가 기초에 있어야 한다.

　　마침 우리나라에서는 '특화도시' 의 붐을 맞고 있다. 당장의 도시의 조건에 맞는 역사, 관광, 교육, 과학을 비롯하여 환경에 이르기까지 지역 ○○특화도시화가 진행되고 있다. 다른 축에서는 도시재생사업(국토부)과 문화도시사업(문화부)도 수년차를 맞았다. 지역의 (경제적) 발전을 위한 특성화를 한 축에서, 지역민들의 행복을 위한 일을 다른 한 축에서 담당하고 있다고 볼 수 있다. 다만, 경제활성화를 목표로 하는 사업이나 부대 행사를 앞세우면서, 지역들이 서로 비슷한 모델을 내세우며 경쟁하고 있다. 매우 비문화적이다. 전문가들과 지역민, 지역들 간의 조화와 협력, 전문예술과 생활예술 간의 시너지 등이 절실히 필요해 보인다. 이를 위해서는 공연예술축제의 정상적인 역할이 어느 때보다도 중요하다. '교류' 와 '국제교류' 가 그 핵심에 있다. 축제를 통해 서로 교통하고 왕래하며, 이해와 공감을 키우고, 관련 분야를 중심으로 축제 외의 기간에 서로 교류, 협력하면 관심과 연대감은 커지게 된다. 그 중심에는 '함께 나누는 즐거움' 이 있다. 또 그 기반에는 그 무엇에도 흔들리지 않는 '자존감' 이 자리잡게 된다. 문화예술은 이해관계, 상하관계, 경쟁관계 등 우리의 삶을 압박하는 모든 것과 거리가 멀다. 감상과 실천을 통하여, 결국은 자신에게 돌아오는 기쁨과 성찰, 넓은 품을 얻게 하는 분야이다. '모여서 먹고, 마시고, 즐기는 것' 이 축제의 본질이 아닌 것을 공연예술축제는 우리에게 깨닫게 해준다. 소비하고 소모되기보다는 즐기며, 생각과 마음을 서로 나누는 일은 공연예술축제가 당장 우리에게 주는 특별한 선물이라고 하겠다. 그러니 상대적 박탈감을 더 쉽게 느끼는 지역에서는 더욱 절실히 필요한 구도가 공연예술축제라고 하겠다.

프랑스 아비뇽축제 자세히 들여다보기

아비뇽시 교황청 광장 ⓒ 메타컨설팅

공연예술축제는 공연예술을 통한 역동적인 예술적, 인적 국제교류를 품고 있다. 이 책에서는 세계 최고의 공연예술축제들 중 하나인 프랑스 아비뇽축제를 면밀히 살펴보겠다. 우선, 발전적인 단계에 이르고서도 최근에 다소 정체되고 있는 한국 공연예술축제들이 참고할만한 내용들을 정리하겠다. 필자는 1985년부터 2018년까지 24차례 아비뇽축제에 참여하였다. 여기에서는 독자들이 축제에 참가하고, 축제의 홈페이지를 살펴보아도 다 알기 어려운 다양한 면모와 가치를 조망하겠다. 따라서 아비뇽축제 현황이라기보다는, 축제의 역사적인 변화를 모두 검토하여, 우리가 참고, 응용하면 좋을만한 사항들을 중심으로 다루었다. 또 다른 한편으로는 이 축제와의 만남을 계기로, 한국과 프랑스의 수많은 중요한 국제교류가 이루어졌는데, 세계적인 축제와 함께 일하면서, 다양하면서도 시간적으로 길고, 공간적으로 넓게 파생되는 입체적인 국제교류의 실체를 드러내고자 한다. 관객과 공연예술계에서는 모두가 다 따로따로

성곽도시 아비뇽 입구 ⓒ 메타컨설팅

있었던 일들로 알고 있지만, 실제로 이 일들이 어떤 계기로, 어떻게 서로 연결되고, 발전되었는지를 체계적으로 담아내겠다. 축제의 에너지는 국제교류를 매우 역동적이며, 복합적으로, 또 전방위적으로 발전시키기 때문이다.

역사를 통해 본 축제의 변화

아비뇽축제는 1947년, 프랑스에서 국민적 신망을 받던 연출가 장 빌라르(Jean Vilard)에 의해 창설되었다. 당시, 피카소(Picasso), 칸딘스키(Kandinsky) 등 유명 미술가들의 전시회가 교황청에서 열릴 계획이었던 것을 이용하여 연극 3편과 콘서트 두 개를 올림으로써 축제는 시작되었다. 그때까지도 연극을 비롯한 공연예술의 중심은 수도 파리였으며, 예술가와 관객들은 모두 파리 중심의 예술활동에 관심을 집중하던 시기였다. 창설자의 최초의 의지와 목표는 '지방의 국민에게도 공연예술을 관람할 권리를 되돌려주고, 연극을 수도나 가스, 전기처럼 저렴한 값에, 모든 국민에게 보급한다'는 것이었다. 지역의 문화, 예술이 워낙 낙후된 현실이어서 이후 몇 년간 어려움을 겪게 되었지만, 1951년부터 제라르 필립(Gérard Philippe)이라는 당대 인기 최고의 영화배우가 무보수로 3년간 축제에 합류하면서 전 국민적인 관심을 모으게 되었고, 창설 후 최초의 어려움을 극복하였다.

1964년부터 축제는 '창작, 초연 중심의 축제'로 거듭난다. 이 성격은 오늘날까지 유지되는 아비뇽축제의 생명이요, 세계에서 유일한 특성이다. 아울러 연극에서 출발했지만, 무용, 음악극, 영화, 퍼포먼스 등 다양한 공연예술 프로그램으로 확대되어 오늘에 이르게 되었다. 이 시기를 기점으로 모리스 베자르(Maurice Béjart), 리빙씨어터(Living Theatre), 로버트 윌슨(Robert Wilson), 피나 바우슈(Pina Bausch), 피터 부룩(Peter Brook), 아리안느 므누슈킨(Ariane Mnouchkine) 등 후에 세계적인 연출, 안무가가 된 예술가들이 앞다투어 아비뇽축제의 무대에서 창작의 기회를 얻었다. 24년간 축제를 키워온 초대 예술감독[8] 빌라르의 갑작스런 죽음으로 1971년 2대 예술감독 폴 퓌요(Paul Puyaux)가 취임했고, 빌라르의 동료였던 그는 빌라르의 축제 방향을 그대로 이어갔다.

1980년 제3대 예술감독 베르나르 페브르 다르시에(Bernard Faivre d'Arcier, 이하 BFA)가 임명된 것은 쇼크였다. 35세의 국립행정학교(ENA)라는 최고 엘리트 대학 출신이지만, 예술가가 아닌, 고위공무원으로서 국립영상센터(Institut National Audiovisuel)의 디렉터였던 그가 공연예술의 생명을 약화시킬까 하는 두려움이 앞섰었다. 하지만 1984년까지 5년간 그는 조직을 법적으로 안정된 아소시아시옹(Association, 비영리법인)으로 만들어 시(市) 행정으로부터 독립하였고, 보다 다양한 재정적 자원을 찾아내기도 했다. 축제는 '공연예술은 물론 타 예술과 연극과의 장르 간 벽을 허물어 이 모두를 공연으로 흡수하는 성격'을 띄게 된다.

1985년부터 1992년까지 4대 예술감독 알랭 크롱백(Alain Crombecque)이 축제를 맡아서 '만남을 최우선으로 하는 축제'로 특성이 강화된다. 최고의 국제적인 예술가들이 모여서 교류하고, 관객과의 만남을 더욱 적극적으로 프로그램화하고, 외국의 예술가들과 작품에 대해 문호를 더욱 넓힘으로써, 이 모두가 아비뇽에서 만나는 것을 생명으로 삼게 된 것이다.

1993년에 5대 예술감독으로 재취임하여 2003년까지 활동한 BFA는 이전에 계획했던 '해외예술에 대한 호의, 예술 간의 교류와 공동 창작 등 현재의 다양하고 독창성 있는 축제의 프로그램을 실현'하게 된다. 총 16년간 그가 마련한 기반 위에 2004년 공동 예술감독 뱅상 보드리에(Vincent Baudriller)와 오르탕스 아르샹보(Hortense Archambault)가 선임되면서 축제는 큰 변화를 맞게 된다. 그들은 매년 선정된 협력 예술감독과 함께 연극이 중심이었던 축제의 영역을 혁신적으로 확대하기에 이른다.

---

8) 실상은 예술감독이 아니고 축제감독(directeur du festival)이나, 이하 이 글에서는 우리에게 익숙한 명칭인 예술감독으로 칭한다.

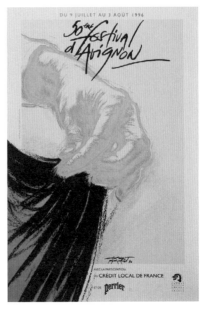

1995년 아비뇽축제 포스터   1996년 아비뇽축제 포스터

도전적으로, 많은 논란에도 불구하고 고집스럽게 추진한 '새로운 예술, 복합장르 예술 창작과 실험의 본거지'로의 변화가 그것이다. 이미 10여 년 전부터 가치로운 창작을 해오던 관련 소수의 예술가들이 축제의 중심에 서게 되었으며, 전 세계 공연예술 창작에 새로운 시도와 관련 예술 인력을 확대시키는 성과를 얻게 되었다. 공연에서의 융합의 시대를 아비뇽축제가 이미 일찍부터 이들의 10년간 리드하였다.

　2014년부터 2022년까지는 배우이자 작가, 연출가인 올리비에 피(Olivier Py)가 7대 예술감독을 맡으며 축제를 이끌고 있다. 초대 감독 이후 두 번째로 연출가가 축제의 감독을 맡게 되어, 또 다른 발전을 이루고 있다. 행동하는 말과 시(詩) 등 문학을 축제의 중심에 놓고, 지중해 지역 및 국제교류를 강화하며, 젊음과 예술의 사회적 표현을 강조하고 있다. 2023년부터 축제감독을 맡게 될 이는 44세의 '최초의 외국인', 포르투갈 연출가 티아고 로드리게즈(Tiago Rodrigues)로 2021년 6월에 임명되었다. "세계에서 가장 아름다운 축제이자, 예술적 자유와 문화 민주화의 거대한 잔치인 이

2009년 아비뇽축제 포스터   2021년 아비뇽축제 포스터

축제에 모든 에너지를 다 쏟아내어 기여하겠다"는 소감을 밝혔다. 임박해서 선임되고, 기껏해야 2~3년간 재임하는 한국 공연예술축제 예술감독과는 달리, 이 축제에서 예술감독은 최소한 2년 전에는 임명되었고, 75년간 6명의 감독이 일한 점도 시사하는 바가 크다. 특히 이번에는 외국 국적을 가진 예술가가 임명된 점도 프랑스답고, 아비뇽축제다운 일이다.

한편, 이 축제의 사회적인 의미는 점점 존중되고 확산되어, 창설 이후 프랑스 전국의 공공극장 네트워크인 국립(지역)연극센터, 국립무대의 설립과 활동이 활성화되는 계기를 마련한 점도 주목할 만하다. 파리에서 약 700km 떨어진 외진 곳의 아비뇽은 이후 남불 관광의 핵이 되고, 새로운 창작의 기반, 무대기술의 개발, 공연장 개념의 발전 등 공연예술의 발전을 위한 중요한 거점으로 거듭나게 되었다. 아울러 지역문화 정책의 좋은 모델이 되어, 정치적으로도 문화, 예술을 통한 지방화를 실현하는데 모범 케이스가 되었다.

축제의 성격과 지향점

매년 7월에 3주간 열리는 아비뇽축제는 '공연예술을 중심으로 한 복합형 축제'이다. 방문객들에게 휴가 기간 중에 일상의 시간과 공간을 벗어나서 쉬면서 예술을 통해 생산적인 경험을 제공하는 축제라고 할 수 있다. 세계에서 드문 창작, 초연 중심의 축제이기 때문에 공연 프로그램의 질적 성공에 대한 위험부담은 항상 있지만, 축제가 주는 기대감을 극대화한다는 예술축제 특유의 강점이 있다. 평균 20여 개의 공간을 공연장으로 사용하는데 그 중 정규 극장으로 건립된 공간은 시립오페라극장 하나 뿐이고, 나머지는 체육관, 중정, 창고 등의 일상 공간을 작품에 맞는 공연장으로 변모시켜 축제를 진행한다. 따라서 공간과 공연을 만드는 데에 투여되는 예산의 소모는 많지만[9] 이 역시 창의로움이나 비일상성, 새로운 예술성을 위해 기여하는 바가 크기에 70여 년간 계속 유지되는 성격이다. 복합장르적 공연, 연극, 무용, 음악, 영화, 전시, 대화의 장 등 다양한 프로그램을 엿볼 수 있고, 초연 중심의 축제라서 신작에 대한 관심이 총집중되는, '최고의 국제 공연예술 시장'이 되었다.

1967년부터 별도의 운영위원회가 구성되어 오늘에는 2,000개 가량의 공연을 제공하는 아비뇽오프(Avignon Off)가 발전된 이유도 이와 무관하지 않다.[10] 오프에 자유로이 참가하는 예술단체들은 단기간에 모여드는 프랑스 전국, 전 세계의 공연 전문

---

9) 전체 예산의 약 30%를 기술 관련 예산으로 편성.
10) 2000년까지는 500~600개에 불과하였으나, 이후 급변하여 이 수치를 유지하게 되었다.

가－극장 및 페스티벌 디렉터, 프로그래머, 비평가 등－에게 자신의 작품을 선보여 작품 판매를 활성화하기 위해 전력을 다한다. 아비뇽축제 프로그램이 초연 중심이라 더 많은 구매자들이 모여들기에, 아비뇽오프에서는 기성 또는 자리를 잘 잡은 단체 보다는 젊은 단체들, 잘 알려져 있지 않은 단체들의 작품이 다수를 이루고 있다. 또는 연극계의 대가들도 아비뇽오프의 민간 극장들과 협업하여 축제 기간에 좋은 관객들과 기획자들을 만나는 즐거움을 지속하기도 한다. 오프의 조직은 '아비뇽페스티벌'[11] 과는 완전히 독립된 것이며, 거기에는 예술집행부는 없지만 공동 홍보, 극장 간, 참여 단체 간 연계사업 및 공동 프로그램 배포 등 여러 가지 서비스를 제공하는 협회가 있 다. 아비뇽오프축제를 통해 그들의 공연은 다수의 극장, 축제에 활발히 팔리고 있다. 수년 전부터는 아비뇽축제의 프로그램에 아비뇽오프의 10개 정도의 공연장이 같이 실리고 있다. 실제로 오프에서 공연되었다가 본 축제의 프로그램 대상 예술가(단체) 로 선정된 예도 종종 있기 때문에, 각각 독립적인 두 기구 사이에 예술적인 관계도 존 재한다. 이는 두 축제가 가지는 공연예술시장으로서의 성격과 공유하고 있는 관객들 때문에 매우 자연스러운 일이다.

　우리나라의 경우, 유럽과의 예술가 간의 교류나, 한국 작품들의 국제교류가 활 발하지 않았던 관계로, 아비뇽축제에는 1998년 한 차례 초청되어 공연을 하였다. 〈한 국 음악과 무용의 밤 Les Coréennes〉[12] 이 그것이다. 전통예술과 현대 창작의 연계 를 직접 느끼게 한 '울타리굿' 형태의 공연이었다. 이후 7~8년간 후속 초청을 받았었 고, 한국전통예술이 해외에 진출하고, 인지도와 사랑을 쌓는 결정적인 계기가 되었 었다. 20여 년 전부터 아비뇽오프에 이자람을 비롯한 많은 한국 예술가(단체)들이 공 연을 하면서, 프랑스를 비롯한 여러 대륙의 많은 극장들에 초청되는 계기가 되었던 것도 공연예술시장으로서의 축제의 충실한 기능 덕분이었다.

　아비뇽축제에서 공연되는 작품의 결정은 전적으로 예술감독의 권한인데, 대개

---

11) Festival In을 아비뇽페스티벌이라 부르며 off는 아비뇽오프라 한다. 이하 '아비뇽축제'는 Festival In을 뜻한다.

12) 이 공연은 음악과 무용이 중심에 있어서, '한국 음악과 무용의 밤'으로 명명하였다. 프랑스어로 음악, 무용, 밤 등 세 단어가 모두 여성이기에 〈Les Coréennes〉가 되었다. 이하 〈한국의 밤〉이라 칭한다.

세계 초연, 프랑스 초연으로 구성하기에, 단순한 작품 초청보다는 프로그램의 주 제작자 또는 공동 제작자 역할을 축제가 한다. 따라서 '작품 선정위원회'나 미리 채워 넣어서 축제 측에 보내는 '지원 서류'는 존재하지 않는다. 축제는 '지원을 위한 행사'가 아니라 '목표가 분명한 사업'이기 때문에 그렇다. 따라서 우리에게 익숙한 '공모'라는 말도 아예 존재하지 않는다. 다만 누구든 상시적으로 예술집행부에 제안서를 보낼 수 있고, 적합한 경우, 직접 만나고 협의하는 과정으로 이어진다. 프로그램에 대한 계획은 예술감독이 직접 프랑스나 외국의 현지에 가서 확인하고 결정한다. 따라서 교섭을 받거나 예술집행부의 관심을 끈 예술가들은 그들의 아이디어와 목적에 따라 자신의 프로젝트를 제출하고 협의를 지속하게 되는 것이다. 이런 식으로 이 축제는 다른 데에서 이미 제작된 공연들의 집결지가 아니다. 초연 중심의 축제는 무대예술가들과의 긴밀한 협력을 통해 공들여 완성하더라도, 매년 일정 정도의 초연 성공의 위험 부담은 늘 안고 있다. 그렇지만 매일 저녁 축제에서는 여러 편의 '초연' 공연이 있어서, 아비뇽에 온 많은 관객, 비평가와 전문가들의 호기심과 관심을 끌기에 충분한 매력을 가지기도 한다. 1947년부터 오늘까지, 집권당의 좌, 우 경향이나 지자체 장의 선출과 관계없이 예술감독 중심의 완전한 독립성과 운영의 자율성이 완벽히 보장되어 있다.

2003년까지는 작품의 결정을 대략 개막 18개월 전부터 시작하면서, 한편으로는 프랑스 및 국제 연극/공연예술의 현재 이슈를 알 수 있는 방향에서 4~5편을 대가들에게 의뢰하고, 다른 한편으로 그 해의 특별한 색깔을 주기 위한 기획은 이보다 더 미리 준비되었다. BFA의 재취임 이후, 특집프로그램을 세계의 각 지역별로 나누어 소개를 함으로써 변화된 예술적인 성과가 높아졌고, 프랑스의 관객과 소통의 문제가 적은 작품들을 선정하거나 제작의뢰를 했다. 매해 공연은 약 50편 내외 정도가 소개되고 국제교류, 공동 창작, 연극 외의 프로그램의 비중이 높아진 추세를 보여주었다. 2003년까지 아비뇽축제에 추가된 프로그래밍의 목적 3가지가 흥미로운데 ① 가능한 많은 대중에게 괄목할만한 연극, 무용 등의 레퍼토리를 제공한다. ② 대중에게 기원이 같은 연극, 무용, 음악을 고루 혼합하여 보여준다. ③ 우리의 상상력을 풍요롭게 해주는 외국 작품들에게 이전보다 많은 기회를 제공한다는 것이다.

축제는 2004년부터 (올해의) '협력예술가'(artiste associé)를 미리 선정하여 [13] 그의 협력으로 예술 프로그램을 결정하는 방식으로 변화되었다. 2013년까지 공동예술감독 뱅상 보드리에와 오르탕스 아르샹보는 창작 중심의 아비뇽축제의 성격에 '새로운 예술'의 지형을 추가하였다. 장르 간의 벽을 허물고, 복합장르적인, 미래적인 공연예술 창작에 축제의 중심을 옮겨놓은 것이다. 미리 선정한 협력예술가의 창작에다가, 전체 프로그램에 영감을 줄 수 있는 그의 예술에 대한 질문, 현장 작업(실험), 예술적 열정을 묶어서 한 편의 예술적인 지형도를 그리는 것으로 한 해의 프로그램을 구성했다.

2014~2022년까지 축제를 맡은 올리비에 피는 예술가 감독으로서 초대 감독 빌라르의 정신을 더욱 발전시켜, 더 넓은 관객층을 대상으로 프로그래밍하고, 아비뇽 외곽 지역과의 협력 및 축제 사업을 확대시켰다. 작품들의 문학성을 다시 중요시하는가 하면, 정치·사회적인 이슈를 많이 담아내고자 한다. 파브리까(FabricA) 아트센터를 성 외곽 지역에 설립하여, 축제 중 공연은 물론이고, 연중 예술가들이 체류, 연습, 협의할 수 있도록 하였다. 아울러 젊은 세대의 시민, 예술가들을 위해 웹-티비를 통해 디지털 교육 및 창작을 위한 장도 열었다. 국가 문화사업인 프렌치테크 등에 참여하고, 영상페스티벌(FXP-Festival Expériences)을 개통하여, 인터넷으로 워크숍이나 축제를 즐길 기회도 열었다.

세계 초유의 예술 창작 중심의 아비뇽축제는 매해 예술적 모험과 도전을 통하여, 실패의 위험성을 감수하면서도, 이 신나는 모험에 관객을 초대하여, 새로운 세계를 만나는 즐거움을 선사한다. 한편, 아비뇽축제는 50여 개의 공연도 있지만, 희곡 독회, 전시, 영상 등도 프로그램으로 마련되어 있고, 특히 수많은 예술을 둘러싼 다양한 논의의 자리가 축제 내내 열린다. 아비뇽 시가 한 달간 거대한 극장이 되면서도, 이들의 예술세계 안에서 또 여러 다른 형태로 관객들을 맞이하는 것이다.

---

13) 오스터마이어(Thomas Ostermeier, 2004), 파브르(Jan Fabre, 05), 나쥬(Josef Nadj, 06), 피슈바흐 (Frédéric Fishbach, 07), 맥버니(Simon McBurney, 12), 니앙구나(Dieudonné Niangouna)와 노르데(Stanislas Nordey, 13)가 선임되었다.

아비뇽축제의 조직

대개의 축제 조직은 굳이 나눈다면, 행정주도형과 민간주도형으로 크게 구분되나, 우리나라의 경우 이 두 형태가 혼합되는 가운데, 축제 자체의 특수한 법인은 존재하지 않는다. 유럽에서는 종종 예술감독제 중심의 조직이 공공 법인을 형성하여 행정주도형 운영의 경직성을 탈피하고 있다. 한 개인과 민간조직에게 자유, 권한, 책임을 맡기는데 익숙하지 않은 우리 현실에서는 소수의 전문 논의기구와 소수의 실행기구가 연중 협의, 실무를 맡아 축제를 운영하는 것이 보편적이다. 하지만 사무국이 관 또는 민간 협회에 소속되어, 연간 '행사'를 담당하는 취약한 부서의 영역을 벗어나지 못하는 실정이다. 공공 법인이나 자율성이 부여된 독립 조직에게 맡기고, 재정을 지원하는 기관이나 사기업은 운영을 지휘하기보다는 지원하고, 결과에 대한 재정적, 예술적 책임을 물어 지원의 방법과 양을 검토하는 역할을 하는 것이 최선의 길로 여겨진다. 지방 행정기구가 전담하고 전문가의 자문을 얻는 현행의 운영조직이나, 연중 한시적으로 구성되는 관리조직으로는 결코 수많은 전문적인 과제들을 해결할 수도, 긴 안목에서의 정책 실현으로서, 다양한 양태로 국민에게 봉사할 수 있는 축제를 만들기도 어렵다. 인적, 재정적 기반이 약한 경우에는 기존의 문화재단이나 공공극장의 프로그램에 넣어 점차적으로 목적과 의미에 맞게 축제를 키워나가기도 하는데, 우리의 경우, 아직도 운영의 독립성, 자율성은 미약한 형편이다.

아비뇽축제는 연극, 무용 분야를 중심으로 프랑스 및 국제 창작과 배급을 활성화하고자 하는 소명을 가지고 있다. 매년 50여 개의 작품이 300회 공연으로 펼쳐지며, 비정규 공연장이 대부분인 20여 개의 장소에서 상연된다. 축제에는 새로운 프로덕션이 그 중심에 있으며, 세계 초연의 작품, 현대 텍스트 또는 기존 작품들의 새로운 연출, 해외에서 창작되었으나 프랑스에서는 초연인 작품들이 대다수인 80%를 이루고 있다.

30여 년간 시의 문화과에 소속되었던 축제 사무국은 1980년부터 재단법인[14]화 되었다. 페스티벌의 지원은 주로 공공기관들에 의해 이루어지는데, 정부, 아비뇽 시, 보클뤼즈 광역지역(département de Vaucluse), 우리의 도 정도 규모에 해당하는 프로방스-알프-꼬트다쥐르 지역(Région Provence-Alpes-Côte d'Azur) 등 각각의 재정을 분담하는 공공기관이 행정자문위원회[15]의 위원이 된다. 이 위원회에는 축제 설립 회원, 문화기구들의 책임자들, 축제의 파트너(스폰서), 개인 전문가들(4인)이 추가된다. 총 14인으로 구성된 위원회는 연 2~3회 회의를 개최하는데 여기에서 페스티벌의 큰 방향을 토의하고, 예술프로그램을 소개받고, 가예산을 의결하며, 예산집행을 감사하는 기능을 한다. 아비뇽 시장이 그 중심에 있는 이 위원회는 축제감독(예술감독), 행정감독 임명을 결정하는 역할도 한다.

초대 예술감독 장 빌라르 이후, 그의 공으로 예술감독은 프로그램의 선택에 있어서 전적인 자유를 부여받으며, 모든 축제와 관련된 공공기구는 정치적인 상황과 무관하게 이 독립성을 존중하고 있다. 2013년 9월부터[16] 축제의 책임을 맡고 있는 피 감독은 일찍이 2011년 12월에 당시 문화부 미테랑 장관의 추천과 아비뇽 시장의 동의를 얻어서, 행정자문위원회가 임명했다. 그는 위원회와 4년 계약을 맺고 아울러 정부, 시, 광역시, 군과 또 다른 계약을 맺는다. 후자는 재정적 역할에 대한 약속의 성격이

---

14) 1901년 법령에 의거한 Association
15) Conseil d'administration의 번역으로서 행정자문위원회이나, 우리의 조직으로는 조직위원회에 가깝다. 오랫동안 아비뇽 시장이 위원장을 맡다가, 현재는 부위원장을 하고, 현 위원장은 전문가인 전 문화부 장관 니센(Françoise Nyssen)이다.
16) 9월부터라고 한 이유는 2014 프로그램부터 피 감독이 책임을 맡은 것을 의미한다. 실제로는 임기 시작 2년 전에 임명되므로 2년간의 준비기간이 주어진다.

강하다. 총감독인 예술감독은 행정감독, 프로그램감독 등을 두기도 하는데, 이들은 상시적으로 서로의 일을 협의하며 공동으로 축제를 운영하며, 이들에 대한 연례적인 평가는 별도로 의무화되어 있지 않다.

전임 보드리에와 아르샹보 감독의 경우, 이미 '감독 선임 과정에서 2년'에 가까운 기간 동안에 피추천자들의 서류를 검토하고 또 직접 불러 수차례의 인터뷰, 토론 과정을 거친 후에 임명하는 까다로운 절차를 거쳤다. 면밀한 검토 끝에 임명한 감독에 대해서는, 감독의 운영이 1~2년에 성과를 낸다고 믿지 않기 때문에, 그들의 계획을 믿고 최소한 첫 임기 기간 동안은 기다려 준다. 마지막 해를 마감하면서, 또는 문제가 있다고 생각되는 경우 3년차를 지나고 나서, 어쨌든 4년 과정에 대한 종합적인 평가가 있을 뿐이다.

종종 총감독(예술감독)과 행정감독 등 두 사람의 감독을 중심으로 축제의 조직이 형성되는데,[17] 조직은 현재 상시 고용 인력 34명에서, 7월이 되면 360명의 테크니션을 포함하여 700명 이상이 계약직으로 고용된다. 파트 타임 직원이나 인턴, 자원봉사자 등을 모두 합하면 약 1,500명 이상이 축제를 위해 일한다.[18] 예술감독에 따라 다소의 차이는 있지만, 가장 오랫동안 유지되어 온 아비뇽축제의 집행부는 감독들을 각각 정점에 두고, 행정부, 기술부, 프로덕션부, 커뮤니케이션부 등 네 개의 큰 축에, 프로그램, 메세나, 티켓관리 담당 팀이 추가된다.

프로덕션부는 축제의 모든 단독, 공동 제작, 관련 해외공연이나, 외국단체의 특별공연을 프로그램 팀과 함께 기획하며, 행정감독의 일을 보조하고, 축제 전 세부예산을 만들어 낸다. 아울러 축제와 관련된 모든 인쇄, 디지털 자료, 디자인, 편집을 담당하여 일차 종합전단부터 최종 프로그램 브로슈어, 공연별 전단, 포스터 등에 이르기까지를 책임진다.

---

17) 총감독은 축제의 책임자로서 예술감독의 역할이 주가 되고, 행정감독이 행정과 기타 기획에 동참하는 형식을 띠고 있다. BFA 시절에는 크리스티안느 부르보노(Christiane Bourbonnaud), 현재는 폴 롱댕(Paul Rondin)이 맡고 있고, 보드리에와 아르샹보는 이 두 역할을 나누었다.
18) 아비뇽축제 홈페이지 참조. 디렉터에 따라 약간의 변화가 있다.

커뮤니케이션부는 중앙정부 및 각 언론매체, 예술단체와의 관계, PR 등의 다양한 고유 업무를 수행한다.

기술부는 기계, 기술, 기술인력 조직, 기술센터[19] 운영 등을 총괄하면서 기술총감독은 네 명의 부문별(기계, 음향, 조명, 무대) 감독을 두고 거기에다가 40여 개의 공연을 위한 20여 개의 공연 공간의 기술감독을 선임하여 유기적인 관계에서 업무를 수행한다.

행정담당 부서에는 축제 개막 전 일주일까지 단계적으로 기간을 달리하여 약 300여 명의 시즌 계약직 인원이 고용되어, 안내, 제작, 비서, 회계, 인쇄, 인력관리, 진행, 전산, 접견, 프레스, 티켓, 행정/운영, 관리 등을 맡게 된다.

기술담당 부서에는 약 360명 가량이 보충되는데 조명, 음향, 전기, 기계, 기기관리, 전기점검/수리, 그래픽 등 기술총감독 포함 14명의 부문별 감독이 먼저 고용되고, 각 공연 공간별 기술자와 무대감독 등이 단계적으로 계약 기간을 달리하여 고용된다.

자원봉사팀은 아비뇽 시에서 상시 모이는 '축제의 친구들'이란 모임에서 주로 외국단체를 중심으로 우호적인 서비스를 담당하고, 축제 본부에서 주로 연수생의 자격으로 고용하는 자원봉사자는 책임을 지지 않는 단순 업무를 담당한다.

---

19) 현재는 없어졌으나, 오랫동안 마가젱(Magasin)이라 불리는 제작센터가 아비뇽 성곽 외부에 있었는데, 이곳에서 모든 기술을 총괄하고, 간단한 제작을 수행했다. 기술부의 예는 현재와 조금 다르나, 오랫동안 유지하던 조직으로 참고할 만해서 여기에 소개한다.

재정

축제의 가장 큰 어려움은 계획을 뒷받침해 줄 재정이다. 과거에 비해 중앙정부의 지원이 다소 줄어들기는 했지만, 이를 지자체가 잘 이어 받아서, 축제 예산의 약 60%는 공공지원이 커버하고 있다. 그중 약 49%를 문화부가 직접 지원한다. 오랫동안 중앙정부의 지원이 60%에 이르렀는데 감소하긴 했지만, 대개 지자체가 훨씬 많은 예산을 투여하는 다른 축제에 비해 아비뇽축제는 예외적인 경우에 해당된다. 왜냐하면 이 축제의 창설 및 성과도 국가적으로 중요하지만, 이 축제가 열리는 기간 중에 많은 공공극장의 디렉터들이 모임을 갖고, 토론을 하고, 전 세계에 퍼져 있는 프랑스 문화원장들의 회의를 소집하는 등 국가적인 차원에서의 구심점 역할을 하고 있기 때문이기도 하다. 31%의 예산은 입장료 및 자체 수입으로, 나머지 9%의 예산은 기타 수익이나 축제 자체 재원으로 할당하고 있다.

21세기에 들어서서 예산의 확대가 미미했지만, 현재 아비뇽축제는 8,400,000유로의 공공예산 지원을 포함하여 총 14,000,000유로의[20] 예산으로 정체되고 있는 실정이다. 따라서 축제 집행부는 수많은 재정 파트너들과 함께 하고 있고, 파트너들이 각 공연의 재정적 계획을 발전시키는데 참여하고 있다. 공동 제작이나 공동 기획에

---

20) 2020년 예산으로 한화 약 189억 원에 이른다(환율 1:1,350). 공공지원 약 113억 4천 만(중앙정부 지원금 약 55억 5천 만)원이 투여된다.

얼마나 많고 다양한 기관들이 참여하고 있는지는 공연에 자막으로 올라가거나 프로그램에 기입된 기관의 이름들을 보면 알 수 있다. 이렇게 아비뇽축제는 국립연극센터, 국립무대 등 프랑스 전국의 공공극장들, 외국의 다양한 극장, 페스티벌들과 협력하고,[21] ADAMI, SACD[22] 등의 전문기구들과 힘을 합하며, 국제 문화교류를 담당하는 전 세계 대사관의 문화 부서, 프랑스문화원(Institut Français),[23] 또는 문화부의 국제국과 함께 일을 한다. 2020년에 74회를 치른 축제의 역사에 걸맞는 명성은 경제적인 어려움에도 불구하고 정상급 예술가들의 참여를 가능하게 하고, 아울러 잘 구성된 전문 조직의 힘이 더해져서 적은 예산으로도 좋은 공연을 제작, 공동 제작, 기획할 수 있게 하였다.

지출내역을 보면 연간 운영 및 사무 경비로 30%, 공연의 제작, 공동 제작, 각종 문화활동 관련된 경비 70%로 크게 나눌 수 있다. 그중 기술, 행정 인력과 연간 문화활동을 위한 인건비의 비율이 상당히 높은 것이 우리의 경우와 매우 다르다(연 평균 전체 지출의 40% 내외). 또 다른 특기할만한 점은 인건비 가운데 기술인력의 인턴이나, 기술인력 발전을 위한 지출의 비중이 크고, 비정규 공연장을 공연장으로 만드는 데 전체 예산의 상당액(과거 오랫동안 30%)을 지출하고 있다. 축제의 특색을 위해 지출되는 비용이기도 하고, 이를 줄이는 방안이 없는지 자주 지적하는, 이 축제의 특징이자 동시에 난관인 지출 항목이다. 달리 보면, 전문 인력이 성장하는 데에, 일반 공간을 공연장화하는 각종 기술의 종합적인 발전에 축제가 크게 기여하고 있다는 말이기도 하다. 75년간의 일관된 축적은 프랑스 및 국제 공연계에 엄청난 자산이 되었다.

---

21) 필자가 예술의전당 공연예술감독 재직시 아비뇽축제와 한 공동 제작도 같은 맥락이다. 2004년 공동 제작 협의, 2005년 아비뇽축제 초연, 2006년 2월 예술의전당 공연, 얀 파브르의 〈눈물의 역사〉.

22) 각각 저작권 관련 기구로서 Administration des Droits des Artistes et Musiciens Interprètes (ADAMI)와 Société des Auteurs et Compositeurs Dramatiques(SACD)이다. 각각 공연 출연자와 작가, 작곡가를 위한 기관이다.

23) 과거 AFAA 그리고 CultureFrance라고 불리던 기관이 2011년부터 변경됨. 주로 프랑스에서 활동하는 예술가(작품)들의 해외진출을 지원한다.

공연 이외의 프로그램과 운영의 사례

아비뇽축제는 공연 이외에 100차례 정도의 이벤트에 3만 명 이상의 관중을 초대하고 있다. 미발표 희곡 독회, 상영, 전시, 토론회 등이 10여 개의 카테고리로 나뉘어 진행된다. 여기에서는 축제 기간 중에 공연 외적인 다양한 장치들의 운영을 살펴봄으로써, 축제가 단지 공연예술가들만의 잔치가 아니며, 관객들과 전 세계에서 모여드는 전문가들을 위해 어떤 것들을 마련하고 있는지를 밝히겠다. 우선 매일 오전 9시에 집행부를 중심으로 한 운영회의를 가지며, 필요한 경우 10시에는 영역별 책임자 회의가 소집되고, 매일 11시에는 사무국 정원에서 기자회견이 열린다. 기자들만이 아닌 일반인도 참여할 수 있는데, 이슈들을 담아 더욱 확대된 '관객과의 만남'을 공연별로 매일 15시에 열어 공연과 관련된 담화는 더욱 발전된다. 이는 쌩 루이센터 중정[24]에서 개최된다. 과거에는 실내에서 심포지움의 형태로 열리곤 했었다. 관객은 행사기간 중 이 '예술가와의 만남'을 통해 작품에 대해, 예술가에 대해, 또 직접 만날 수 있는 기회를 통해 더욱 친근한 정보를 얻는다. 특별히 주목할 필요가 있는 공연들 4~5편에 대해서는 '토론'이란 공식행사를 통해 직접, 보다 깊이 있는 이해를 가지게 한다. 또한 관객들은 새로운 텍스트를 소개하는 희곡독회 프로그램에도 참가할 수가 있다.

---

24) 이 센터는 Cloître Saint-Louis 라고 불리는데, 그 건물 안에 호텔 쌩루이와 무대기술학교 ISTS가 있고, 전시장, 예매처, 페스티벌 본부 사무실이 있는 건물의 중정이다.

2003년에는 15편의 새 텍스트를 관객 앞에서 독회하는 행사와 6편의 희곡을 라디오 방송국과 협력, 라디오를 통해 읽는 프로그램이 있었다.[25]

유토피아 영화관에서는 공연을 영상화한 작품, 페스티벌과 관련된 영상, 연극과 영화가 상호 영향을 주었던 작품들을 주로 프로그램하고, 때로는 특집으로 마련한 작품이나 국가의 영화들을 집중 소개하기도 한다. 2004년부터는 전시장의 사용이 활성화되면서, 성당을 비롯한 다양한 유적지들을 전시/퍼포먼스/영상의 공간으로 사용하고 있다. 축제 설립자 '장 빌라르의 집(Maison Jean Vilard)'은 이들 가운데에서도 가장 핵심적인 공간이다.

프로페셔널들을 위한 다양한 모임과 공간들도 잘 준비되어 있다. 각 작품들에 대한 리셉션은 보통 첫 공연이 끝나고 음식과 음료를 마련하여 공연단과 축제의 관계자들, 전문가들이 만날 수 있게 하는 자리로 삼는다.[26] 기타 스폰서들이 마련하는 리셉션들은 공연장, 호텔 등지를 이용하여 여러 차례 열리는데, 이때에는 축제 참가자 대표, 스폰서, 기자들이 자유롭게 얘기할 기회가 주어진다. '축제 사무국의 정원(Jardin du Festival)'은 여러 예술가, 기자, 공연예술 및 축제 전문가, 정치인 등이 상시적으로 만날 수 있는 열린 공간으로서, 아비뇽 사무국 본부 건물 뒤편에 있는데, 사무실과 인접해 있으며, 접촉, 교류, 정보교환을 위한 장소로 활용된다.

축제에 참가하는 예술가와 전 세계 공연예술관계자들의 만남의 장소로는 밤 11시에 시작하는 '페스티벌 바(le Bar du Festival)'가 마련되어 있다. 축제 본부가 발행하는 초대장이 있는 사람에 한하여 입장이 가능한 이곳은 고등학교 수영장과 체육관을 개조하여 마련되어 있는데, 새벽 3시까지 공연예술인들 간의 자유로운 만남과 비즈니스 미팅 등 많은 부대적인 사건이 벌어지도록 운영하는 소중한 장소이기도 하다. 필자가 전문가로서 아비뇽축제에 참가하면 다수의 공연 관람 외에도 이 많은 공간들

---

25) 이 두 가지 행사도 그 해의 주요 예술가에 따라 다양히 변화된다.
26) 축제의 주요 예술가들을 위한 리셉션들은 몇 년 전부터는 교황청 측면에 위치한 베르제 정원(Jardin de Verger)에서 열리는데, 한정된 전문가들에게 초대장을 주어 미팅을 할 수 있게 한다. 공연 종료 시간에 따라 대개 밤 12시 또는 새벽 1시에 시작한다.

에서 다양한 만남을 경험하였는데, 참으로 유익하고, 공연을 둘러싼 많은 일들을 소화하게 해주는 장치로 여겨진다.

'티켓의 관리'는 세 가지 종류의 티켓을 만들어, 축제 개막 한 달 전부터는 인터넷으로, 3주 전부터는 예매처와 전화로 판매를 시작한다. 일반티켓과 할인티켓 그리고 청년티켓이 있다. 할인티켓은 단체(25인 이상)나, 한 사람이 4매 이상을 구입하면 5번째 티켓부터, 또 구직자, 공연예술전문인(축제 참가단체, 공연예술 종사자−신분증, 공문 확인), 장애인 등을 위한 것으로, 20% 할인의 혜택이 주어진다. 청년티켓은 25세 미만이거나 나이와 관계없이 학생이 구입할 수 있는데 50% 이상 할인을 해준다. 이 제도에서도 축제가 어떤 사람들을 특별히 배려하고 있는지가 잘 드러난다. 초대권은 공연별로, 날짜별로 좌석 수를 달리하여 제한적으로 배치하는데 프레스, 축제 협력 기관 및 정치인, 메세나에 일정량이 주어지고 축제에 참가하는 예술가들은 두 장을 무료로 얻고, 그 이상은 할인을 받아 구입할 수 있게 한다. 이는 판매할 좌석 수를 정확히 잡아서, 목표 입장수입을 현실적으로 계산할 수 있게 하고, 초대손님의 경우, 주어진 초대 좌석 내에서 날짜별로 배분하여 가이드 함으로써 양쪽이 모두 불쾌한 경우를 피한다.

티켓의 관리는 아비뇽축제가 만든 소프트웨어를 이용하여 전산관리하고 있다. 예약의 방법은 이렇게 전산망을 통하는 경우와 전화예약 후 카드 결재 또는 약속한 날까지 대금을 지불하고 공연장이나 예매처에서 티켓을 찾는 방법, 우편으로 예약, 지불하고 표를 받는 방법 등 다양하다. 예매처는 전국망(프낙 FNAC−도서, 음반, 영상물 백화점)으로 되어 있어 예매에 대한 불편은 거의 없는 것으로 파악된다.

50편 정도가 공연된 1996년의 경우 20개의 공연장에 26일간 총 160,000석의 좌석을 준비하였으나 2005년에는 총 129,000석의 좌석이 마련되었고 110,000장의 표가 팔려 약85%의 유료관객 점유율[27]을 기록했다. 축제 폐막 직전 4일간 관객이 감소하는 경향이 점유율을 낮춘 것으로 파악되었다. 그밖의 무료 행사에는 13,000명의 관

---

27) 지난 10년간 평균 객석점유율 90% 이상

객을 맞이하였다. 평균적인 통계로는 축제 3주간 약 15만의 관객과 50여 만 명의 아비뇽 방문객을 기록하고 있다. 방문자 수는 1,500편 이상의 아비뇽오프 공연과 행사를 찾는 관객이나 일반 관광객을 포함한 숫자이다. 최근의 조사에 따르면 관객 중 38%는 근처 지역에서, 28%는 수도권에서, 23%는 기타 지역에서 그리고 11%는 해외에서 오는 것으로 파악된다. 한편, 기자는 외국 언론을 포함하여 평균 600명 정도가 축제에 참여하고, 2,000여 개의 기사가 발행되며, TV와 라디오로 매일 축제는 생방송되고 있다. 인터넷 홈페이지는 연 4백 만 조회 수를 기록한다.

축제로 인한 지역의 변화

휴가철이 막 시작되는 매년 7월 첫 주말 아비뇽축제가 개최될 즈음이면 '아비뇽축제가 먼저인가 아비뇽 시가 먼저인가?' 라는 질문을 던지며, 축제와 교황청이 있는 유적지 아비뇽 시를 소개한다. 오래 전부터 축제를 빼고는 아비뇽 시를 얘기할 수 없는 지경에 이른 것이다. 세계적인 공연예술창작이 대거 처음으로 제작, 소개되는 축제, 1,500개 이상의 예술적인 공연이 약 한 달간 펼쳐지며, 전 세계의 공연장 및 축제의 디렉터, 프로그래머들이 한데 모여 작품을 사고, 파는 최대의 공연예술마켓이 아비뇽축제이다. 그런데 축제를 지원하는 관의 입장에서 봤을 때는 200억 원 가량을 매년 지출하며, 자체 수익(주로 공연 입장료)으로 31% 밖에 벌어들이지 못하는 재정적 수치를 계산하며 고개를 갸우뚱 할 수도 있다. 아비뇽 시장이 자문위원회와 법인의 대표 자격이긴 하나, 재정적 지원을 많이 하는 아비뇽 시[28]는 행사 개최지일 뿐, 축제의 운영에는 관여하지 않고, 협조관계를 유지할 뿐이다. 축제의 직접적인 수입 중 단 1유로도 시의 금고로 환수되지 않는다. 하지만 시는 자랑스럽게 답변한다. 축제 기간 중에 청소, 시내 공간들의 관리를 전적으로 책임지고, 경찰청, 군과 함께 모든 참가자들의 안전을 책임지는 중요한 일을 한다고. 늘상 이런 질문 ― 시의 권한과 이익에 대한 ― 을 하는 대한민국의 기자들과 지자체 간부들은 납득하지 못한다. 하지만 시는 연간 재정

---

28) 시 + 광역시 = 공공예산의 31%, 약 35억 원을 지원한다.

의 5배에 달하는 세수 및 기타 사업 수익을, 지역 주민/상가들은 11개월에 상당하는 매출을 한 달 만에 거두어들이는 경제적인 이익을 얻는다. 광역지구까지 인구 10만이 채 안 되는 도시에 50만 명 이상이 '여러 날을 체류하며' 공연을 관람하고, 관광을 하고, 쇼핑 – 여름 특별 세일 기간과 일치 – 을 하고 가기에, 여타 관광지와는 다른 양상을 축제가 만든 것이다.

이것은 축제의 가시적인 경제효과일 뿐이다. 짧게 폭발적인 힘으로 개최되는 축제는 '연중 여타 기간에 어떤 기여를 할 수 있는가' 가 축제의 존재 이유와 지속, 발전의 방향을 말해주는 것으로 가장 중요한 점들 중 하나이다. 아비뇽축제가 제공하는 역동성과 공연예술 분야에 대한 에너지는 우선 관련 분야에서 아비뇽 시가 차지하는 비중을 확대하여 주었다. 그와 더불어 관광객 대상의 연중 인지도 향상에도 크게 기여함이 수없이 실증된 바 있다. 심지어는 인근 지역으로의 확대 발전에 주도적인 역할을 하고 있다.[29] 지역에서의 공연예술 창작 및 공급의 확대를 위한 축제의 기여는 축제 창설 후 수많은 민간극장들이 시의 지원을 받게 하고, 현재까지 왕성히 활동하고 주목받게 도와주었다.[30] 수십 년간의 축제의 노하우는 전국의 공연예술 네트워크, 축제들과 직접 연계되면서 – 공동 제작, 연결/구매 등 –, 그들의 창작, 프로그래밍의 활성화, 질적 향상에 연중 기여하고 있다. 공연 제작과 배급, 수용에 생산적인 시너지를 주었을 뿐만 아니라 특별히 '일반 공간을 공연장화하는 기술' 을 발전시켰다. 앞서 소개한 기술센터는 연중 이런 작업을 하며, 급기야 이 분야 전반에서[31] 기술 혁신과 보급을 주도하고 있다.

이런 성과로 인하여 정부는 아비뇽에 1986년 국립공연기술전문교육기관(Institut

---

29) 30분 거리에 있는 로마 유적지로 유명한 아를르(Arles) 시도 미술, 전시의 도시로 완전 탈바꿈하였다. 님므(Nime)와 오랑쥬(Orange) 등도 시너지를 받아 고대 극장, 원형경기장 등지를 이용한 음악, 음악극 축제로 활성화가 되었다.

30) 데알극장(Théâtre des Halles), 까름므(Carmes) 극장, 셴느누아르(Chêne Noir) 극장 등 10개 이상의 상설 극장들이 연중 훌륭한 프로그램을 소화하고 있다.

31) 공연장화를 위한 무대, 객석, 지붕 등의 설치와 조명, 음향, 무대미술 등의 분야에서 프랑스가 최고의 실력을 가지게 된 데에는 아비뇽축제의 기여도가 가장 크다.

Supérieur des Téchniques du Spectacle, ISTS)을 설립하게 되었다. 기초 기술교육이 아니라 재교육, 고등심화교육을 단, 중기에 걸쳐 시행한다. 이곳을 거친 기술진이 축제에 투입되고, 기존 기술 전문가가 이곳의 재교육을 받으면 전국의 공연장에서 자신들의 직위와 업무를 한 단계 올려서 일을 할 수 있게 된다. 또 하나는 샤르트뤼즈 수도원(La Chartreuse)에 설치된 작가의 집-창작 레지던스-이 있다. 연중 체류 지원을 받은 작가들이 집필실과 모든 편의시설을 제공받는, 공연의 기초 창작이 이뤄지는 요람이 아비뇽축제로 인해 탄생된 것이다. 한 편에는 작가들의 집필실들이 있고, 다른 편에 축제 중 공연장으로 이용되는 곳³²⁾이 있는데, 이곳에서 정기적으로 희곡 독회 행사가 열리기도 한다. 축제 자원봉사자 모임인 '축제의 친구들' 은 이 기회를 주로 이용하며, 이곳에서 정기적, 계기적 모임을 갖는다.

축제의 프로그램은 갈수록 다양해지는 경향이 있지만, 그것들이 지향하는 바와 기여하는 바는 공연예술과 아비뇽축제이기 때문에 절대로 여러 가지 목적을 잡화상처럼 늘어놓는 일을 하지 않는다. 공연을 중심으로 한 창작품들의 다양화가 결국 더 심화된 공연예술의 창작과 수용을, 축제에 대한 더 깊은 이해와 관심을 유발하게 하고 있음을 주목해야 하겠다. 다양한 취향을 가진 방문객들이 여러 길을 통해 축제의 중심으로 모일 수 있게 장치를 한 것이다. 이제 거대해진 아비뇽축제이지만 그만한 어려움이 늘 상존하고, 이를 극복하려는 노력조차 매우 선구적이며 창조적임을 발견하게 된다. 축제를 이루는 모든 부분에 대한 그들의 세심한 배려와 준비, 여러 종류의 일에 대한 상호 존중과 지원, 헌신적인 노력과 천천히 하나씩 쌓아갈 줄 아는 여유 등도 우리가 참고해야 할 미덕으로 생각된다.

---

32) Tinel de la Chartreuse라 불린다.

1998년 제52회 아비뇽축제,
'아시아의 열망(Désir d'Asie)' 중 한국특집

공식 초청의 의의와 전망

1998년에 계획하는 '동아시아 특집'에 한국을 초대하고 싶다는 아비뇽축제 감독 베르나르 페브르 다르시에(BFA)의 제안을 1995년 12월에 필자가 제일 먼저 접하면서, 이 제안을 마침 1997년 세계연극제를 함께 준비하던 한국연극협회에 전하게 되었다. 이후 한국 공연예술계에서는 기회가 있을 때마다, 어떤 작품이 어떤 형식으로 1998년 축제에 참가하게 될 것인지를 궁금해 하곤 했었다. 2년 가까이 제안과 리서치의 시간이 흐르다가, 1997년 세계연극제 기간에 아비뇽 페스티벌의 예술감독 BFA가 한국에 네 번째로 다녀가면서, 결론을 내리게 되었다. 축제의 특성에도 맞게, 완성된 공연작품은 제외시키고, 전통예술로 우리의 특집을 새롭게 구성하자고 결정하였다. 이 결정에 연극계에서는 불만과 서운함, 자괴감에 이르기까지 여러 가지 감정이 섞인 반응도 엿볼 수 있었다. 처음부터, 한국특집의 결정과 프로그램의 선정, 이후 행정, 운영에 이르기까지 이 일을 맡았던 필자로서도 아쉬움은 컸다.

수차례 한국을 방문하여 많은 공연을 보았고, 비디오로도 수십 편을 검토하게 하였으나, "프랑스 및 유럽의 관객들에게 틀림없이 예술적인 충격을 줄 수 있는" 창작연극이나 무용 작품을 축제에서 재제작하려 했었던 예술감독의 기대에 확신을 줄만한 우리의 예술가나 작품이 미비했었던 것이다. 그런 프랑스 초연을 안심하고 의뢰할 수 있는 예술가가 세계에 몇 명 되지 않을테고, 교류를 한 적도 없었기에, 어느 한국 예술가에게 작품을 의뢰하기에는 아직 이른 시기였었다. 다행히도 우리의 전통예술

1998년 아비뇽축제 포스터

이 그에게 확신을 주었고, 프로그램을 결정한 이후에 그는 자신감에 넘쳐 한국특집 공연을 수 개월간 온 세계에 끊임없이 홍보하고 다녔었다.

준비과정에서의 그의 지적들에서 몇 가지 교훈을 끌어내었다. 먼저 우리의 작품들이 문화상호주의적인 수용을 얼마나 염두에 두고 제작되어, 외국 관객을 만나는 국제 페스티벌에 적합하였던가 하는 점이다. 한국에서 처음 열린 메가 이벤트급의 〈'97 세계연극제 서울-경기〉에서 조차도 이런 배려는 눈에 띄지가 않았다. 공연 창작에서의 전통예술의 현대적 수용과 재창조의 측면에서도 얼마나 깊이 있는 고민과 시행착오를 거듭했었는지 자문할 기회도 되었다. 우리의 전통예술을 사랑하는 BFA로서는, 검토한 현대 작품들에서 기대했던 미학이나 멋, 맛도 부족하게 느끼며 ─ 외국인이라 수용의 한계도 있지만 ─, 다소 아마추어적인 전통예술 형식의 차용이나 그 본질이 가려지는 쇼에 그쳤다는 지적을 하였고, 이 점 역시 생각을 다시 하게 해주었다. 그렇다고 해서 일국의 예술축제를 위한 작품 선정에 너무 민감해할 필요는 물론 없다. 그 축제의 성격과 관객에게 맞는 작품을 찾은 것 뿐이니, 우리는 국제적인 전문가의 견해에 귀기울이며, 우리를 새롭게 돌아볼 기회로 삼았다.

2년간 수십 편의 영상자료와 공연을 검토한 끝에 전통예술을 아비뇽축제에 참가하는 첫 번째 공식 공연으로 합의한 데에는 여러 가지 의미가 있다. 1997년까지 프랑스의 경우, 파리에 있는 '세계 문화의 전당, Maison des Cultures du Monde'을 중심으로 우리의 전통예술이 산발적으로 소개된 바 있다. 이를 계기로 하여 고정 애호가도 제법 생기고 현지의 공연예술가들은 이를 배우거나 창작에 활용하기도 했다. '태양극단'의 배우들이 2년에 한 번씩 3차례나 판소리 워크샵을 이미 가졌고, 1996년 '징가로극단'은 작품 〈일식 Eclipse〉의 주 재료―음악과 안무―를 한국의 전통예술을 이용하여, 작품을 성공적으로 완성시켜 전 세계에 공연한 것이 그 대표적인 예이다. 약 4시간이 소요될 아비뇽축제의 공연은, 전통예술의 예술적, 미학적 가치를 극대화시켜 전 세계 공연예술 전문가들과 애호가들, 기획자들이 대거 몰리는, 세계 최고의 예술적 가치를 인정받는 아비뇽축제에 올림으로써, 그들에게 우리의 전통예술을 알리고, 사랑받게 하고, 세계 공연예술계에 우리의 공연이 자리잡는 터를 마련하는 기회였다.

이를 위해 주최 측과 함께 결정한 공연장은 높이 40m의 절벽으로 둥글게 에워싸진 옛날 채석장의 빈터이다. 론(Rhône) 강가의 자연의 신비로움과 우리의 예술이 조화를 이루어 공연의 가치를 살려줄 수 있는 최적의 공연 환경을 만들고자 했다. 그간 극장 내에서 자주 반복되었던 민속적이거나 이국적인 취향을, 전하기 쉬운 방법 즉, 일부 레파토리를 선보이거나, 여러 공연의 일부를 독립적으로 나열하는 예를 피하고자 했다. 어두울 무렵부터 깊은 밤까지, 멋진 자연 속에서 전통예술의 주요 레파토리를 일체감 있는 하나의 공연으로 묶어 정악에서 판굿에 이르기까지 한국 예술의 정수를 온전히 전하였다. 재정을 비롯한 여러 이유로 이번에 빠진 좋은 것들도 더 있지만, 일단 아비뇽 예술감독의 의견을 존중하여 구성하는 이번 공연이 끝나면 더 많은 기회가 올 것으로 예상하며 정리하였다. 전 세계를 통틀어 수백 년 된 전통예술을, 그것도 국가적인 차원에서 계승, 존속시킨 나라는 한 손으로 손꼽을 정도이며, 더구나 우리의 전통예술처럼 품격과 멋과 미와 힘을 모두 완성시킨 예는 더욱 드물다. 일단 이 사실 하나만이라도 세계에 제대로 전달되면 우리 문화, 예술에 대한 관심은 배가 된다. 그 이후, 우리의 현대 공연들이 국제적 관객을 대상으로 완성도를 높여가며 하나씩 선보이고, 세계의 예술가들과 공동 작업이 자연스럽게 이루어져 우리 문화, 예술이 세계로 또 세계의 문화, 예술이 우리 안으로 오고, 갈 수 있게 될 것으로 기대했다.

그간 정부가 여비, 출연료와 대관료를 지불하며 국공립단체를 해외로 내보내곤 하던 차원에서, 외국 전문가 조직의 주최 하에 그들이 우리 전통예술의 정당한 예술적 가치 평가에 총력을 기울이는 가운데, 이에 걸맞는 대접을 받으며 팔릴(?) 계기를 이제 마련한 것이다. 다른 레파토리에 대한 관심도 증가될 것이고, 현대 창작에 대한 호기심도 불러일으킬 수 있으리니, 공연예술 국제 마켓에 본격적으로, 가장 확실한 상품을 가지고 나선다고 보면 되겠다. 이번 아비뇽 특집공연에서 여러 레파토리 사이에 짧게 삽입되어 주 공연들을 묶어줄 연결 무대들로 전통에 기반을 둔 창작 내지는 창의로운 연주, 안무로 짠 것도 우리의 과거와 현재, 한국과 세계를 연결한다는 의미에서 상징적일 뿐만 아니라 독창적인 현대 창작에 대한 관심으로 연계시키자는 의도가 있었다.

일제, 전쟁, 독재정치, 경제적 고도성장, IMF 등 근세사의 외형적인 아픈 상처만이 한국의 주 이미지로 그간 오랫동안 각인되어 있었다. 한국 출신의 탁월한 서양음악 연주자들이 예술적 기질을 이미 보여준 바에, 이제 우리의 정신과 문화, 역사가 담긴 전통예술이 7,200명(900석×8일)의 '특별한' 관객에게 직접 다가가고, 수백, 천만 명의 공연예술 애호가들에게 소개되면, 그들은 그제서야 우리 민족의 내면에 관심을 갖기 시작할 것이다. 정부가 주관하고 기업이 후원하였으나 워낙 어려운 형편이라 일본이나 대만, 러시아 처럼 대규모 물량 공세로 우리의 특집을 화려하게 기획할 수는 없었지만, 3주간의 페스티벌 기간 중에 집중 조명을 받을 수 있게 하는 것이 최상의 방법이었다. 월드컵 결승이 끝나 대중들의 관심이 전환되는, 개막 첫 주의 붐업이 자리잡는 시기에 시작하여-7월 13일 첫 공연-축제 기간 중 가장 주요 인사들이 몰리는 7월 두 번째, 세 번째 주를 공연 기간으로 잡은 것이 그 첫 번째 수이다.

거의 2년에 한 번씩, 가장 독특한 대규모 공연만을 유치하는 불봉(Boulbon) 공연장을 잡은 것도 우리의 공연과 가장 잘 어울리는 공간이면서도, 주최측에서 특별히 공들인 공연임 - 공연장으로 변모시키는데만 해도 엄청난 예산이 투여되는 공간 - 을 자연스럽게 부각시킨다. 또 한편, 우리 공연단의 면모 - 이매방, 안숙선, 김덕수와 한울림, 국립국악원, 강태환, 김대환 등 - 자체로도 쉽사리 전문가와 애호가들, 언론의 관심 소재가 될 것으로 보이니, 이런 모든 것들이 단 하나의 프로그램으로 아비뇽축제의 절정을 이룰 수 있는 좋은 조건이 된다. 사실 무엇을 했느냐도 중요하지만 사후에 어떤 파급효과가 있을까가 국제예술제에서는 더 중요하기에 이를 위한 준비로 볼수 있겠다.

아비뇽 진출이 공연예술의 국제교류에 있어서 내, 외적인 원동력이 될 수 있으리라는 전망이 또 있다. 우리 공연 결정이 발표된 직후(1998년 2월) 독일과 오스트리아, 이태리, 브라질 등 여러 페스티벌에서 우리 프로그램에 대한 문의와 공연 가능성을 타진하기 시작했다. 시락 프랑스 대통령이 우리 공연 관람을 약속했고 - 그는 1996년 12월에 징가로극단의 공연도 보았다 -, 전례를 통해서만 보더라도 많은 정치, 경제, 문화계의 인사들이 관람할 것으로 예상되었다. 공연예술의 국제화가 정상적으로 가속화될 수 있는 호기이니, 정부도 이를 가볍게 생각하지는 않았다. IMF로 인해 경제가 어렵더라도 문화, 예술 속에 담긴 정신과 혼을 통해 국가 이미지를 개선하고 나아가서는 문화상품으로서의 가치를 자리매김 하는 데 도움을 주어야 할 때였다. 그리하여 좋은 인력들이 공연예술계로 모이고, 헌신적으로 일할 수 있는 조건이 형성되면 예술가들의 노력은 물론 국민의 관심도 자연히 뒤따르게 마련이다. 과거에 그랬었던 것처럼 급하게 서두르며 저렴한 물건을 많이 팔아 이익을 남기는 경제 정책은 문화, 예술 상품화를 위해서도 절대 피해야 할 점이다. 1997년 세계연극제로 인하여 관객이 가장 먼저 눈을 뜬 걸 봤다. 행정가, 기업인, 예술가가 참을성 있게, 단계적으로 투자하고, 협의하여 먼저 우리 국민에게 좋은 작품을 준비하고, 전통예술을 시작으로 하여 세계의 관객에게 내놓을 작품들을 하나씩 창조해 나가야 하겠다고 다짐하는 기회가 되었다. 다른 한편에서는 문화, 예술계의 국제교류를 담당하는 인력들이 국내, 외의 조직에서 그 판을 준비하는 계기가 될 것으로 여겨졌다.

90

공식 초청의 과정과 파생되는 국제교류

아비뇽축제는 연극을 중심으로 한 종합 공연예술제이다. 1947년에 아비뇽 교황청에서 열린 현대미술전을 계기로 시작한 축제는 장 빌라르(Jean Vilard)라는 거장 연출가에 의해 상설 축제로 자리잡았고, 74년의 성과를 토대로 평가되는 특성은 최대의 공연예술시장이라는 점이다. 평균 80% 정도의 공식 참가작이 세계 초연으로 이루어지기에 아비뇽축제를 통해 대예술가로 발돋움하거나 세계 시장에 작품성을 인정받아 세계 순회공연이 이루어지는 예가 허다하였다. 50만 명 이상의 연극애호가 및 관광객이 다녀가는 아비뇽축제에는 1998년에도 공식 초청작 40편이 선을 보였고, 아비뇽오프축제는 500여 편의 공연을 소개하였다. 지난 20년간 한국의 여러 단체들이 자유 참가 차원의 오프축제에 와서 성과를 올렸지만 다른 수백 편에 가려져서 주목받거나 축제의 토픽으로 떠오른 일은 없었다. 1998년 7월, 52년만에 공식초청의 카테고리 안에 한국의 공연이 들어가서, 적어도 축제 상반기에 최대의 초점이 맞추어지게 된 일은 가슴 벅찬 일이었다.

공연예술의 국제교류는 미술이나 음악, 문학의 경우와는 무척 다르다. 우선 '관객' 이라는 심판이 공연에 대한 '즉심'(?)을 내린다. 그러니 공연과 관객의 관계에 대한 깊은 고려가 필요하다. 아울러 공연은 여러 예술가가 이루어내는 공동의 제작품이기 때문에 타국의 여러 분야의 예술가들에 대해 두루 정통하여야 한다. 따라서 한국 공연의 아비뇽 공식 초청에 대한 협의도 1995년으로 거슬러 올라갈 정도로 오래 되었

〈한국의 밤〉 홍보를 위한 김덕수와 한울림의 야외공연 ⓒ 메타컨설팅

다. 1995년 12월 3주간, 프랑스, 벨기에, 스위스의 60개 장소에서 '한국문학의 해 (Les Belles Etrangères-Corée)' 가 개최되었고, 필자는 번역, 모더레이팅, 영상제작 등의 역할을 맡아 프랑스에 체류 중이었다. 때마침 징가로(Zingaro) 극단의 바르타바스(Bartabas) 연출이 한국의 음악으로 작품을 구상하고 있어서, 자문차 만날 기회가 있었고, 또 베르나르 페브르 다르시에(BFA) 아비뇽축제 예술감독을 만날 기회도 가졌다. 3년 후 동아시아 특집을 하고 싶은데, 한국의 참여 가능성과 공연예술 작품에 대한 협의가 가능하냐는 것이었다. 행사 일정 중이라 한밤중에 만나서 가능성을 타진하게 된 행운을 맞게 되었다. 우연이 가져다 준 기회에, 마침 필자가 연극평론가로, 또 연출가로 왕성하게 활동하던 터라, 실행에 바로 옮기게 된 것이다.

　　이후, 1996년 2월과 9월, 97년 9월, 98년 2월에 BFA 감독을 비롯한 아비뇽 측 주요 스텝들이 방한하고, 한국 측 전문가들은 96, 97년 아비뇽축제를 참관하고, 97년

〈한국의 밤〉홍보를 위한 김덕수와 한울림의 야외공연 ⓒ 메타컨설팅

12월과 98년 6월에는 초청 공연 실무대표가 방불, 협의를 하였다. 처음 1996, 97년에는 한국연극협회 차원의 교류로 시작하였고, 1997년 5월, 당시 문화체육부 문화정책국이 공식 지원하기로 결정하고 실무작업이 진행되었다. 그해 9월에 BFA 감독의 방한시에 한국특집을 전통예술 중심의 공연으로 결정하고 한국 측 예술감독에 강준혁을 선임하면서 〈한국의 밤 Les Coréennes〉은 연극협회를 떠나 강준혁, 최준호(행정감독)를 중심으로 한 소규모 조직에 의해 구성, 연출, 공연되게 되었다.

　세계 규모의 국제예술제에 공식 초청되는 경우, 주최 측은 프로그램에 대한 광고와 홍보에 최선을 다해 마케팅 실적을 올리려 애를 쓰게 되고, 피초청 측은 공연 성과와 향후 이어지는 사업과의 연계를 위해 최선을 다한다. 관변행사와 같이 공연단 스스로 모든 것을 준비하는 것과는 비교할 수 없는 많은 수확을 거두기 마련이다. 다만 이제까지 초청을 받을만한 여건 마련이 어려웠고, 공연의 성과를 토대로 하여 종, 횡으로 연결되는 문화, 예술 사업을 하지 못한 것이 문제였던 것이다. 아비뇽축제에 공식 초청된 좋은 기회는 축제 개막 5개월 전인 1997년 2월 프랑스에서 축제 프로그램 공식 발표 직후에 여러 제안들 중, 공연도 하기 전에, 국악원의 정악이 이태리 밀라노의 국제 전통예술축제(7월 26일 공연)에, 사물놀이와 판소리는 브라질 상파울로의 국제 무대예술제(7월 28, 29일 공연)에 초청이 결정되는 등 국제 공연예술 교류의 물고를 트는 일로 일찌감치 연결되었었다. 아비뇽 한국주간 준비위원회와 사무국이 1998년 2월에야 결성되고, 그간 두 감독과 함께 이 일을 준비하던 스튜디오메타 소속의 실무진은 이번 기회를 국제교류의 교두보로 삼을 각오로 일에 전념하는데 힘을 받게 되었다. 물론 사업을 불과 몇 개월 앞두고 공식적으로 사무국이 설치된 일은, 아비뇽 측도 모르는, 있을 수 없는 일이었다. 한국 사람들이니까 할 수 있는, 믿기 어려운 일이 또 벌어진 것이다.

아비뇽축제의 노하우 배우기

'97세계연극제의 운영과 과천마당극축제, 서울국제공연예술제 창설

이 기회는 때마침 한국에서 '97세계연극제를 준비해야 하는 절실함과 마주하게 되었다. 그때까지 우리는 대규모의 국제 공연예술축제의 경험이 전무하던 차였기에, 당시 집행위원이자 예술부감독의 역할을 맡은 필자는 BFA 감독을 비롯한 수많은 국제 공연예술제 관계자들을 만나, 도움을 청하였다. 특히 아비뇽축제의 여러 감독들은 기꺼이 소상하게 자문을 해주었고, 심지어 거리예술축제의 창설(과천한마당축제)을 위해서도 도움을 아끼지 않았다. 공연들을 여러 곳에서 동시에 진행해본 적도 없고, 해외의 작품들도 국내에서 몇 편 소화해내지 못했었고, 공연예술축제 운영의 노하우도 일천했었던 한국의 예술가, 젊은 기획자들에게 그들은 수차례 '불가능해(impossible!)', '말도 안 돼(incroyable!)'라는 말을 되풀이 하였다. 한국 사람이기에 해냈던 또 하나의 사건이었다. 결국 BFA 감독은 1996~1997년 4차례 방한에서 많은 자문을 해주었고, 1996년 10월에는 아비뇽축제 행정감독, 기술감독을 동반하여 각각 1주일씩 우리 젊은 스탭들에게 축제경영과 기술운영 연수를 열어주었다. 아비뇽 홍보/마케팅 책임자는 몇 차례 컨설팅을 해주기도 하였다. 아울러 프랑스 샬롱 거리극축제 예술감독도 직접 연결해주었는데, 거리예술계의 대부 크레스팽과 함께 과천의 축제 창설 1년 전에 방한하여 지속적인 협력과 축제 자문을 아끼지 않았다. 먼 나라 대한민국에서 또하나의 국제 공연예술 플랫폼을 열고자 하는 우리의 열정에 그들은 매우 기뻐하며, 관심과 애정을 아끼지 않았다. 우리는 여기에서 해외 예술계 주요 인사들의 초청, 인적 교류의 중요성이 얼마나 큰지를 확인할 수 있다.

아비뇽축제 주최 측이 1997년 7월 아비뇽축제에 우리 대표 30여 명이 참가하게 도움도 주며, 아비뇽축제, 즉 남의 축제에서 서울에서 열리는 '97세계연극제 홍보까지 허락하는 초유의 상황이 발생하기도 했다. '불가능' 하고, '말도 안 되는' 일이 미리, 또 벌어진 것이기도 했다. 하지만 세계 공연예술계에 미지의 땅 대한민국에서 온 예술가, 평론가, 프로듀서들을 그들은 따뜻하게 맞아주고, 홍보와 많은 만남의 기회를 제공해 주었다. 공연예술의 국제교류는 어렵고 복잡하지만, 결코 외로운 발돋움이 아니라 함께 걸어가는 즐거운 길이라는 것을 직접 느끼게 해준 기회였다.

이후, 그들과의 돈독한 협력관계가 유지, 발전되는 가운데, 기존의 서울연극제는 서울국제연극제(1998~2000년)로 확대, 발전되고, 2002년 월드컵을 계기로, 서울시와 문화부가 문화예술위원회와 함께 지원, 육성하는 '서울국제공연예술제'가 2001년에 창설되어 오늘에 이르게 되었다. 국제사회에서 한국의 공연예술을 만나고, 예술가들이 서로 협력하고, 한국의 관객들은 새로운 국제적 작품들을 축제를 통해 집중적으로 감상할 기회를 연례적으로 갖게 되었다. 아비뇽축제와의 교류, 협력은 이후 수 년간 지속적으로 발전되었으며, 이는 여타의 유럽 공연예술축제들과의 교류로 이내 연결, 확대되었다. 세계에서 가장 중요한 창작 초연 중심의 공연예술제인 아비뇽축제에의 진출은 비록 시간이 오래 걸리더라도, 이렇게 준비 과정에서의 왕성한 국제교류와 노하우의 전수, 사업 이후의 국제교류의 양과 질을 보장해주면서, 기대했던 것 이상으로 오랫동안, 더 폭넓은 교류를 가능하게 했다. 다만, 우리 예술축제의 발전에는 또 다른 내적인 장애들이 있었기에, 이제 이를 넘어서야 하는 단계에 이르고 있다.

한편, 이 시기의 국제교류의 변화에 자극되어, 국내적으로는 국제교류를 지향하는 많은 예술축제들이 창설되거나, 기존의 축제들이 변화, 발전되었다. 안동국제탈춤축제(1997년 창설), 서울세계무용축제(1998), 의정부음악극축제(2001), 전주소리축제(2001) 등을 비롯한 다양한 장르의 예술국제교류의 장들이 전국적으로 열리기 시작하였다. 거창연극제, 부산연극제, 춘천의 연극제/마임축제/인형극축제 등 기존의 공연예술축제들도 국제화의 길로 접어든 것도 이 무렵부터이다. 1997년~2001년 경 4~5년간 수많은 축제들이 생김으로써 국내에서 각 분야 최고의 작품들을 감상할 상시적인 기회도 생겼고, 공연예술축제 창설 중흥기라 불러도 모자람이 없는 시절을 맞게 되었다. 그런데 1989년 춘천에서 창설된 마임축제와 인형극제나, 국내 신작희 곡발굴을 목표로 했던 당시의 서울연극제와 비교하면, 서울국제공연예술제는 창립 과 동시에 국제교류를 시작한 것이 눈에 띈다. 1989년 정부의 여행자율화 정책으로 문화의 문이 열렸지만, 정보화시대 초기가 되어서야, 몇 가지 국제교류의 계기가 열 리면서, 외국공연 관람 수요가 급증하게 된 것이다. 하지만 고무적인 것은, 축제 창립 과 동시에 해외의 뛰어난 공연들을 접하고, 또 우리 고유의 창작 공연예술들을 해외 로 진출시키고자 하는 열망이 담겨있었던 것이다.

따라서 본고에 주로 상세히 다루고 있는 2005년에서 현재까지의 왕성한 국제교 류를 위한 일차적인 준비가 이렇게 갖춰지고 있었다. 영화의 사례도 1996년 부산국 제영화제가 창설될 무렵부터, 한국의 훌륭한 극영화들이 꾸준히 제작된 것이 부산영 화제가 국제교류의 플랫폼 역할을 하는 데에 훌륭한 밑거름이 되었음을 우리가 잘 알 고있지 않은가. 처음엔 여러 나라의 국제영화제들과의 교류, 이어서 한국 및 아시아 영화 제작과 아시아 배급의 플랫폼 역할, 나아가 다양한 층위의 상호 공동제작, 공동 배급 등의 단계로 발전했다. 공연예술도, 우리의 축제 설립과 프랑스와의 협력, 프랑 스 무대를 플랫폼 삼아 국제무대로의 진출의 길을 가고 있었던 것이다.

아비뇽축제 초청으로 유발된 입체적인 국제 예술교류의 파장

관객들이 볼 때에는 세계 도처에서 열리는 국제 공연예술축제에서 다양한 국제적인 훌륭한 작품들이 공연되는 것이 우선 보이지만, 실 사업은 관객들이 안 보이는 곳에서 주로 펼쳐진다. 이는 세계적인 영화제에서, 여러 경쟁부문의 영화들을 소개하고, 상영하는 게 영화제의 꽃으로 주로 보이는 것과 유사하다. 하지만 실제로는, 마치 물속 백조의 발처럼, 역동적인 움직임이 일반인들에게는 잘 보이지 않는 데에서 펼쳐진다. 신상품 국제박람회처럼, 새롭고도 시장성 있는 작품들의 마켓이 전문 종사자들 간에 열리는 것이다. 특히 아비뇽축제는 전 세계 초유의 초연 중심의 축제이기에, 또 아비뇽오프축제에서는 2,000개에 가까운 공연이 열리기에, 전 세계 극장 프로그래머들, 축제 감독들이 총집결된다고 해도 과언이 아니다. 3년이나 공을 들여 한국의 작품을 준비했던 만큼, 세계적인 공연예술마켓에 진출하는 일은 공연을 성공적으로 올리는 일로 끝나지는 않았다. 예술축제의 본질이 그렇듯이, 공연이 어떤 후속 성과로 연결이 되는가가 공연 자체 만큼이나 중요하다. 우선은 공연이 재초청되어 투어를 할 기회를 얻게 되겠고, 나아가 공연에 참가한 예술가들이 국제사회에서 주목받아, 또 다른 창작, 제작에 참여하는 기회가 열리기도 한다.

아비뇽축제의 명성에 걸맞게, 올해의 프로그램을 소개하는 2월의 파리 기자간담회 직후, 이태리와 브라질 초청 투어가 축제 후 공연으로 바로 어어졌다. 5개월 이상의 여유(?)가 있어서, 아비뇽 공연을 준비하면서 투어에 필요한 출연진과 스탭들의 일정을 함께 조정하고, 비자 등 해외여행 절차도 미리 준비할 수 있게 되었다. 물론 독일, 스페인과 프랑스의 다른 두 곳에서도 초청의사를 밝혔으나, 투어 간의 시간 간격이 너무 뜨거나, 귀국 후 바로 다시 출국해야 하는 여정이 무리하여 다음 기회로 미루었다. 공연을 선보이기도 전에 아비뇽축제의 최고 수준의 프로그래밍을 신뢰하고, 선구매를 하는 놀라운 현상을 경험하게 된 것이다. 물론 대개 전통예술, 민족예술축제들이었기에, 한국 전통예술에 대한 사전 정보들은 가지고 있었을 것으로 짐작은 되지만, 그들이 확신을 가질 계기가 되었던 것이 중요했다.

다음에서 축제 현장 스케치를 통해 소개하겠지만, 취재진과 방송사의 열띤 보도 덕에 관객동원도 성공했고, 이 축제에의 초청은 향후 8년간이나 이 작품에서 소개된 전통예술 여러 분야가 프랑스와 유럽에 초청되는 발판이 되었다. 우선 벨기에의 '르수아르(Le Soir)' 신문이 대서특필을 하면서, 브뤼셀 최고 명성의 팔레데보자르(Palais des Beaux Arts) 극장의 한국특집 프로그램으로 초청되었다. 2001년 5월, 2주 간 영화(첫 주)와 대규모 국악 공연(두 번째 주)을 잡기 위해, 2년 반 동안 예술감독 르독트(Jacques-Yve Ledocte)와 협력을 하였다. 음악당으로 유럽에서 손꼽히는 이 극장의 민족음악 초청 프로그램으로 다시 한번 주목받을 기회가 마련된 것이다. 르독트 감독은 필자의 추천으로 국제교류재단에서 연구 장학금을 받아서 1999년 한국에 10개월간 체류할 수 있게 되었다. 본인의 전공을 확장하여, 우리 음악을 심도있게 공부하고, 전주소리축제 창설을 도왔고, 아울러, 몇 년간 유럽쪽 코디네이터로 일하기도 하였다. 후에 그는 프랑스 대학입학시험 바칼로레아(baccalauréat)의 한국음악 해설 교재를 쓰기도 했다. 또 한 번 인적인 교류의 중요성을 실증해준 사례이다. 그는 이후 20년 가까이 브뤼셀의 공공 문화센터를 이끌며, 한국 전통예술을 소개하고 교육하는 대표적인 파트너가 되었다.

더 큰 규모의 후속 사업은 파리가을축제(Festival d'Automne de Paris)로서, 2002년 가을, 판소리 5대가 완창을 비롯한 탈춤, 인형극, 영화, 클래식음악 등 3개월 간 파리의 공연장들을 한국 예술가들의 무대로 채우게 된 일이다. 1998년 사물놀이 한울림의 기획자로 함께 했던 주재연이 국악, 필자는 전체 프로그램 코디네이터로 2

년 이상 협력하였다. 판소리 공연을 위한 완벽한 프랑스어 자막 작업도 이 사업을 위해 프랑스 측이 축제 3년 전인 1999년에 한유미, 페조디에(Hervé Péjaudier)에게 주문하여 완성했다. 이후, 오랫동안 이 자막번역은 영어, 독일어 등 다른 외국어 번역을 위한 텍스트로 쓰였는데, 파리가을축제가 그 번역 저작권을 가졌다. 안타깝지만 다행스럽고도 의미 있는 일이었다. 유럽 최대의 월드뮤직엑스포(WOMEX, World Music Expo)에서도 한국 음악에 관심을 기울이기 시작하고, 이후 현재에 이르기까지 한국음악을 기반으로 하는 월드뮤직 팀들이 꾸준히 초청되고, 참여하게 된 계기도 아비뇽축제에서의 만남이 기초가 되었다.

프랑스 내에서는 국립 기메(Guimet) 아시아박물관의 오디토리엄(연주회장)을 비롯한 세계문화의 전당(Maison des Cultures du Monde), 리옹(Lyon) 오페라극장과 무용의 전당(Maison de la Danse), 바스티유(Bastille) 오페라극장 등의 최고의 공연장에 수시로 우리의 전통예술공연들이 초청되어 프로그램화되기 시작했다. 또한 관련 분야에서 세계적인 신뢰를 가진 상상축제(Festival Imaginaire)나, 2021년 63년차 전통민속예술축제로서 역사가 깊은 콩폴랑축제(Festival de Confolents) 등도 깊은 연을 우리와 맺고, 수시로 한국의 공연을 초대하곤 하게 되었다. 〈한국의 밤〉 공연의 규모가 커서 다시는 온전히 재연할 수는 없었으나, 그만큼 다양한 매력의 국악, 한국 무용들이 나뉘어 초청되거나, 이 분야의 깊이를 더한 다른 공연들의 초청은 계속 이어졌다. 최고 수준의 공연예술 마켓에 진출하여, 후속 초청은 물론이고, 이렇게 안정적이면서도 질적으로 뛰어난 극장, 축제들과 협력 네트워크를 이루게 되었으니, 운 좋게도 마치 국제 예술교류의 자동보도 위에 올라간 것과 같은 최상의 결과를 얻게 된 것이다.

2006년 한국과 프랑스 수교 120주년 기념 초청 공연들이나, 2015-2016년 한불 상호교류의 해 프로그램으로 긴 기간 기획을 하게 되었을 때에는 이 모든 파트너들이 또 한 번 우리의 전통예술을 또 다른 레파토리와 현대적인 프로그램으로 소화하여 프랑스 대중들을 대거 매료시키는 일을 함께 하였다.

공식 초청작 〈한국 음악과 무용의 밤 Les Coréennes〉
공연이 열린 1998년 아비뇽축제 현장에서

이제 다른 호흡으로 공연예술 국제교류의 역사적인 현장을 읽어보자. 공연과 비교하면 잠시 동안 인터미션 시간을 갖는다고 생각하고 호흡을 편히 하며 읽으면 좋겠다. 독자들은 이런 사건이 있었는지도 잘 모를 수도 있지만, 혹여 안다고 해도, 세계적으로 유명한 축제에서 한국 예술가들이 공연을 잘 하고 왔다는 정도일 것이다. 앞에서 이미 많은 국제 예술교류의 접목들을 만들어 내었던 과정이 소개된 것처럼, 이런 세계 최고 수준의 공연예술축제 프로그램에 들어가면, 정말 많은 생산적인 일들이 벌어진다. 이번에는 당시의 현장을 조금 더 자세하게 드러내겠다. 한 사례가 실현되기까지의 구체적인 현장 스케치를 봄으로써, 관객처럼 상상하며, 국제교류에서 체감할 수 있는 여러 가지 어려움, 재미와 감흥을 함께 느낄 수 있을 것이다. 이 공연에도 인터미션이 있었는데, 쉬면서 50분간 한국음식을 사먹을 수 있게 하였다. 이성, 감성 뿐만 아니라, 감각적으로 한국 문화를 체험함으로써, 공연 2부에 관객이 더욱 호감을 가지고 한국예술에 집중할 수 있도록 한 장치였다. 즐겁게 당시의 현장을 떠올리면, 좀 더 복잡하고 포괄적인 에너지가 담긴 국제 문화예술 교류 읽기가 풍성해질 것으로 기대한다.

〈한국의 밤〉이 열리기까지

이 사업을 마칠 때까지 수많은 팩스와 이메일을 통한 필자의 작업은 2년 반 동안 지속되었었다. 아래에서는 이 문서들을 바탕으로 하여 그 과정과 단계를 간략히 메모해 보았다. 대형 예술사업을 준비할 때 어떤 일들이 하나씩 벌어지는지, 기록을 통해 가늠해 보자.

1. 1995년 12월 초, 예술감독 BFA를 만나다. 아울러 징가로의 연출가 바르타바스 만남 : 한국 전통예술과 유럽 공연계, 세계적인 축제와의 만남을 개진
2. 1996년 2월, BFA와 프랑스 국제예술교류회(AFAA)[33]의 아시아 책임자 마리 보넬(Marie Bonnel)이 사전준비를 위한 한국방문:
   −제1차 한국 공연 현장 탐방 : 연극협회초청, '97세계연극제 자문
   −삼성문화재단 1차 접촉
3. 1996년 5월, 문체부 문화교류과 차원에서 한국특집 행사 추진 결정하고, 국고예산 신청에 반영
4. 1996년 10월, 아비뇽 행정감독과 기술감독, 사무국장 등 방한. '97세계연극제 준비를 위한 실무진 워크숍 개최

---

33) Association Française d'Action Artistique의 약자로, 이 기관은 이후 CultureFrance를 거쳐 오늘날의 Institut Français가 되었다.

5. 1997년 5~8월, '97세계연극제 기술, 행정 부문 담당 예정자 2인 아비뇽축제에서 연수

6. 1997년 7월, 연극협회 중심의 아비뇽축제 방문단과 '97세계연극제 홍보사절 20명 등 방불. 아비뇽축제 탐방, 축제운영자문, '97세계연극제 홍보

7. 1997년 9월, 아비뇽축제 예술감독, 사무총장 '97세계연극제에 초청. 2차 한국공연예술계 탐방:
   −BFA감독 '97세계연극제 작품 중 21편 관람
   −삼성문화재단 2차 접촉, 단독 스폰서 결정

8. 1997년 9월, 한국특집을 전통을 중심으로 한 '울타리굿' 형태의 공연으로 결정. 강준혁 예술감독 선임

9. 1997년 10월, 행사 예산 작업 2: 한국 측 2인은 프랑스에서, 프랑스 측 2인은 한국 측에서 고용하며, 총 예산을 반으로 나누어 양측이 공동 부담하기로 합의.
   −한국 측 2인은 강준혁(예술감독), 최준호(행정감독), 프랑스 측 2인은 무대디자이너와 조명디자이너

10. 1997월 12월, IMF로 인한 공연 축소의 요구(또는 취소), 예산 분담 변경 필요. 한국 측의 예산 부족으로 인해, 각국의 2인 고용은 자국에서 각각 고용하기로 수정, 사전 고용 무산.
    −공연장 사전 답사 및 프로그램 규모, 내용 확정을 위해 예술감독, 행정감독 방불(12월 17~21일), 불측 초청: 예산분담 한 · 불, 4억 대 10억으로 분담, 공연 규모는 예정대로 유지하기로 결정
    −한국영화제, 희곡낭송 등 부대행사 결정

11. 1998년 2월, 정부 개편 후 국고 예산 3억에서 2억 원으로 갑작스런 감축. 문화부 해외문화공보원 소속 문화교류과로 지원 업무 이관, 추진위원회 구성: 진흥원의 지정기탁을 위한 임의기구, 위원장으로 조성장 전 주불한국문화원장 선임
    −국고를 반납하고 3억 전액을 삼성문화재단 지원으로 집행하려다가, 원안 유지, 국고 2억, 삼성 1억 원 : 아비뇽축제 측과 예산 집행 내역 조정으로 우리 측

〈한국의 밤〉 기자간담회. BFA · 강준혁 · 최준호 ⓒ 메타컨설팅

초긴축 예산 변경, 이후 운영의 어려움에 주요한 원인이 됨

12. 1998년 2월, 스튜디오메타의 직원 중심으로 추진위원회 사무국 구성, 공연타이 틀을 〈Lee Coréennes〉으로 결정. 전단지 인쇄

　－아비뇽 사무국장 쿠탕스(Coutance), 기술총감독 빌마르(Wilmart) 방한(2. 10~14): 기술 및 홍보 준비

13. 1998년 3월, 한국특집 참가자 계약을 위한 행정적 작업. 아비뇽축제 후 밀라노 전 통예술제, 상파울로 무대예술축제 초청 결정, 동시 준비

14. 1998년 4월, 기술감독 빌마르 한국 방문, 공연을 위한 제반 사항 준비: 무대의 세 트디자인 없이 공간 전체를 변화시키기로 함. 1997년 12월 제안 내용 확정, 제반 기술 준비 점검

　－한국특집 프로그램북 제작 시작(애초 3월 말에 완료하여 3만 부를 세계 각국에 배포하려던 계획이 예산 문제로 지연)

15. 1998년 6월 14~17일, 무대디자이너 2인과 행정감독 방불, 현장 검토. 축제 중 홍

보 협의.

16. 1998년 7월 1일, 1진으로 4인(예술감독, 행정감독, 설치작가 2인) 아비뇽 도착. 설치작업과 사전 홍보작업, 출연진을 맞기 위한 준비, 본 행사 진행을 위한 준비 등 착수

17. 7월 9일, 공연단 1진 도착, 11일 공연단 2진 도착, 공연팀 총 52명 일비 지급. 무대 스텝 및 한국식당, 출연진의 동반인사 별도 계약(프랑스의 사회보장제도로 보조 참여진 모두 보험 필수)

   −르몽드지 양면 한국특집 기사로 장식, 본격 보도 노출 시작

18. 7월 10일, D-3일 현재 예매율 10%에 이르지 못해 위기. 총력 홍보전을 치르기로 협의. 이 사실 한국 공연단에게는 비밀로 함.

   −개막일까지 3일간 총 13회 TV와 라디오를 이용한 홍보에 최준호 행정감독 출연, 풍물패 길놀이 하루 앞당겨 교황청 광장에서 공연

19. 7월 13일, 공연 개막일 김종필 국무총리 일행 도착. 비로 인한 공연 시작 지연. 객석 점유율 80%. 7월 15일 휴식날 이후의 예매율이 아직 저조하여, 길놀이의 좋은 반응을 살리기로 함. 하루 더 추가

20. 7월 13~21일 공연. 사고 없이 유료 관객 점유율 80% 이상을 올리며 우려했던 관객 동원 달성

〈한국의 밤〉 현장 일지

공연 한 편이 상연되기까지, 그 준비 과정은 대개 일반인들에게 알려지지 않는다. 게다가 최초로 초청되어, 문화가 다른 외국의 최고 명성의 축제에서, 허둥대며 즉흥적으로 대처하는 일도 벌어진다. '결국은 막이 오른다는' 진리가 실현되기까지, 현지에서 필자가 기록한 메모와, 예술감독과의 인터뷰를 아래에 실으며, 국제 예술교류 현장의 맥박을 독자들이 느끼기를 희망한다. 독서에서도 잠시 호흡을 달리하며 쉬어간다면, 이 글은 앞의 메모와 더불어 공연의 인터미션과 같다.

공연장은 뒤에 다시 소개하겠지만, 아비뇽 시내에서 19km 떨어진 채석장을 변화시킨 불봉 절벽극장(Carrière Boulbon)이다. 높이 40m의 절벽이 둥글게 에워싸고, 반대편 멀리에는 론느(Rhone) 강이 흐른다. 마을 도로로 연결되는 초입에는 조금 더 작은 채석장 터가 있는데, 관객을 위한 주차장으로 정비했다. 그곳에서 낮은 언덕으로 청사초롱 길 100m쯤 돌아 넘어오면 8m 크기의 두 개의 장승이 세워져 공연장 입구를 표시한다. 입구에서 다시 좌측으로 돌아 들어가면 공연장을 에워싼 높은 절벽 위로 70여 개의 크고 작은 솟대가 검푸른 하늘을 배경으로 서있다. 관객은 언덕길의 청사초롱을 따라 걸으며 자연스럽게 한국의 혼이 깃든 자연으로 들어가게 된다. 비행사 복장을 한 어린왕자가 태극 문양에 기대고 있는 그림이 그려진, 가로세로 10미터의 방패연이 서있는 넓은 마당(우리 공연장 로비)을 지나면, 900명의 관객을 맞을 객석이 준비되어 있다. 두 개의 단으로 20×20미터 넓이의 목재 무대를 에워싸는 절벽에 기대어 프랑스에서 보기 힘든 키 큰 대나무들이 무대를 에워싸고 있고, 절벽의 면에는 수십 개의 투명 방패연들이 여기저기 매달려, 바람과 빛에 따라 움직이고 있다. 공연장은 이런 환경에서 관객이 먼 나라로 떠날 준비를 도와주며, 객석으로 연결된다. 1998년 7월 13일부터 21일까지, 총 8차례 저녁 9시 30분부터 4시간의 공연이 열렸다. 당시에 필자가 메모한 일지로 아비뇽 현장 스케치를 전한다.

• 7월 1일 수요일

예술감독 강준혁, 행정감독 최준호, 설치미술가 김언경, 수벽치기 명인 육태안 등 4인이 1진으로 장도에 오르다. 개막 전날까지 장승, 연, 솟대를 비롯한 한국적인 설치들로 텅빈 불봉 절벽을 장식할 짐을 싣고, 공연을 위한 사전준비에 대한 생각에 비행기에서 다들 잠을 설치며 약 15시간을 여행했다. 파리, 마르세이유를 거쳐 밤 12시가 넘어서 아비뇽의 아파트에 도착하다. 2시간 연발한 에어프랑스 항공기가 이후 닥쳐올 크고 작은 진행상의 어려움을 예고하는 것인지는 아무도 몰랐고, 영접 나온 프랑스 동료들, 아파트에서 우리를 기다리는 주인 부부 등 모두 지친 상태. 단잠을 이룬다.

• 7월 2일 목요일

뉴욕에서 아들 자연이와 함께 도착한 설치미술가 김정식과 합류하여 오전 8시에 불봉으로 가다. 무대와 객석은 거의 만들어져 있었고 8m짜리 소나무 두 그루가 우리를 기다리고 있었다. 항공화물로 부친 공구와 재료들을 기다리는 동안 대나무 50그루를 주문하고, 작업시간 계획을 상의하며 공연장의 프랑스 스텝들과 인사를 나눈다. 그들은 모두 이미 구릿빛으로 그을어 있었고 오전부터 웃통을 벗은 채 작업에 임하고 있었다.

　　오후에는 일비를 지급받고 우리 사무실로 이용할, 전 쌩-루이 수도원(현재 특급 호텔과 국립공연기술학교) 2층의 방으로 안내되었다. 미처 인쇄를 마치는 것을 보지 못하고 떠난 프로그램북과 항공화물의 송부를 서울로 확인하고, 향후 전체 일정을 아시아 공연 책임자 피에르 마르티네즈와 협의. 아직도 불확실한 한국음식 행사와 호텔의 예약인원 리스트를 마무리 짓는 일에 골몰하였다.

• 7월 3일 금요일

장승과 솟대를 담당한 김언경을 보조할 김헌이 팀에 합류. 오전부터 장승깎기 작업은 시작되었다. 애초에 한국의 젊은 예술가들은 종일 작업과 야간 작업까지도 불사하겠다고 호언했지만 오후 2시경부터 5시까지 그늘 하나 없는 절벽에는 기온이 섭씨 50도까지 오르므로 작업시간을 8~13시와 17~21시로 정하게 된다. 낮에는 매미들이 목청을 돋우고, 아침과 저녁에는 모기떼들이 덤벼드는지라 스프레이를 준비.

첫 번째 사고. 한국에서 송부한 연작업을 위한 재료와 공구들이 마르세이유까지 잘 도착했으나 카르네(ATA Carnet)가 없이 도착, 수입 통관 과정을 밟게 되었다. 작업날짜는 한정되어 있는데 며칠을 더 기다려야 할지 알 수 없어 긴장감을 더해 주었다. 현지 한국 사무국에 팩스 설치가 늦어져 또 다른 어려움.

• 7월 4일 토요일

일벌레 한국인들은 9시에 문을 여는 쌩-루이 사무실을 7시부터 사용하느라 당직근무자를 재촉하여 눈길을 끎. 서울과의 시차 때문에 더 부지런해져야 했다. 기다리고 기다리던 프로그램이 드디어 파리 공항에 도착했다는 반가운 소식. 아비뇽 본부 사무국과 정보센터, 예약창구 등에 즐비하게 널린 대만 프로그램을 보며 속상해 하고 있던 차라 안도의 한숨이 나왔다. 하지만 토요일엔 통관 업무를 하지 않고, 1만 프랑(환율 250 대 1)이나 하는 파리—아비뇽 운송비용을 반 이상 절감하기 위해서는 다음 주 화요일까지 기다려야 한다는 사실이 가슴을 죄게 한다. 화물도 더 이상 기다릴 수가 없어서 필요한 재료들을 사서 작업하기로 결정. 이중으로 지출되는 한이 있더라도 설치 작업의 진행을 위해 감수하기로 했다.

벌써 더위와 기다림에, 쌓여가는 일을 홀로 처리하느라 김언경의 지친 기색이 역력하다. 다행히도 작업진에게 점심을 제공하는 절벽 아래의 식당 식구들의 친절함과 정성, 프랑스 동료들의 다정함과 성실함 덕에 몸은 고단해도 정신적으로는 위축되지 않았다. 밤이면 아파트에 모여 육태안, 김언경, 김헌이 경쟁적으로 준비하는 맛있는 한식(밥!)을 놓고 잠시 휴식, 하나씩 쓰러져 잠이 든다.

• 7월 5일 일요일

다음 주의 과도한 작업을 예상하며 하루 OFF. 하지만 연작업이 늦어진 김정식은 아들과 함께 호텔방에서도 작은 연들을 만들기 시작. 시내의 벼룩시장에서 이것저것 필요한 물건들을 구입하고는 론느강을 산책. 행정감독 최준호의 꾀임에 빠져 몇 킬로 떨어진 빌뇌브-레-자비뇽(Villeneuve-lès-Avignon)까지 걸어가다. 웅장한 산성과 수도승들의 억압된 생활을 쉽게 짐작하게 하는 샤르트뢰즈(Chartreuse) 수도원을 방문하며 드디어 고도에 온 것을 모두들 실감함. 한나절의 평화로움이 처음이자 마지막일 줄은 아무도 몰랐다.

• 7월 6일 월요일

드디어 설치미술 공구와 재료 도착. 그러나 방심은 금물, 두 박스가 선적이 되지 않아 가슴을 또 한 번 두드림. 파리의 한국식당 낙원 측의 지나친 요구와 그럼에도 불구하고 한국인에게 음식 행사를 전담하게 하려는 나의 노력이 서로 엇갈린다. 두세 차례의 한인식당 측의 의사 번복에 지쳐 결국 베트남 식당에 일을 전담시키고 한국 주방장을 파견하기로 결정하고 식당주인을 만나 협의를 마칠 무렵, 한국식당 측에서 하겠다는 의사를 표명, 진행상의 문제를 일으키지 않기로 다짐을 받고 결정을 또 한 번 번복함. 행정감독이 베트남식당을 밤 12시에 찾아가 백배 사과까지 한다. 공연단을 위해, 음식의 질을 위해, 동포를 위해…

• 7월 7일 화요일

프로그램 이천 부가 트럭으로 도착했으나 박스를 열어본 순간 두 감독은 실망감에 기운이 빠짐. 한지로 근사하게 나올 줄 알았던 표지가 하얀 아트지로 변해 있었다. 급히 서울로 전화, 천 부만이라도 원래의 계획대로 급히 인쇄할 것을 명령. 수시로 사다 날

라야 하는 재료들, 어디서든 연락을 취해 문제 발생 시에 시간을 지체할 수 없다는 생각에 자동차와 휴대전화[34]를 렌트하기로 함. 아비뇽조직위의 도움으로 1/3 가격에 자동차를 빌리고, 휴대전화도 이틀 후에 전해 받게 된다. 일은 당연히 더 늘어나고 족쇄도 채워지는 순간이다.

• 7월 8일 수요일

공연단 도착 하루 전. 영접, 연습일정을 비롯하여 공연이 끝나는 날까지의 세부적인 일정과 차량, 통역, 자원봉사자, 휴일의 투어, 기자회견, 시상식, 방송 및 인터뷰 시간 등 모든 준비를 매듭지음.

불봉의 프랑스 스텝들은 축제 기간 전의 마지막 휴일. 공연을 위한 그들의 준비는 거의 다 끝난 상태이다. 우리가 요구한 전면 돌출무대나 무대 수직면 덮개, 칸막이 설치 등 모든 것이 무리없이 다 수용되었다. 한국의 예술가들만이 홀로 불봉에서 작업하다.

• 7월 9일 목요일

르몽드지의 특별판에 한국특집이 두 면을 채운 반가운 소식을 접하면서, 행정감독은 아파트 3채 – 행정스텝, 무대스텝, 한국식당을 위한 – 를 결정하느라, 예술감독은 새벽까지 조명을 맞추느라, 설치미술가들은 솟대, 장승을 세우고 연을 만드느라 본격적인 전쟁을 치름. 21시 40분 마르세이유에 도착한 공연단 1진을 마중나간 행정감독은 반가움을 맞볼 새도 없이 또 한 번 뒤통수를 맞음. 프랑크푸르트를 경우하는 과정에서 공연단의 짐 5개가 누락되어 10일 저녁에야 아비뇽에 오게 된다는 사연. 하필이면 기다리던 공구와 재료가 들어있는 박스가 그 속에 포함될 줄이야… 화물 담당자를 만나 어르고 협박하고 빌어서 내일 오전 중에 운송되게 조치함. 물론 기다려봐야 아는 일이지만. 김정식의 절망스런 얼굴이 온 공항을 뒤덮는다. 경유지에서 보세구역

---

34) 당시 휴대폰은 무전기같이 큰 것이어서 일부러 휴대전화라고 표기한다.

을 벗어났던 공연단이 독일 세관에서 대량의 담배 관세를 물게 된 일은 액수가 제법되어 걱정이 되긴 했어도, 이 정도야 가벼운 에피소드에 불과하게 생각될 정도로 작업을 둘러싼 마의 연속에 혀를 두른다. 피에르의 말 "훌륭한 공연을 준비하는 과정에는 항상 상상하기조차 어려운 큰 장애를 만나곤 하지 않니?" "그래, 그럴 것이다"며 기운을 차린다.

• 7월 10일 금요일

초조하게 기다리던 짐이 11시경에 도착. 곧바로 공구 박스를 불봉으로 보낸다. 아뿔싸, 또 한 번의 액운. 박스 안에 있던 금속 조인트가 몽땅 빠져 달아나 버린 것이다. 세관 통과 시에 개폐하면서 그것들이 탈출했다. 이제는 어떤 사고에도 덤덤해져서 "까짓것" 하며 끈으로 묶기로 함. 파리에서 불려온 연극학도 신미란이 이틀 사이에 검게 탄 얼굴로 한국여성의 당찬 기운을 불어넣어 작업에 활기를 얻는다. 오후, 공연단의 계약 서명, 일비지급, 안내 등을 마치고 20시에 첫 리허설. 음향과 조명을 조절하느라 예술감독을 비롯한 스텝들은 새벽 3시에야 귀가하다.

통역 조은아와 늘 웃어주는 여기사 안느가 파리로 공연단 2진의 영접을 나감. 35명을 인솔하여 잘 도착할 수 있기를 기도할밖에… 아멘.

공연단 모두에게 비밀로 하는 가운데, 우리 공연이 축제 프로그램 중 최저 예매율을 기록 중임을 아비뇽 행정감독이 휴대전화로 알려 주었다. 대부분이 만석에 가까운 가운데, 우리는 10%에도 못 미치는 긴급 상황 발생. 아비뇽축제 측과 긴급회의, 총력 홍보전 시작. 3일간 총 13회의 지역 라디오, 공중파 TV에 행정감독 출연하기로 하고, 기타 홍보 매체들도 한국공연에 집중하여 주기로 함. 사물놀이 한울림의 교황청 길놀이를, 조금 무리하긴 해도, 7월 14일 혁명기념일까지 연장하기로 결정. 프랑스 방송에는 대본이 따로 없다는 사실을 미처 몰랐고. "서태지와 황병기가 어떻게 같은 문화에서 탄생되었나?" 등의 돌발적인 질문들이 생방송에 쏟아질지도 상상하지도 못했다. 지혜로운 애드립(?)으로 대처. 방송사의 다양한 준비에 감사와 안도의 한숨.

이후 길에서, 상가에서 행정감독을 알아볼 정도로 집중 노출되고, '안녕하세

절벽극장에서의 리허설 ⓒ 메타컨설팅

요', '감사합니다'를 말하는 외국인이 늘어나게 되었다. 그 당시로서는 놀라운 일이었다.

• 7월 11일 토요일

새벽 5시 30분, 공연단 2진이 아비뇽역에 도착함으로써 전원이 무사히 입성. 그러나 허를 또 찔린다. 사물놀이 한울림의 신찬선이 급성장염으로 응급실행. 다행히도 공연일(13일) 새벽에 퇴원. 아비뇽역에 대기하기로 한 대형버스가 행방불명. 미니버스로, 승용차로, 젊은이는 도보로 500m 떨어진 호텔까지 이동. 영문을 알 수 없는 사고의 연속이다.

공연팀 총 52명 일비 지급 완료. 아비뇽과 계약된 54명 외에 무대스텝 및 한국식당, 출연진의 동반인사 별도 계약(프랑스의 사회보장제도로 참여진 모두 보험 필수),

게다가 예고도 없던 동반자들이 증가하여 이들에 대한 행정 조치를 위해 무리한 업무 추가. 주최 측에게 설명하느라 진땀 흘림.

1차 드레스 리허설 무사히 진행. 프랑스 외인부대 소속 한국인 병사 3명 예기치 않은 방문. 너무 좋아하며, 휴가 나온 다른 한국인 병사들을 다 모이게 하겠다며 표 사는 방법을 묻기에, 14일 2회 공연에 초대하겠다고 하였다. 숙소가 아비뇽엔 없다며 걱정하자, 교황청 정원에서 노숙했다며 프랑스어로 "빠드 프로블렘!(문제 없어요!)" 하며 환호. 외인부대원 5명은 매일 간식도 싸들고 오고, 몇 차례 공연 관람. 이후 오랫동안 나, 김덕수 등과 인연을 맺었다.

• 7월 12일 일요일(D-1)

공연장 입구 8m 크기의 장승 2개, 24개의 솟대, 50여 개의 투명 연 등 모든 준비 완료. 김종필 총리, 박세직 2002 한국월드컵 조직위원장 등 40여 명이 내일 초연에 오기에 맞을 준비. 행정적 프로토콜을 비롯한 경찰청, 헌병대, 호텔 등을 총괄 체크하느라 또 다른 비상 상황을 맞음.

이매방 선생의 컨디션이 매우 안 좋아서 호텔방에서 청국장을 해드시고(?!) 간신히 기력 유지하시다. 하지만 리허설 무대 위에서는 완벽함을 확인. 공연 전체도 만족할 만큼 총연습 잘 진행됨. 파리 소재 '낙원' 교민 운영 호텔/식당의 한식 준비도 우여곡절 끝에 완결. 출연진의 이비스(Ibis) 호텔 식당에서 영업 시간 외에 한식을 조리하여 한국팀에 제공하게 됨. 어려웠던 주방 일부 사용 승낙. 공연장에 한식 케이터링 허가[35]도 간신히 정리됨.

나는 어제부터 국영 TV(France3) 지역방송 시간, 오전, 오후, 야간 뉴스에 생방송 출연을 비롯하여, 출퇴근 시간과 심야시간에 라디오 생방송 출연. 호기심 가득한 질문들에 말잔치를 늘어놓았지만, 황병기, 서태지의 음반까지도 구입해놓은 라디오

---

35) 별도의 음식 케이터링은 허가를 받아야 영업을 할 자격이 생기는데, 한인식당은 자격증이 없어서, 불 측 호텔 식당이 긴급히 책임을 맡기로 하고 도와주었다.

방송사의 정성에 고마우면서도 놀람. 각종 매체 인터뷰 등과 겹쳐서 피로도도 최극단의 상태에서 개막을 앞두게 됨.

프랑스월드컵 결승전(프랑스 대 브라질) 중계방송 관계로 프랑스 스텝들 정신이 나가 있었지만, 기술적인 문제가 없었기에 다행. 리허설 중 프랑스 우승이 결정되면서, 아비뇽은 완전 축제의 절정을 맞은 듯, 밤 세워 경적, 환호, 노래, 불꽃놀이가 이어짐. 광란의 밤을 보내며, 한국의 공연 전야에 우리를 축하한다고 생각하자며 잠을 설치다. 월드컵 결승 다음날로 초연을 잡은 것을 다행이라는 등 기분 좋은 수다를 떨며 잠시 눈을 붙이게 됨.

• 7월 13일 월요일(D-day)

개막일. 프랑스월드컵 폐막식에 차기 개최국 한국의 공연을 마치고, 국무총리 일행이 이른 오후에 아비뇽에 도착했다. 유럽호텔에 여장을 풀었으나, 첫 공연을 앞두고 있는 예술감독과 행정감독을 저녁 만찬에 초대하는 기이한 일 발생. 긴급히 아비뇽축제 감독과 프랑스주재 한국대사가 모시는 것으로 정리.

비로 인해 공연 개막시간 15분 연기. 신기하게도 일기예보대로 지나가는 비는 21시 40분경 종료되었다. 한국 귀빈 일행에다가 예정에 없었던 디딤무용단 단원 20명이 더해져서, 걱정했던 객석점유율 80%까지 찍음. 디딤무용단 단원들이 무대의상을 입고 불봉절벽극장에 도착한 게 이상했는데, 그들은 계획이 있었었다.

공연 1부가 끝나면 디딤무용단 단원들의 춤을 인터미션 시간에 선보이라는 총리와 문화부 차관의 느닷없는 제안을 정중히 거절하느라 애를 먹음. 7가지 이유를 대며 차분히 거절함. ① 휴식시간은 공연의 2부임 ② 2부는 한국 음식을 체험하며 몸으로도 한국문화를 느끼는 특별한 시간 ③ 이때, 1부의 감상을 서로 공유하고, 3부에 대한 기대를 키움 ④ 4시간짜리 공연이라 관객에게 휴식이 필요 ⑤ 1, 3부는 섬세하게 계산된 호흡과 방향이 정해져 있어서, 이것이 깨어짐 ⑥ 공연 전에 내린 비로 인해 나무 무대가 완벽히 건조되지 않아서 군무는 위험 ⑦ 총리 일행의 출연진 격려의 시간은 새벽 1시 반에 끝나고 나서가 아니라, 2부 시간이 적당하다고 설명, 설득하다. 아울러 무대

스탭들에게 달라진 운영을 전달할 시간도 없고, 조명도 준비가 되어있지 않아서 무용단의 춤이 제대로 무대에 올려질 수 없는 등 전문적인 얘기로 공연 시작 5분 전에 예기치 않았던 설전을 벌이게 됨. 이후 행정감독 최준호는 총리실, 문화부에 고집 세고, 자기 주장이 강한 인간으로 각인됨. 멋지게 마무리된 첫 공연의 감격으로 모두 흥분.

연일 설사로 최악의 상태였던 이매방 선생께 감사와 경의를 표했다. 아울러, 모레 쉬는 날(15일), 아비뇽축제 감독 BFA의 노력으로 프랑스 문화훈장을 받게 됨을 알려드리니 아이처럼 기뻐함. 지난 2월에 훈장 수훈을 추천하였고, 안숙선 선생과 더불어 두 사람의 서훈 일자도 필자는 알고 있었으나, 일부러 첫 공연 후의 안도와 긴 여행의 피로감이 모두를 지치게 할 수 있는 시점에 알려드렸다.

• 7월 14일 화요일(두 번째 공연)

프랑스 혁명기념일. 어제 추가된 사물놀이팀의 길놀이. 첫 공연의 반응과 더불어 홍보매체 총동원의 결과와 르수아르지, 헤럴드트리뷴 등 유럽 내의 일간지에도 공연 리뷰, 브리뷰가 실리면서, 최악의 상황이었던 둘째 날 객석 점유율 80% 달성 성공.

19km 떨어진 아비뇽 시내에서 월드컵 우승과 더불어 혁명기념일 불꽃놀이가 객석 뒤편으로 밤하늘을 장식하는 가운데, 마치 출연진들을 위한 축하 같은 불꽃놀이의 힘을 받으며, 2회 공연의 징크스를 깨고, 훌륭히 치러짐. 걱정했던 소음은 아득히 들리고, 하늘의 불꽃은 마침 2부와 3부의 자유롭고 다이내믹한 분위기와 어우러져 유일무이한 공연이 되게 도와줌. 드디어 달콤한 휴식일을 내일 맞게 된다는 안도감에 전원이 기뻤던 시간, 공연 후 새벽 1시 30분.

• 7월 15일 수요일(휴식일)

오후 3시, 아비뇽축제 사무국 정원에서 프랑스 문화부 장관이 이매방, 안숙선에게 문화훈장 수여. 이매방 선생 눈물을 흘리며 기뻐하시다. "내 조국도 아직 주지 않은 훈장을 프랑스가 먼저 내게 주다니, 그것도 평생 예술에 헌신한 공로를 존경하며…"

모두들 축하하며, 아비뇽을 즐기는 시간들을 각각 달리 보냄. 축제 사무국으로부터 남은 날자에 우리 공연 유료관객 점유율 80%에 육박하고 있다는 반가운 소식. 힘이 나는 휴식일. 모두가 관광객 모드로 변신. 몇몇 솔리스트는 휴식과 연습(!)

• 7월 16일 목요일(3회차 공연)

시락(Chirac) 대통령의 공연 관람은 급한 일정 관계로 아비뇽에 못 오게 되어 무산. 로카르(Rocard) 총리가 아내와 함께 공연을 찾음. 미리 연락을 못 받았지만 얼굴을 알아보고 황급히 달려가서 인사드렸더니, 보고 싶은 공연에 개인적으로 부부가 함께 온 것이니, 모른 척 해달라고 부탁했다. 문화적 충격.

이후 폐막일까지 아비뇽 시장과 장관들을 비롯한 최고위 정치인, 행정가들이 공연을 찾았으나, 단 한 번의 공식적인 프로토콜은 부탁받은 적이 없음. 다만, 예술가들께 감사의 인사를 직접 드리고 싶다고 부탁하여서 안내를 하느라고 그들이 온 지를 알게 됨. 1부에 출연하고, 숙소로 가도 될 연로한 이매방 조차도 끝까지 남아서 이들 고위인사들의 반가운 존경의 인사를 받아주는 초유의 일이 발생. 모두들 예술가가 국가 최고위층 사람들보다도 더 존경받는 사회에 대한 인상을 강하게 받다.

7월 17일부터 21일까지 객석 80% 이상을 유료관객으로 채우며, 매회 만석에 이르는 안정된 공연을 마무리하게 됨. 아비뇽의 거리에서 한국사람이냐고 먼저 물어보는 일이 다반사로 벌어지며, 50만 관객이 찾는 아비뇽축제에서 처음 만나는 한국 예술의 높은 수준에 대한 화제로 '동아시아 특집'의 꽃이 되다. 2회 공연날, 2부 50분 동안 아비뇽 시내 인터뷰를 급히 다녀오다가, 극심한 피로와 졸음 때문에 도로 밖 논두렁에 차를 처박을 뻔했던 아찔한 순간을 넘기지 못했더라면, 우리가 꽃이 되는 환희를 누리지 못했겠다는 생각에 웃음. 잠 안 자고 쓰던 일지도 그래서 그 후 부실해졌다.

아비뇽축제 측과 계약한 한국 예술가 49명, 스텝 5명 등 총 54명과, 우리 추진위원회가 고용한 무대 및 진행 스탭, 2부 한식을 준비한 인원, 기타 보조 인력을 포함하면 85명이 한여름 아비뇽에 흘린 땀이 한국 예술을 유럽의 토양에 뿌리내리는 훌륭한 거름이 되기를…

117

〈한국의 밤〉 공연장

이 공간의 원 이름은 Carrière Redland de Boulbon이라 불리며 약칭하여 불봉(절벽 극장)이라 한다.

1) 규모
폭 46m, 깊이 52m의 공간이 높이 40m의 절벽에 의해 병풍처럼 에워싸진, 과거 채석장으로 이용하던 곳으로 1985년부터 아비뇽축제의 대규모, 특별 공연장으로 사용되는 곳이다.

2) 특징 및 지리적 환경
론느 강변의 자연 언덕을 깎아 놓은 곳이라 공연장에 이르는 경관이 훌륭하여 아비뇽축제에서 가장 독특한 공연장으로 꼽힌다. 매년 약 15~20개의 일상의 공간들(교황청 안뜰, 교회, 수도원, 학교 마당, 체육관 등)을 작품에 맞추어 공연장화하는 것이 이 축제의 특징이기도 한데, 현재 교황청 중정 극장과 더불어 가장 비중있는 공연을 이곳에 유치한다. 시내에서 19km 떨어진 곳에 위치하며 배, 셔틀버스, 승용차로 이곳에 올 수 있다. 가장 신비롭고 아름다운 공간이지만 공연장화하는 부대 비용이 막대한 관계로 필요한 경우에만 – 평균 2~3년에 한 번 – 사용하는 특별 공연장이라고 할 수 있다. 절벽으로 에워싸는 형태를 하고 있어서, 공연에 대한 집중력과 청각효과가 탁

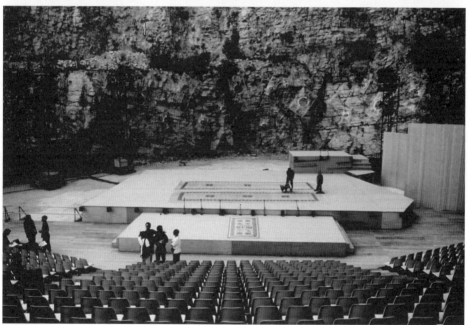

공연장과 백스테이지 ⓒ 메타컨설팅

월한 장소이다.

3) 1985년 이후 이 장소를 이용한 연극 공연

- 1985년 피터 부룩(Peter Brook)의 〈마하바라타 Mahabharata〉 초연: 인도의 설화, 신화를 바탕으로 한 육천 편의 시를 각색한 작품으로 이후 세계 순회 공연을 한 거장 연출가의 대표작 중 하나이다.
- 1990년 제롬 사바리(Jérome Savary)의 〈한여름 밤의 꿈〉 초연: 국립 샤이오 극장(당시 국립민중극장)의 극장장이기도 한 연출가는 창의로운 환상을 무대화하는데 대표적인 인물로서, 자연공간에서의 신비로운 환상을 창조했다는 호평을 받았다.
- 1991년 바르타바스의 〈몽상〉 초연: 수십 마리의 말과 배우, 인도음악을 이용한 새로운 장르의 공연이었다. 1996년 뉴욕에서 3개월간 공연하기까지 세계 순회공연을 성공적으로 마친 작품이다. 연출가는 이후 1997년에 한국의 전통음악과 말, 육체를 이용, 〈일식〉이란 작품을 아비뇽에서 공연하고, 3년간 프랑스 및 세계 순회공연을 하였다.
- 1994년 일본의 〈노〉: 사상 최대 규모의 일본 전통극 〈노〉를 대나무 수천 그루를 심고, 사용하여 공연, 실내극을 자연의 신비에 담아 그 예술적 가치를 높였다는 평가를 받았다.
- 1996년 푸르카레테(Purkarete)의 〈다나이드 Danaid〉 초연: 루마니아 연출가이며 시적인 연출의 명인으로 꼽히는 푸르카레테는 208명의 배우와 거대한 천을 이용하여 희랍비극의 장중함과 아름다움, 창의로운 시각표현을 살려냈다. 1996년 아비뇽 축제의 대표작 중 하나로 꼽힌다.

4) 객석 규모

우리 전통예술의 성격에 맞추어 객석 설치 규모를 900석으로 결정하였다. 공간의 크기로 인해 얼마든지 늘릴 수도 있으나, 최선의 작품 수용을 위해 이렇게 합의하였다.

〈한국의 밤〉 공연 프로그램

7월 13~21일, 21시 30분~01시 30분

1) 1부

'정중동', 작은 소리, 정적인 무대로부터 시작하여 활기차고 동적인 무대로 쉼 없이 이어지는 소리와 춤(90분)

프렐뤼드: 색소폰+전통무예 예법 (강태환, 육태안)   － 절벽 위와 후방 상층무대

    ① 생황/단소 병주 '수룡음' (국립국악원)　　　－ 본무대

    ② 대금 '청성가' (조성래)　　　　　　　　　－ 상층무대

    ③ 가곡 '태평가' (국립국악원)　　　　　　　－ 본무대

    ④ 독무 '춘앵무' (국립국악원)　　　　　　　－ 본무대

    ⑤ 합주 '수제천' (국립국악원)　　　　　　　－ 본무대

브릿지: 색소폰과 수벽치기(강태환, 육태안)　　　－ 절벽 위와 후방 상층무대

    ⑥ '살풀이춤, 입춤' (진유림, 김명진)　　　　－ 본무대

    ⑦ '시나위' 합주(시나위합주단)　　　　　　－ 본무대

    ⑧ '승무' (이매방)　　　　　　　　　　　　－ 하단 무대

2) 2부

한국 음식의 체험, 휴식	− 야외 로비(50분)
한국의 다과, 간단한 음식을 유료로 제공한다.	

3) 3부

'격이 있는 자유로움', 판소리와 한국의 리듬	− 자유롭고 다이나믹한 무대 (90분)
프렐뤼드: 북과 현대적인 몸짓(김대환＋이혜경)	− 상층 무대와 하단 무대
① 판소리 '춘향가'에서 옥중장면(어사출두) (안숙선＋정화영)	− 하단무대
브릿지: 섹소폰과 현대무용(강태환＋남정호)	− 절벽 위와 하단무대
② '설장고' 합주(김덕수와 한울림)	− 본무대
③ '삼도농악가락' (김덕수와 한울림)	− 본무대
브릿지: 섹소폰과 전통무예 수벽치기(강태환, 육태안)	− 절벽 위와 후방 상층무대
④ '대취타와 판굿' (국악원, 한울림, 전원)	− 객석→본무대

한국영화제(7월 12~27일)는 아비뇽축제 주관으로, 파리 퐁피두 센터에서 한국영화제(1993년 12월, 80편 상영)를 주관한 바 있는 르몽드지 기자 프로동(Frodon)이 책임을 맡아 회고전 형태로 상영. 임권택, 장선우 감독 초청, 대담, 토론 진행.

〈한국의 밤〉 강준혁 예술감독과의 인터뷰

공연의 성과와 현지 스케치에 이어, 예술감독을 맡았던 강준혁과 아비뇽에 다녀온 직후 나누었던 대담과 후기를 실으며 아비뇽축제 한국특집 기록을 마무리한다. 강준혁은 당시 다움아카데미의 원장이었으며 춘천인형극제와 서울국제연극제의 집행위원장을 겸하고 있었다.

최: 〈한국의 밤〉은 어떤 연출의도로, 또 어떻게 구성되었나?

강: 아시아의 다른 나라의 문화, 예술과는 구별되는 한국적인 것을 최소한 느끼고, 체험하게 해야 한다는 생각에서 출발했다. 하지만 수천 년 간직해온 한국인의 정서를 몇 시간의 공연을 통해 우리를 잘 모르는 관객에게 전달하는 데에는 많은 어려움이 있지만, 현대의 젊은 관객들이 좋아하는 빠른 속도의 박진감 있는 공연으로 만드는 식의 왜곡을 피했다. 오히려 매우 느리면서도 그 안에 힘이 있는 음악과 무용에서부터 상상을 초월하는 다이나믹함에 이르기까지 한국전통예술의 넓은 폭을 담으려 했다. 1부 '정중동'을 통해 정적인 미와 우아함, 내면이 묻어나는 힘을 정악의 5개 레파토리와 시나위합주, 살풀이, 승무가 표현해 낸다. 공연 2부의 '격이 있는 자유로움'에서는 판소리와 사물놀이가 공연의 주요 재료가 된다. 여기에 섹소폰, 수벽치기, 드럼, 현대무용 등을 사이사이에 끼워 넣었다. 하지만 전통과 현대, 정과 동, 다이나미즘과 우아함 등이 빚어내는, 갈등을 애써 풀려거

나 억지로 조화시키려 하기보다는 이 요소들을 씨줄과 날줄삼아 4시간 가량 진행되는 하나의 공연으로 짜내기를 한 것이다. 결국 전통과 창조정신을 동시에 보여주고자 했다.

최 : 불봉 절벽은 최고 높이 40미터의 절벽으로 애워싸진 자연 공간인데 무대는 어떻게 만들었나?

강 : 주차장 이후부터 공연장에 이르기까지 한국적인 설치에 중점을 두었다. 남불의 자연정경에 청사초롱으로 길을 열고, 24개의 솟대를 여러 높이의 다양한 공간에 세웠고, 입구에는 8미터 높이의 장승을 세웠으며 절벽 면, 휴식공간을 비롯하여 곳곳에 연을 달고 설치하여 제의적이며 상징적인 장치들로 한국적인 공간 안에 관객이 들어오게 했다. 반면 무대는 나무의 질감을 그대로 살리되 세트 없이 배경인 자연의 절벽과 조화를 이루게 하였다. 절벽 중턱을 이용하거나 무대의 층을 3단계로 나누어 변화를 주는 것도 잊지 않았다.

최 : 현지에서 들은 평가 중에 가장 기뻤던 것은?

강 : 아비뇽 측의 요구에다가 본인이 추가했던 현대예술에 관한 부분이다. 물론 전통예술에 대한 온당한 가치 평가가 국제적으로 이루어진 점도 기뻤다. 예상을 했었기에 이를 뒤로 한다면 강태환의 섹소폰이 가히 천재적으로 다른 고전레파토리와 연결되었다는 지적과, 특히 이혜경, 남정호의 현대무용이 6~7분 정도의 짧은 공연시간에도 불구하고 깊은 인상과 호평을 남긴 일에 큰 보람을 느꼈다. 행사 후 한국의 현대 공연예술 창작에 대한 기대를 토로하게 한 데 공헌한 바가 크다고 본다.

최 : 아비뇽 참가의 의의와 소감은?

강 : 한국의 문화와 예술이 유럽에 제대로 알려져 있지 않다는 현실을 이번에 실감하면서 애초에 생각했던 유럽시장 진출의 전진기지의 구실을 기대 이상으로 한 것

같다. 아테네, 비엔나, 뮌헨, 스페인 등의 국제예술제 예술감독들이 앞다투어 초청의사를 밝히는 등 바람직한 일이 많았다. 향후 국가가 정책적으로 이를 뒷받침해주고 예술가, 행정/기획가들이 추진을 한다면 문화, 예술교류를 통한 한국의 올바른 이미지 정착은 물론이고 21세기에 문화, 예술 사업을 발전시키는 데 좋은 기회가 될 것으로 보인다. 수없이 많은 해외 공연을 기획, 연출하면서 느꼈던 류의 보람 외에 이번에는 애국을 한 것 같은 생각이 든다(웃음).

"'아시아의 열망' 프로그램 중에서 가장 돋보이는 공연이다. (…) 과거를 존중하는 동양에 있는 한 나라의 멋진 비상이며, 서구 세계로의 엷이자 미래를 향한 방향전환이다."(르 피가로, 7. 15.) "알려지지 않은 문화의 매혹적인 발견"(르 수아르, 7. 20.)

아비뇽축제에는 그간 많은 외국의 전통예술이 선을 보였다. 1994년 이후 일본, 인도, 대만 등의 대규모 참여로 아시아의 공연도 빠지지 않는 레파토리이다. 관객에게는 언어의 장벽이 적으면서도 새로운 미학과 감동을 제공하고, 예술가들에게는 현대예술의 원류를 추적, 발견하게 하여 창작에 새로운 기운을 제공한다는 의도에 걸맞는 긍정적인 반응을 얻었다. 하지만 아비뇽축제의 지향하는 바가 민속적이기 보다는 예술적인 면을 중요시하기 때문에 대중적으로 성공한 예는 그리 흔하지 않았다. 따라서 한국공연이 거둔 대성황은 초청자를 더욱 만족하게 하였다. 8회 공연에 900석이 연일 만석을 기록한 데에는 일차적으로는 주최 측의 홍보[36]가 효과를 거둔 것이었다. 이와 더불어 풍물패의 교황청 광장 퍼레이드가 입에서 귀로 전해지면서 많은 사람들의 관심을 집중시켰다. 르몽드지에 전면 3면(10, 16일)을 비롯하여 르 피가로, 르 수아르(벨기에), 엘문도(스페인), 헤럴드 트리뷴 등의 외국 저명지와 지방 신문, 잡지에 연일 실린, 약속이나 한 듯한, 그러나 참으로 다양하게 공연을 다룬 호평들이 일반

---

36) 인쇄매체 외에도 1시간 생방송 라디오 대담프로 및 10여 차례 TV와 라디오에 인터뷰와 공연실황이 방송되었다.

공연프로그램, 〈한국의 밤〉 추진위원회

관객은 물론 공연예술 전문가들의 발길을 불봉 절벽으로 인도하였고, 이들의 좋은 평가가 인터뷰에서 언급한 향후의 사업으로 발전되게 한 것이다. 예술가와 민, 관이 힘을 모아 마련한 한국예술의 해외 시장 진출의 호기를 이제 잘 살려야 하는 중요한 숙제가 남아있다. 한편에서는 구체적인 정책으로 삼고, 다른 한편에서는 세계의 관객들을 알아가며 그들과 공유할 수 있는 문화, 예술을 창조하는 일에 박차를 가해야 하겠다.

1998년 7월, 아비뇽에서는 동양인을 보면 제일 먼저 한국사람이냐고 물어보게 되지 않았던가. 필자가 과거 10년을 유학하면서 한 번도 겪어보지 못한 현실이었고, 아비뇽에 모인 모든 한국인들이 가슴 벅차했다. 이 모든 공식적, 개인적 체험은 정치도 경제도 과학도 아닌 문화, 예술이 가져다준 것임을 함께 기억했으면 하는 바람이다.

126

III.

국제교류를 통한 공연예술 창작, 제작, 배급의 변화

연출가의 시대로 불리기도 하는 20세기를 일괄해보면, 공연예술은 어느 시대보다도 다른 예술들과 강하게 영향을 주고받으며 급속하게 발전했었다. 예술에 직접적인 영향을 준 초현실주의, 실존주의, 구조주의 등 수많은 철학, 문학적 기반으로 연극이 다루는 내용과 형식도 그 어느 때보다 변화무쌍하였다. 따라서 특정 지역에서, 어떤 시기에 가시화되었던 연극예술 운동들은 곧바로 다른 문화권에서 실험되고 완성되며, 발전되기를 반복해왔다. 이동 조차 쉽지 않았던 시기에도, 예술 분야의 국제교류는 국경과 문화권의 차이를 넘어서 매우 왕성하게 이루어졌었고, 그 결과물을 향유하는 세계 시민들 또한 흥미롭고, 신선한 경험에 대한 수요를 확대시켜 주었다.

오늘날 모든 경계를 넘어서 더 많은 세계인들이 공유하고, 가치를 함께 나누는 문화예술은 이런 배경에서 매우 자연스럽고 즐거운 삶의 일부분이 되었다. 그 중 관객을 직접 만나는 공연예술은 국제교류의 결과가 각각의 문화권 안에서 적용, 소화된 형태로 발전되었기에, 동시대에 세계적인 현상인 동시에 각각 독창적인 예술로 자리잡게 되었다. 연극, 무용을 비롯하여 대중음악 공연에 이르기까지, 어느 것도 우리에게 낯선 외래문화로 여겨지지 않고, 나름의 독특하고 매력적인 예술활동으로 발전되고 있는 현상이 쉬운 예이다. 이 글에서는 필자가 직접 경험한 연극 분야 국제교류 중에서, 작품을 창작하는 과정에서의 교류의 중요성과 매력을 자세히 소개하고자 한다. 대개 관객과 관련 예술계 종사자들은 결과물만 볼 뿐이기에, 그 과정에서 겪은, 기록하고, 기억할 만한 내용들을 정리함으로써, 공연 창·제작 과정에서의 경험을 전하고, 향후의 이런 차원에서의 교류에서 참고 사례로 삼을 수 있기를 기대한다. 여러 국가의 예술가(단체)나 예술 기관들과 협업을 했지만, 이 책에서는 프랑스를 중심으로 한 교류 작업으로 한정한다.

먼저 프랑스의 태양극단과 한국의 예술가들이 협력하여 창작한 작품의 문화상호적인 예술적 성과와, 여러 문화가 이 극단의 중심에서 어우러져 어떤 창작의 변화를 50여 년간 이루어 왔는지를 살펴보겠다. 이는 세계적으로 주목받은 연극 작품에서의 이상적인 국제 문화교류 사례이며, 창작에서 지향해야 할 중요한 방향 중에 하나이므로, 이 장에서 가장 먼저 예술 창작에서의 국제교류의 가치를 밝히고자 한다.

그 다음으로, 공연예술 창·제작에서 벌어진 다양한 국제교류 협력 양태를 통해 우리 예술계와 관객들에게 어떤 새로운 지형들이 열리는지를 사례들을 통해 분석, 정리하겠다. 공연예술 영역에서 국제교류는 초청이나 공동 기획, 교차교류, 협력창작, 공동 창·제작 및 배급 등의 단계로 나뉘어질 수 있다. 국립극단에서 필자가 함께 작업하였던 여러 차례의 연극 창·제작 사례들을 통하여 구체적인 성과를 정리하고자 한다. 우선 연출가를 초청하여 창작하는 과정과 성과를 살펴보겠다. 그리고 세계적인 외국 단체에서 한국 예술가들이 출연하거나, 창작을 함께 하는 '국제예술협력'의 단계를 검토한다. 이 경우, 세계를 투어하는 작품 속에서 한국예술이 소개되는 값진 성과를 얻는다. 마지막으로, 양국 예술가들이 소속된 극장 간의 교류를 기획하다가, 나아가 창·제작 및 투어까지 함께 기획한 사업들이다. 국제교류의 단계적 발전 정도에 따라 각각의 성과, 파급효과, 가치 등이 달라지는 것을 확인시켜 줄 것이다.

국제 문화교류를 통한 세계적인 작품 창작의 사례 –
프랑스 태양극단과 〈제방의 북소리 Tambours sur la Digue〉

현재 프랑스에서 활동 중인 가장 대표적인 전문 연극극단 몇을 꼽으라면, 태양극단 (Théâtre du Soleil)을 제일 먼저 거론하는데 망설일 사람은 별로 없을 것이다. 이 극단은 지난 50여 년간 셰익스피어 연작, 그리스 비극 연작 등 과거에 쓰여진 걸작들을 무대에 새롭게 창작했을 뿐만 아니라, 명성에 걸맞게 매번 전혀 새로운 작품을 선보이고 있어서 세계의 연극애호가의 관심을 날로 더해가고 있다. 그런데, 1999년 9월 8일에 개막하여 2002년 말까지 상연했던 태양극단의 〈제방의 북소리〉는 평론의 일방적인 극찬을 받았으며, 극단의 50년사에 가장 훌륭했던 작품 중 하나로 꼽고 있다. 세계연극사 책에도 소개되지만, 태양극단의 창작은 1970년대 초, 중반 한국의 젊은 연극인들에게 신선한 충격을 주었고, 이후 세계에서 가장 영향력 있는 극단 중의 하나로 자리를 잡았다. 태양극단의 가치 평가 중 가장 중요하다고 보여지는 것의 하나는 비록 재정적으로 어려움이 많은 시기를 겪긴 했지만[1] 그들은 엘리트주의적인 연극과 대중성, 관객의 충실도를 모두 얻은 점이다. 마침 1999/2000년 시즌 프랑스 최고의 걸작으로 손꼽히고 있는 이 극단의 신작 창작과정과 2001년 한국 초청공연에 필자가 함께 작업할 기회가 있었기에 이 작품을 중심으로 하여 이 극단 활동의 특성과 그들의 작품세계, 그 중 국제 문화교류를 바탕에 둔 문화상호주의적 연극창작을 검토해 보고자 한다.[2]

---

1) 태양극단은 창작을 위해 워낙 긴 시간 동안 준비를 하기에 재정적인 어려움을 스스로 감수하는 편이다. 매번 창작을 선보이지만 〈엥디아드 L'Indiade〉(1987~88) 이후 2년간 가장 큰 어려움으로 작품을 제작하지 못하다가 〈아트레우스가의 사람들 Les Atrides〉(1990~93) 연작의 성공으로 경제적인 어려움을 극복했었다.
2) 이 단원은 필자가 쓴 『우리 시대의 프랑스 연극』(한국연극학회 편, 연극과 인간, 2001년)의 6장 내용의 일부를 수정, 발전시켰다.

태양극단

태양극단은 1964년 5월에 창단되었다. 당시 대학에서 연극을 하던 젊은이들이 모여, 순수 아마추어적인 연극에의 열정과 창의력을 기존 연극계에 환기시키며 범상치 않은 출발을 하였다. 프랑스의 몰리에르(Molière) 극단을 비롯한 세계 유수의 '연극집단' 들이 연극사에 남을만한 수작을 창작한 것을 교훈삼아, '연극은 극단(劇團)의 예술이다' 라는 말에 공감하며 그들은 모였다. 이 단체는 아리안느 므누슈킨(Ariane Mnouchkine)이라는 대연출가를 낳았고, 그녀를 중심으로 지난 57년간 30여 개의 작품을 무대 창작하였으며, 수백 만 명 이상의 관객이 그들의 공연을 전 세계에서 관람하였다. 이런 성과를 계속 거두면서도 오랫동안 '공동 창작', '균등한 이익 분배' 라는 실현하기 어려운 원칙을 지키고, 집단생활에 가까운 작업으로 작품을 만들어 꾸준히 그 작품성을 높이 평가받는 극단은 세계에서 찾아보기 어렵다. 아놀드 웨스커(Arnold Wesker) 작 〈부엌 La Cusine〉(1967), 공동 창작 〈1789〉(1970~71)와 〈황금기 L'Age d'or〉(1975), 셰익스피어극 연작(1981~84), 그리스극 연작 〈아트레우스가의 사람들 Les Atrides〉(1990~93), 몰리에르 작 〈따르뛰프 Tartuffe〉(1995~96) 등이 오늘날의 영예의 기반이 되는 대표작들이다.

태양극단에는 원년의 멤버들 중에 므누슈킨만 홀로 남았지만 57년간 그녀는 훌륭한 예술가들을 만났었고, 몇 명은 오래 전부터 오늘까지 작업을 함께 하고 있다. 무대미술가 기-클로드 프랑수아(Guy-Claude François), 가면제작자 에라르 스티펠

(Ehrard Stiefel), 음악가 장-자크 르메트르(Jean-Jacques Lemêtre), 작가 엘렌 식수 (Hélène Cixous)가 각각 1965, '68, '79, '85년부터 그녀와 합류하는 등 수많은 정상 급 예술가들이 그간의 걸작을 함께 만든, 숨어있는 주인공들이다. 그들과 '세계 20여 개국에서 온' 유능하고 열정적인 배우들이 므누슈킨과 함께 시의성이 있으면서도 예 술성을 겸비한 연극을 만들었다. 아울러 태양극단의 전용극장과 이웃하고 있으며 오 랫동안 므누슈킨이 운영을 맡았던 배우전통연구회(Association de Recherche des Traditions de l'Acteur, ARTA)에서 그들은 끊임없이 전 세계의 오래된 연기 관련 기 술과 정신을 연구하고 실제로 체득하고 있다.[3] 이러한 인적, 구조적인 배경이 지속적 으로 이 예술집단으로 하여금 훌륭한 작품을 생산하게 하는 기반이다.

태양극단의 연극창작 활동에 절대적인 또 하나의 요소는 그들이 사용하고 있는 극장이다. 오늘날에는 명물이 된 파리의 뱅센느 숲(Bois de Vincenne) 내의 카르투 슈리(Cartoucherie)라는 곳은 1874년 군사적인 목적으로 건축된 건물들이 있는 장소 의 이름이다. 현재 극장 및 부대 작업을 위해 사용되는 이 공간들은 처음에는 화약고 로 사용되다가, 1968년 알제리 전쟁 때에는 포로수용소로 쓰이고서 버려진 건물인 데, 1970년 태양극단이 그곳에 보금자리를 텄다. 초기에는 화장실도, 샤워실도 없는 창고 상태였고, 관객들도 어두운 진흙길을 더듬으며 극장에 갈 수밖에 없었다. 하지 만 파리 시에서 주차장과 가로등을 마련해주고, 특히 사회당 정권이 들어서면서 극장 운영지원과 창작지원을 아끼지 않음으로써 이 거대한 창고는 밤마다 관객들로 꽉 들 어차는 연극 예술의 전당으로 변모되었다. 50년간 태양극단이 그곳에서 예술적인 성 과를 이루어가는 가운데 다른 네 개의 단체[4]가 모여 주변의 창고에 정착하면서 카르 투슈리는 이제는 연극의 성지가 되어버렸다고 해도 과언이 아닐 것이다.

관객은 카르투슈리의 태양극단 극장에 도착하면서 또 다른 세계 속으로 들어가 게 된다. 공연 시작 1시간 전에 므누슈킨이 막대기로 세 차례 바닥을 치고는 직접 극

---

3) 국악/연극인 박윤초는 2년에 한 번씩 –94, 96, 98, 2000년 –약 한 달간 그곳에서 한국의 소리를 가르 친 바 있다. 이는 춤꾼 하용부, 이자람으로 이어져 2022년까지 계획되고 있다.

4) Théâtre de la Tempête, Théâtre de l'Epée de Bois, Théâtre de l'Aquarium, Théâtre du Chaudron 등 네 개의 공연장이 인근 창고를 쓰고 있다.

1시간 전부터 관객을 맞는 태양극단 극장 홀, ⟨Et Soudain des Nuits d'Eveil⟩(1997) 공연 전 ⓒ Michèle Laurent

장문을 열고, 손님을 맞이하면서 그 세계는 열린다. 몇백 명이 식사도 할 수 있게 준비된 극장의 로비는 작품에 따라 조금씩 변화되지만, 연극에서 사용했던 벽화와 천장 장식으로 오래된 연극 성지와 같은 느낌을 주고, 전 세계에서 수집하여 사용하는 수십 개의 악기들이 한 쪽 편에 전시되어 있다. 그곳으로 들어가며 관객들은 시간, 공간 여행을 시작한다. 구멍 뚫린 커튼 사이로 들여다보이는 분장실 앞에서 배우들이 변신하는 모습을 구경하고, 종종 극 내용과 연결되는 음식과 이국적인 과일 음료를 맛보며 관객들은 조금씩 신비로운 연극의 세계로 들어갈 준비를 하게 된다.5) 극장 창립 초창기에 진흙탕을 밟고 찾아준 관객에게 감사의 음식을 제공하고, 분장실이 없어서 관객에게 분장장면을 노출하며 재미를 더해주었던 일이 이제는 전통이 되었다.

공연이 시작되면 본격적으로 구체화되는 연극적인 신비를 통해 오늘날 우리가

---

5) 태양극단은 매번 공연에 어울리는 음식을 장만하여 관객을 저렴한 가격에 대접한다. ⟨제방의 북소리⟩에서는 국수를 대신하여 비빔밥을 제공하였다. 관객은 시, 청각적인 환경으로 인해 곧 시작될 작품에 가까이 갈 뿐만 아니라 이렇게 후, 미각적인 도움으로 공연이 창조하는 세계에 쉽게 들어갈 수 있게 된다.

스스로에게 던지는 질문들이 명료해지게 되는데, 이런 것이 태양극단이 제공하는 연극 세계로의 진입 과정이다. 그곳은 예술의 섬과 같고, 잘 보존되고 보호된 닫힌 공간이며, 일치와 화합의 공간이다. 어느 것도 분리되어 있지 않고 잘 융합되어 있는 연희의 공간과도 같아서, 극장은 즐거움과 성찰의 조건을 자연스레 만들어 준다. 마치 딴 세상에 있으면서도 집에 있는 것 같은 편안함을 주는 그들의 극장환경과 작품세계가 관객을 더욱 매료시킬 수 있는 기본적인 특성으로 요약될 수 있겠다. 교류와 교감, 공감으로 연극을 시작하는 것이 그들 고유의 강점이다.

극단원들의 예술에 대한 헌신 또한 성공의 비결로 꼽아볼 수 있겠다. 브레히트(Brecht)와 스타니슬라브스키(Stanislavski)가 14개월씩 걸려가며 작품을 연습했듯이, 므누슈킨의 태양극단은 연습중인 작품이 언제 개막될 지 알 수 없는 극단으로 유명하다. 오전 9시에서 시작하는 연습은 초기에는 저녁 9시에 끝난다. 3~4개월쯤 지나면 연습이 끝나는 시간은 자정까지 가다가, 새벽 2~3시까지 연장되곤 한다. 이런 이유로 극장 곳곳에 잠을 잘 수 있는 공간들이 마련되어 있다. 이들은 예외없이 한 작품 한 작품을 긴 시간 동안, 최소 6개월 이상의 연습을 거치며 엄청난 공을 들여 완성을 한다. '예술은 시간을 필요로 한다' 고 믿는 므누슈킨은 배우들에게 시간을 주어, 신체적인 근육처럼, 상상력을 키울 수 있게 해주는 입장을 취한다. 이는, 피터 부룩의 말처럼, '상상력은 근육과 같아' 서 연마하고, 닦고, 늘이고, 강화시켜야 하기 때문에 시간이 필요하며, "51번째 연습을 관객들에게 보여줄 수는 없다"는, 완성도에 대한 집요함을 대변해주는 태도이다. 이러한 예술적인 성취를 위해서 극단이 어떤 공공기구에 소속되어 구속받지 않고, 독자적으로 자생력을 갖게 된 배경에는 태양극단 예술가들의 개인적인 희생이 있다. 전 단원들이 각각의 경력과 명성에 관계없이 최저임금보다 조금 더 높은 정도의 월급을 똑같이 받으며, 절약된 돈을 창작을 위해 아낌없이 쓴다. 50여 년간 평균 80%의 유료관객 점유율 확보라는 대기록도 그들의 노력이 가져다준 결과로 평가된다. 온화함과 강한 카리스마를 겸비한 아리안느 므누슈킨을 중심으로 응집력이 강한 예술 집단 공동체 태양극단은 이렇게 카르투슈리라는 특별한 곳에서 연극의 꽃을 피우고 있다.

문화교류에서 되찾은 연극의 본질

아리안느 므누슈킨의 작업은 창단 이후 '연극의 본질'에 대한 물음으로 끊임없이 새로워지고 있다. 이는 시대와 문화권을 넘어서, 아이스큘로스, 에우리피데스, 셰익스피어, 코메디아 델 아르테, 몰리에르, 카타칼리, 노 등의 공연양식과, 작품에 내재하는 정신을 받아들임으로써 위대한 연극인들이 어떻게 인간세계의 모순, 상처, 전쟁과 이별을 이야기할 수 있었던가 하는 것에 대한 집요한 무대적 탐구로 집약될 수 있다. 그런 가운데 그녀는 많은 것들을 녹여 고유한 창작으로 변모시켰고, 연극창작에 새로운 방향을 선구적으로 제시하였다. 신화적인 작품이 되어버린 〈1789〉와 〈황금시대〉는 '환경연극'이라는 양식과 '공동 창작'의 완성도에 대한 가능성을 보여주었다. 1980년대 초반 셰익스피어 연작들을 통해서는 다문화, 간문화 또는 문화상호주의적인 연극의 가치를 제시하고, 1990~93년 아이스큘로스, 에우리피데스의 〈아트레우스가의 사람들〉 연작을 통해 그 미학적 완성도를 극대화 시켰다. 단순히 형태의 차용에 그치지 않고 연극의 본질에 접근하려는 그녀의 노력과 탐구정신은 이렇게 50년 이상 변함이 없고, 끊임없이 작품을 새롭게 창작하는 원천이다.

특별히 아시아에 관심을 많이 가지고, 아시아적인 표현을 즐겨 사용하는 것도 단순히 이국적인 취향에 의해 방편으로 차용한 것이 아닌 것으로 보인다. 그녀는 "배우의 예술은 마음의 병을 '육체적인 증후'와 같은 양식으로 변형시키는 데 있다"고 생각하고, 아시아의 배우들이 이런 방법을 찾아내기 위해 수백 년 동안 노력해왔기에

"아시아는 배우의 고향" 이라고 보았다. 따라서 그녀의 작품에서 흥미로운 점은 번역될 수 없는 약호들(codes)이 아니라 형상화되고 보편화될 수 있는 '증후' 들이다. 이런 추구에다가 그녀는 배우들로 하여금 뛰어난 신체를 만들어내는 모든 교육을 꾸준히 섭렵하게 하였다. 마임, 곡예, 변신, 전 세계 전통공연예술의 훈련법 등이 그것이다. 거기에다가 태양극단은 정치권력을 둘러싼 이야기를 시·공간적 거리 두기를 이용한 우화적인 방법으로 매우 유연하게 극화한다. 물론 극이 다루는 것도 마르크스 편의 교훈이라기 보다는 칸트 쪽에 가깝고, 정치 자체라기 보다는 오히려 그것을 통한 윤리, 도덕적 문제이다. 따라서 그녀의 미학은 윤리를 반영한다고 보면 되겠다.

브레히트적인 기본 양식에다가, 공연의 미학적인 완성도와, 민중을 위해 끊임없이 개선되어야 할 세상의 현주소를 행동으로 보여줌으로써, 성찰하게 하는 매력이 그들의 연극세계 안에 있기에 태양극단은 오늘날 수많은 연극애호가를 팬으로 가질 수 있게 되었다. '엘리트주의적이면서 동시에 대중적인 연극' 을 프랑스 민중연극의 선구자 장 빌라르(Jean Vilard)와 앙투완느 비테즈(Antoine Vitez)가 먼저 꿈꿨지만, 그 정신을 형태에 담아 완성하지 못한 것을 므누슈킨이 실현하였다고 본다.[6] 또 다른 편에서 보면, 20세기 초에 앙토냉 아르토(Antonin Artaud)가 제기한 '언어 이전의 예술', '심리적 표현을 넘어서는 세계' 를 그녀의 연극에서 발견할 수가 있고, 초인형의 배우로 신화를 형상화시키고자한 크레이그(Craig)의 꿈이 그들의 작품에서 구체적으로 형상화되곤 한다.

---

6) 죠제트 페랄(Josette Féral), 『태양극단의 족적 – 아리안느 므누슈킨을 중심으로 Trajectoires du Soleil – autour d'Ariane Mnouchkine』, Editions THEATRALES, 1998, pp. 37-38

국제 문화예술 교류의 결과물 〈제방의 북소리〉 창작

〈제방의 북소리〉의 줄거리는 매우 단순하지만 시사하는 바가 많다. 배경은 중국 또는 중국에 인접한 어떤 나라이고, 브레히트가 종종 그렸던 것처럼 부자와 가난한 자, 권력자와 약자가 서로 모순되면서도 적대적인 운명으로 마주하게 되는 상황에 놓여 있다. 선과 악의 문제이며, 어느 순간에 악한 자들과 선한 자들이 구별되는가 하는 문제를 담고 있다. 작가 식수는 1997년 현장에서 목격한 중국 양쯔강의 홍수가 낳은 비극에서 작품을 착안하여 약 600년 전 이야기로 만들었다. 고대극의 단순한 색깔과 직접적인 접근 방법이 작품의 쓴맛을 더해 주면서 옛 이야기를 들려주지만, 마치 오늘의 이야기를 하는 것과 같은 친근감과 보편성을 만들어내었다.

　　강변의 숲을 베어 정치에 이용한 권력자들로 인하여 매해 홍수를 걱정할 수밖에 없는 조그만 나라에서 일어나는 일이다. 올해에는 비가 너무 많이 와서 몇 개의 제방을 트지 않으면 온 나라가 물에 잠길 위기 상황을 맞게 되었다. 군주와 대법관, 귀족들은 자신들의 잘못을 은폐하고 서로 이해관계를 맺으며 음모를 꾸민다. 결국 도시를 살리기 위해 농토 쪽의 제방을 틈으로써 농민들을 희생시키기로 결정한다. 나라 전체의 이익을 우선한다는 명분에 가난하고 힘없는 자들의 말이 무시되고, 그들은 희생되고 마는 것이다. 농민들도 자연의 분노 앞에서는 무력할 뿐, 끔찍한 운명은 선한 인간들을 익사시키고 만다. 그들의 작품에서 늘 그랬듯이 정치, 사회적인 측면이 엿보이지만 문학, 철학, 예술적인 면에서의 성과가 작품의 겹을 다층화 시켜주었다. 그들은 우리를 낳은 세상 전체를 온전하게 표현하고자 하며, 그 세상은 본질적이고, 신화적이며, 동시에 지금 현재의 세상을 말한다. 결국 작품을 통해 이런 세상과의 일종의 왕복, 균형을 자연스럽게 이루는 일을 하고 있다.[7]

〈제방의 북소리〉의 단순한 줄거리는 완벽한 형태를 통하여 의미의 깊이를 얻는다. 등장인물은 스타킹과 유사한 가면 – 에라르 스티펠 제작 – 을 쓴 인형 역할을 하는 배우와 이를 조종하는 검은 의상과 복면을 한 배우들에 의해 형상화된다. 목소리가 어디서 나오는지, 누가 말하는지 분명하지 않게 하면서, 배우/인형들이 줄타기를 하는 곡예사처럼 가볍게 무대에서 이동하고, 정확하게 약호화된 제스쳐를 사용함으로써 극은 꿈처럼 관객에게 다가온다. 산 자들의 세계에 잠들어 있는 유령을 위로하고, 마귀들을 진정시키는 일본극 노에서처럼, 말로 형언하기 어려운 정신과 어두운 그늘 같은 것들이 무대에 떠도는 것을 느끼게 한다. 이런 제의적인 요소와 인형극의 차용이 극 이야기를 일화적, 일상적인 것이 되지 않게 한다. 방법적인 면에서도 배우들로 하여금 인형 또는 인형 조종자 역할을 하게 함으로써 관객들은 이야기 속으로, 극 속의 인물에 빠지기보다는 극이 말하고 있는 더 먼 곳, 형식과 표면을 넘어 이야기의 내면의 세계로 쉽게 들어가게 된다.

이 연극의 아름다움과 예술성은, 그들의 작품들이 늘 그러했듯이, 모든 무대 요소들이 같은 수준으로 제 기능을 수행하고 있기에 가능했다. 전 세계에서 2천 5백 개의 악기를 모으거나 제작하여 사용하는 르메트르는 이번 공연에 백 개 이상의 악기를 사용한다. 무대 우측 아래에서 그는 효과를 겸하는 공연 음악을 연주한다기보다는, 음악으로 연극을 만들고 있다. 그는 야생 거위의 소리를 녹음하기보다는 거위 소리를 음악으로 변화, 창조하여 더욱 아름답고 극 상황에 맞게 들려준다. 그가 연주하는 모습이 공연 자체이며, 그에 의해 음악의 기능이 보조적인 것에서 주요한 것으로 변화되었다. 변화무쌍한 배경막의 작화와 조명이 극의 시(詩)적인 느낌과 신비감을 완벽하게 뒷받침해주고, 극의 결말에 제방에서 스며드는 물로 인해 잠겨버리는 기-클로드

---

7) Ibid., p. 16

〈제방의 북소리〉 Renata Ramos Maza, Théâtre du Soleil © Michèle Laurent

프랑수와의 무대는 말로 설명하는 비극보다 더 큰 감동과 강한 이미지를 제공한다. 30년 동안 함께 작업해온 스탭들의 역량과 호흡은 작품의 완성도에 결정적으로 기여함은 물론이고, 그들의 작업 자체로도 경이로움을 주기에 충분했다.

　〈제방의 북소리〉를 창작하기 위해 전 단원들은 한 달간 아시아에서 창작 준비 여행을 했다. 이전에 티벳, 인도 여행을 했던 단원들은 한국, 일본, 타이완, 베트남 등 4개국을 다니며 사람들을 만나고, 예술을 접하며 많은 자료를 수집한 이후, 약 10개월을 연습한 끝에 이 작품을 완성했다. 아시아－특히 중국, 일본－의 배우들이 오랜 옛날에 인형극을 보며 조언을 얻고, 사실주의를 넘어서는 연기 방법을 배우고, 완성함으로써 오늘날 연극의 위대한 형식을 남겼다는 사실에 그들은 창작 아이디어를 얻었다고 한다. 결국 아시아 연극의 놀랄만한 신체적 표현은 인형극에서 온 것으로 보고, 이번 작품의 부재처럼 '배우들이 연기하는 인형극을 위한 옛날 연극의 형식'을 재창조하게 된 것이다. 일본의 분라쿠가 가장 기본적인 양식적 기반이지만 "다양한 연극 전통, 양식, 극작에 대한 고집스러우리만치 치열한 작업을 거쳐 이제 이번 작품에서 그 궁극적인 비밀을 찾아낸 듯한 경지에 이르렀다"고 평가되었다.[8]

　　그들의 문화상호적인 연극은 결코 어설픈 흉내에 머물지 않는다. 의상의 창작을 위해 수 개월간 서울의 시장에서 옷감을 주문해 옷을 만들고, 한국 문화, 역사 관련 모든 영문판 서적을 읽고, 한국 전문가들의 조언을 들으며 배우는 일을 게을리 하지 않았다. 한국의 전국을 15명의 단원들이 열흘 이상 여행하며 시골에 살아있는 오래된 의식－意識과 儀式－과 선, 색, 움직임을 직접 보고 느꼈으며, 문헌을 통해 배우는 일을 몇 개월간 했다. 비록 한국의 문화를 만나는 첫 번 공연에는 몇 벌의 의상과 불교 사찰의 문양 정도가 공간의 장식을 위해 채택되고, 먹구름을 몰아내려는 의식(儀式)과 저항의 표현, 위기 상황을 알리는 신호를 위해 인형/배우들의 사물놀이가 1막의 마지막에 공연되는 정도이지만, 어느 것 하나 거슬림 없이 작품 안에서 다른 것들과 어울려 재창조되었다. 풍물을 연극에 잠시 이용하는 것이 아니라, 사물놀이 한울림의 한재석을 초청하여, 파리에 체류하게 하며, 10개월간 매일 배우고 연습하였다. 사물놀이가 온전히 극화된 것을 한국이 아닌 외국에서 처음 보게 되었다.

　　이후 공연이 세계 투어를 마칠 때까지, 지속적으로 교육받고, 연습한 그들의 연주력은 더 훌륭해지고, 이 공연을 관람한 세계의 관객들은 우리 사물놀이의 매력과 정신을 체험하게 되었다. 아시아의 다른 문화들도 예외가 아니었다. 그들과 오랫동

---

8) 파비엔느 빠스꼬(Fabienne Pascaud), 〈강의 전설 La Légende du Fleuve〉, 『Téléama』誌, 1999년 9월 29일자.

〈제방의 북소리〉, Théâtre du Soleil © Michèle Laurent

안 함께 하면서 필자는, 다른 문화에 대한 깊은 이해, 오랫동안 그들 안에서 익고, 소화되어 생긴 공감, 애정을 통해 그들의 예술적 성취와, 문화의 차이를 넘어서는 극의 수용이 가능하였다고 생각하게 되었다. 이를 기반으로 하여 여러 분야의 전문가가 각기 창조해낸 것을 므누슈킨이 중심에 서서 조율하고, 방향을 잡으면서 하나의 작품으로 새롭게 창조한 것이 그들의 문화상호적인 연극임도 확인하게 되었다. 길게는 50여 년간, 짧게는 각 작품을 위해 몇 년 동안 집요하게 공동으로 찾고, 만들고, 부수기를

반복한 끝에 완성된 공동 창작물이다.[9]

그들의 작업 자세가 주는 교훈은 우리가 타문화를 존중하고, 그 가치를 인정할 때에 발견할 수 있는 것들은 더욱 많아지며, 그것들이 품고 있는 깊이와 멋이 내 것처럼 친근해지게 된다는 것이다. 이때 그 문화에서 파생된 예술을 실제로 배우고, 표현 방법을 익히면, 보다 보편성이 있으면서도 깊이가 있는 창작의 원천을 얻을 수 있게 된다. 이렇게 탄생된 문화상호적인 연극은 결코 차용이라던가, 문화적 우, 열에 의한 흡수 등으로 쉽사리 폄하될 수 없다. 인류가 여러 곳에서 살며 가꿔온 문화들이 한 작품에서 만나 서로 발전적인 영향을 줄 수 있을 때에, 세계의 모든 관객이 공감하고 공유할 수 있는 예술작품이 탄생되는 것이다. 다양해진 멀티미디어, 영상 매체들, 대중의 취향을 반영하는 상업적인 공연들이 점차 확산되어 가는 가운데, 연극예술이 그것들과 공존하며 발전하기 위해서는 문화상호적 연극처럼 연극이 다루는 세계가 폭넓어지고, 관객에게 전하는 메시지와 미학에서 차별성이 분명하며, 관객과 만나는 방법이 더욱 더 다양해져야 한다. 왜냐하면 연극은 '지금, 여기에서' 상연되지만, 거기에서 끝나지 않고 오랫동안 우리의 일상에 살아남아, 공연에서의 표현을 넘어서는 것을 관객과 공유하고자 하는 '예술'이기 때문이다. 태양극단과 함께 한 문화상호적인 연극은 이를 실현하기 위한 좋은 길들 중 하나를 우리에게 열어보여 주었다.

---

9) 이 공연의 세계적인 작가 엘렌 식수는 필자와의 대화에서 희곡을 완성한 이후 족히 천 번은 고쳐 썼을 것이라며 고개를 끄덕였다. 의상디자이너 마리-엘렌 부베(Marie-Hélène Bouvet)도 전체를 한국 의상으로 제작한 적도 있고, 그 후 몇 벌을 만들며 오늘의 완성에 이르렀다고 므누슈킨과의 고된 작업과정을 설명하였다.

예술가 초청, 협력 창작하기 – 새로운 해석과 무대화를 창작 :
〈앙드로마크 Andromaque〉(1993), 〈브리타니쿠스 Britanicus〉(2000)

라신느(Jean Racine)의 비극 〈앙드로마크〉(1667년 작)가 1993년 9월에 한국에서 처음 소개되었다. 프랑스 국립극단 코메디프랑세즈의 연출가 파스칼 쥐스트(Pascale Juste)가 원래 초청되었었지만, 현지 사정으로 인하여 프랑스의 유명한 비극 전문 배우이자 연출가인 데지 아미아스(Daisy Amias)가 대신하게 되었다. 그는 젊은 무대미술가와 함께 내한하여, 국립극장 무대제작실, 소품제작실과 협력하여 작품을 만들었다. 국립극단이 2~3년에 한번씩 원작 국가의 좋은 연출가를 초빙하여 함께 창작하는 세계명작시리즈였다.

외국예술가들의 작품을 관람하거나 협업을 해내기 어려웠던 어려운 시절에, 우리와는 완전히 다른 비극 전문 배우 겸 연출을 통하여, 프랑스 비극 등장인물의 연기 해석과 새로운 무대 공간 연출은 신선한 충격을 주었다. 17세기 프랑스 비극은 어떻게 달리 연기해야 할지 경험해본 적이 없었던 국립극단의 배우들에게는, 또 본 적이 없었던 관객들에게는 낯설고 평범하지 않은 일이 벌어졌다. 사실주의적인 연기와 사실적인 표현에 익숙했던 차에, 국립극장 소극장(현 달오름극장)에서 왜 소리를 지르며 격한 연기를 하는가 또는 외국인이라 한국어를 잘 모르는가 등의 의문과 지적이 이어졌다. 심지어 연습실을 찾은 국립극단의 지도단원들은 배우 한 명씩을 불러내며 연출의 지시와는 전혀 다른 지도를 따로 하기도 했다. 결국 대본화 작업, 드라마투르기, 통역, 조연출을 겸했던 필자는, '연습실 출입금지' 라는 별난 조치를 취하기에 이르렀었다. 사실적인 연기 관습을 넘어서 왜 그렇게 연출했는가를 먼저 질문했었더라면 아마도 재미있는 대화가 길게 이어졌었겠지만, 불행이도 '낯섦' 과 '불안함' 이 가로막고 있었다.

하지만 이것이야말로 서로 다른 문화와 전통이 만났을 때 벌어지는 재미있고, 풍성한 창작의 과정이었다. 우선 매우 특별한 이런 연출의 요청은, 먼저 심리적인 대사의 주고받기가 아니라, 고전 시극이 담고 있는 함축적이면서도 복합적인 감정을 쏟아내어, 가까운 곳에 있는 관객이 대사와 제스처의 질감을 물리적으로 느끼게 하기 위함이었다. 작품 속에 이루어질 수 없는 사랑의 고리들은 사실주의적, 심리적인 연애이야기가 아니라, 극 아래에 깔려있는 인물들의 관계와, 복잡한 극이야기의 겹으로 인해서 비극의 무게가 주어지기 때문이었다. 그래서 번역을 통해 대사의 내용을 전달하고 이해하는 것만으로는 충분하지 않았던 것이다. 물론 원작의 프랑스어 12음절의 정형시 알렉상드랭(alexendrin)을 한국어로 번역해내지는 못했으나, 대사가 담고 있는 여러 겹들을 몸으로 표출해내는 발성과 연기가 필요하였었다. 관객들이 다소 불편하고 부대낄 수도 있었지만, 고전 비극의 등장인물들이 표면에 드러나는 심리와 감정보다 훨씬 더 깊은 표현의 이유와 의미들을 대사에 함축하고 있다는 것을 느끼게 해야 했었다.

달오름극장의 무대를 양측면으로 출입구까지 연장시키고, 무대 중앙의 돌출무대를 객석 중앙까지 연결하는 등 무대 공간 전체도 극장의 조건을 적극적으로 사용한 파격이었다. 무대 좌측의 거대한 벽에 작은 체구의 여배우(앙드로마크, 권복순 분)가 몸을 붙이고 연기함으로써, 불가항력의 거대한 힘에 대비되는 왜소함을 시각적으로 느끼게 하였다. 또 무대 바닥에 붉은 흙을 두껍게 깐 후, 그 중앙에서 십자 모양으로 엎드려서 계속 대사를 하기도 하였다. 이 모두는 큰 공간과 물질의 질감이 인물과 극을 감각적으로도 표현하는 특이한 장면이었다. 또한 객석 한가운데까지 연결된 섬 같은 돌출무대에서 사방 가까이에 있는 관객들에게 토해내는 운명을 결정하는 장면과 후면무대 제일 안쪽의 불타고 남은 성벽에 쪼그리고 마지막 비극의 결말을 연기하는 경우 등 모두가 파격적인 연출, 연기였다. 우리 공연에서 흔히 볼 수 없는 장면들이었지만, 결국 무엇이 보이고, 어떤 대사의 겹들이 몸을 통해 전해지느냐를 해결하기 위한 창작이었다. 극의 마지막에는 무대 후면 전체를 덮었던 바다의 코발트색 배경막이 순식간에 떨어지고, 트로이의 불탄 성벽의 잔해로 바뀌는 무대의 스케일과 시각적 강렬함도, 한국의 관객과 연극예술가들에게는 낯선 경험이었다. 이 공연 이후에, 한국 공연에서도 무대를 전후좌우로 연장하거나, 과감하게 다른 물질들을 무대로 가져오는 창작을 시도하곤 했다. 관습은 깨지고, 과감한 도전에 용기를 얻은 것이다. 다른 문화에서 비롯된 예술적 상상력이 교류를 통해 더욱 풍성해지는 일이 벌어졌다. 당시에는 영화촬영장에서나 쓰던 HMI 조명기를 이용한 강렬한 태양빛을 무대에 투사하던 일도 새로운 빛을 이용하는, 흥미로운 경험으로 기억된다.

구체적인 예를 든 이유는, 이런 작업들을 통해 외국의, 소위 이미 수많은 시도를 경험한 원작의 나라에서 온 예술가들과의 협업에서야 경험할 수 있는 귀한 일들이기 때문이다. 다른 단원들의 연습장 방문이나, 선배 지도위원들의 개별적인 접촉을 금지시켜야 할 정도로 어려웠던 연기 관례 차이와 문화적 차이로 인한 이해와 해석의 어려움 등 많은 장애를 안고 작업을 진행했다. 하지만 전혀 다른 공연을 완성하면서, 완전히 새로운 국립극단의 공연을 선보였다는 점만으로도 가치로운 일이었을 것이다. 대부분의 참여 배우들이 국립극단이 해체될 때까지, 극단의 주요 배우들로서 왕성히 활동하였던 것만으로도 필자에게는 큰 보람이 되었었다. 이후 국립극단이 10년 이상 동안에 외국 연출가를 초빙하여 세계명작무대를 활발히 진행한 사실도 예술가 간의 교류의 좋은 결실을 설명하는 일일 것이다.

　　필자는 2000년 여름에 또 한 번의 국립극단 세계명작무대 프랑스 연극 창작 작업에 참여하게 되었다. 이번에는 희곡을 번역하고, 협력연출 겸 드라마투르그로서, 프랑스의 대연출가 다니엘 메스기슈(Daniel Mesguish)와 라신느 작 〈브리타니쿠스〉 공연 창작 작업을 함께 하였다. 이전에는 공연 직전에 연출가가 방한하여 연습을 하며, 그의 예술성을 수용하였는데, 이번에는 연출가가 1년 전에 방한하여 작품을 결정하였다. 필자도 협력연출로 일찍 결정되어 긴 시간 연출가와 수시로 연락을 주고받으며, 사전 연습을 미리 진행한 후, 3주간 집중적으로 연출가와 연습을 하였다. 메스기슈는 일 년에 6~7편의 공연을 연출하는 대가이기에 휴가 기간을 할애하여, 한국 공연을 하였기 때문이기도 했다. 이는 오히려 우리 모두에게 좋은 기회였다. 사전 1차 방문을 통해 미리 캐스팅을 하고, 긴 대본작업과 연습을 진행하며, 충분한 준비를 할 시간이 있었다.

　　결과적으로도 매우 만족할 만한 공연이 이루어졌고, 연출가도 프랑스에 이 공연을 소개하고 싶어서 노력을 많이 하였다. 하지만 투어가 미리 준비되어 있지 않았었고, 한차례 국립극장에서의 공연으로 정리하곤 하는 국립극단의 관례와도 맞지 않았기에 프랑스 투어가 실현되지 못한 아쉬움이 있었다. 한 번 연극을 만들면 대개 2년 이상은 여러 곳을 다니면서 공연을 하는 프랑스와, 한차례 공연으로 끝나는 한국의 현실이 너무 달라서 불가능했었다. 하지만, 이런 경험 역시 새롭게 생각하고, 개선할 기회를 제공했었기 때문에, 이후에는 미리 양측에서 재공연 및 투어를 준비하고서 작업을 시작할 수 있었다. 프랑스의 경우, 극장이 제작하거나, 예술가 단체가 극장과 공동제작을 하는 경우가 대다수여서, 창작을 하면, 이어서 4~5개 공연장을 투어하게 되고, 작품이 잘 된 경우, 해를 바꾸어 다시 여러 극장, 해외 극장들로 공연이 연장되는 것이 보통이다. 따라서, 다음에 소개되는 프랑스와 국제 공동 창·제작한 공연들의 사례는 이러한 다른 환경을 적극적으로 이용하여, 교류의 성과나 파급효과가 달라지는 점들을 보여줄 것이다.

이 작품에서도 국제교류를 통했기에 얻을 수 있는 예술적 성과들이 몇 가지가 있다. 여태까지는 정형시로 된 희곡을 잘 번역하여, 객석에서 들을 때, 이해할 수 있도록 노력했다면, 이번에는 음절 숫자는 맞출 수 없지만, 각운을 가능한 한 살리고, 발화되는 각 행의 시간을 맞추어, 들었을 때 시적 흐름이 느껴지게 조절하였다. 워낙 관객에게는 낯선 대사의 시적인 발화라서, 모든 대사의 전달력까지 명료하게 하는 점은 실현할 수 없었다. 하지만, 내용과 감정을 대사의 시간 안에 담고, 대사의 음악적 흐름을 청각적으로 느끼게 하고자 한 일정 정도 실험에는 성공하였던 것으로 보인다. 물론 4쪽 이상되는 한 인물―네로의 모친 아그리피나―의 긴 대사와, 속도를 달리하며, 뜻은 단어를 통해 전하고, 각 행의 감정의 흐름을 전하는 방식은 '이상스럽'거나, '부정확'하다고 지적받기도 하였다. 분명 당시의 다른 공연들과는 확연히 달랐고, 낯설기도 했던 공연이었을 것이다.

두 번째로는, 장면마다 겨우 두 명씩 교대로 나오는 원작 희곡을 대극장에서 창작하겠다고 한 것이다. 등장인물들은 모두 합쳐서도 7명밖에 안되는데, 거대한 무대(해오름극장)를 썼다. 소수의 배우들이 큰 공간을 쓰며, 공간에 배치한 상징적인 대, 소도구들과 함께 관객들의 극적 상상력이나, 희곡 내용의 깊이, 보편성을 살려내고자 하였다. 습관적으로 또는 대극장이 많지 않아서, 배우의 숫자에 따라 극장의 크기가 달라지고, 또 큰 공간을 '채우는' 식으로 무대미술을 하곤 하던 경향과는 다른 새로운 접근으로 보였다. 빈 무대를 경사지게 해서, 무대 바닥에 붉은 색 테입과 조명으로 조형적인 면을 다양하게 나누고, 그 변화가 보이고 느껴지게 함으로써, 배우들의 움직임에 방향성과 역동성을 주거나, 공간 간의 거리와 차이를 잘 느껴지게 했다. 작은 움직임에도 함께 쓰였던 많은 음향 효과는 이를 정확히 살려주면서, 우리 관객이나 연극인들에게는 새로운 극적 체험을 선사하였다. 무겁고, 극적 변화의 폭이 큰 신고전주의 비극이 이로 인해 희곡에 내재하는 많은 갈등, 충돌, 이야기의 축적이 변화무쌍하게 공연에서 느껴지게 하였다.

세 번째로, 무대장치나 대도구가 극적 환경이나, 공간의 성격을 주로 표현하던 때에, 전혀 다른 설정을 실현하였다. 그리스 신전의 기둥 6개, 침대 하나, 거대한 상자, 과장되게 크게 만든 왕의 옥좌 등 네 종류의 대도구가 모두 무대에 놓여 있어서, 우선 통상적인 무대 읽기를 벗어난다. 무대 중앙은 비우고, 이것들이 각각 전, 후, 좌, 우의 무대에 설치되는데, 장면에 따라 효과적으로 활용되면서, 4막이 진행되는 과정에서 막마다 기둥을 뺀 나머지의 위치도 계속 바뀌고, 대도구 자체도 변형된다.

흰 철제 침대는 우선 양측면의 떨어짐 방지 틀을 올려 어린이 침대처럼 변하고(1막, 전면 우측 무대), 후면 좌측 높은 곳으로 옮겨진 2막에서는 10미터 길이의 침대보가 큰 무대의 대각선으로 흰 길을 낸다. 4막에서 침대는 거꾸로 뒤집어져 있는데, 측면 틀을 길게 세워서, 침대 아래는 마치 철장이나 맹수 우리 같아서, 다른 이들을 감시하는 괴물 네로의 공간이 된다(전면 좌측 무대). 어머니에게 조종되고, 복종할 수밖에 없었던 네로(이상직 분)는 자주 악몽을 꾸는 어린 아이와도 같아서 유아용 침대를 연기에 활용하고, 어머니를 벗어나고, 이복 동생의 약혼녀를 뺏거나, 동생을 제거하려하는 장면에서는 번민과 망상의 나날을 멀리 위쪽에 놓인 침대와 긴 침대보를 감고 대각선 경사로 굴러내리는 연기 공간을 이용한다.

연기자이기도 한 메스기슈 연출은 이렇게 대도구, 공간과 그 변화, 위치와 높낮이 등으로 작품의 주맥락을 의미화하고, 연기에 활용하게 하였다. 거대한 상자는 네로가 숨어서 엿듣는 공간이다가, 결국 네로의 장난감 상자가 되며, 그 안에 있는, 그가 제거해야 할 모든 인물들을 꼭 닮은 장난감을 하나씩 꺼내어 극을 전복시킬 동기가 되는 긴 독백을 뒷받침 한다. 결국 마지막에 기둥들이 다 부러져 뒹굴고, 상자와 침대도 쓰러지고, 옥좌만 제대로 서 있는 채, 황제 네로는 우리가 아는 괴물이 되기 시작할 때 극이 마무리된다. 이 외에도 수많은 내용이 있지만, 연극학 이론서가 아니기에 독자들의 상상력의 힘을 이정도만 빌리겠다.

마지막으로 하나만 더 새로운 예술적 시도를 들어보겠다. 우리는 종종 희곡에 쓰여진 것을 무대화한다고 생각하는데, 메스기슈는 희곡 안에서 읽어낼 수 있는 것을 무대화, 가시화하는 데에 주저함이 없었다. 예를 들면, 주인공 네로는 희곡상으로는 1막에 한 번도 나오지 않지만, 그는 내내 무대에 있다. 다른 인물들의 장면이 그와 연관된 내용이 많은데, 그의 존재만으로도 긴장과 기대를 유발시킨다. 침대에 얌전히 잠든 네로는 때로는 꿈을 꾸듯 꿈틀대고, 소리를 내는 모습으로 마치 반응하듯 하기도 하고, 마지막에는 힘겹게 자기 힘으로 일어나서 멀리를 응시하는 듯한 모습을 연기했다. 관객들은 처음엔 낯설지만, 이후 자연스럽게 다른 인물들의 대사를 그와 연계시키기 시작하고, 네로가 중심이 되는 극의 주맥락에서 대사를 읽어내게 되었을 것이다. 배우들도 오랫동안 준비를 했었기에, 연출가의 낯선 주문을 매우 능동적으로 또 창의적으로 훌륭히 실현해 내었다.

이상의 예는 희곡의 원작 국가인 프랑스의 예술가를 초청하여 함께 창작하는 일이었다. 먼저 〈앙드로마크〉에서는, 원작의 문화권 안에서 중요하게 생각하는 주제와 공연 전통을 배우거나, 희곡작품에서 인물의 두꺼운 겹과 이야기에 내재해 있는 많은 함의들을 읽고 이를 무대에 구현, 창작을 할 기회를 새롭게 맞았었다. 작품 창작을 위한 인적인 국제교류의 기회였다. 반면에, 〈브리타니쿠스〉 창작이 열어준 장은 대연출가의 희곡 해석력과 독창적인 연출력을 소화해낸 초문화적인 일이기도 했다. 물론 긴 시간의 번역, 대본화와 사전 연습, 그리고 7년 전의 경험 덕분에 관객과 원작과의 문화적 차이도 좀 더 좁혀졌을 것으로 기대되었다. 예술적 관례의 차이를 넘어서 완성도 높은 창작의 기회를 얻었다. 주연 배우 이상직의 수상과 번역상 등도 그해에 주목받을 만한 연극들 중 한 편이 되었음을 말해준다.

한국예술 국제화의 길을 열어준 프랑스 공연예술 단체들과의 예술창작 교류 :

〈일식 Eclipse〉(1997~1999), 〈제방의 북소리〉(1999~2002)

한국예술과 타문화에 관심이 많았던 국제적인 대 예술가들과의 협업은 매우 가치롭다. 우선 한국의 (전통)예술에 매료되어 그들의 작품의 중심에 잘 올려놓고자 한 의도가 있었기에, 우리의 예술이 매력적으로 표현될 기회를 얻었었다. 또 다행히도 우리 예술 속에 담긴 철학, 사회적 의미 등도 작품의 내용에 잘 녹여내어서, 우리의 예술 형식 뿐만 아니라 정신 문화도 외국 관객들이 느낄 수 있는 계기가 되었다. 앞의 국제교류와 다른 점은 이들 국제적인 예술단체들의 공연은 한두 달에 종료되지 않고 긴 생명력으로 3년 정도 공연되며, 많은 관객들을 만난다는 점에서 상상을 넘어서는 문화적 파급력을 얻게 된다. 그리고, 이 단체들은 세계적인 명성을 가지고 있기에, 적어도 2년간은 전 세계에서 초청을 받아 공연을 한다. 이때 자연스럽게 한국 예술을 처음으로 경험할 기회가 세계에 열리게 되는 것이다. 마지막으로, 긴 기간 동안 한국의 예술가들이 고용되어, 예술적 협력을 발전시켜 가기에, 예술 간 국제교류의 구체적인 성공 사례를 낳고, 또 다른 예술교류의 가능성들을 열어주는 계기가 되었다. 필자가 직접 경험하고, 참여했던 두 가지의 사례를 통해 또 다른 예술창작 국제교류의 내용과 가치에 주목하겠다.

〈일식〉[10]에 참가한 판소리와 시나위음악이 세계를 돌다

1995년 12월 〈Les Belles Etrangères Corée 한국문학의 해〉는 프랑스, 스위스, 벨기에의 60개 장소에서 다양한 형식으로 열렸다. 배우들의 희곡 낭독과 토론회(퐁피두 센터), 시 낭송과 독자와의 만남(몰리에르 극장), 국악 연주회와 시낭송(브뤼셀) 등과 유사한 행사들이었으며, 많은 서점에서도 작가와의 만남, 작가에 대한 해설, 사인회가 열렸다. 그런데 이 행사가 시작되기 전날, 당시 프랑스의 국제예술교류위원회(Association Française des Actions Artistiques, AFAA)의 아시아 책임자 마리 보넬(Marie Bonnel)은 자신의 집에서 역사적인 사건의 시초가 되는 저녁 모임을 만들어 주었다. 아비뇽축제의 감독인 BFA와 징가로 기마극단(Théâtre Equestre Zingaro)의 대표이자 연출가인 바르타바스(Bartabas)를 필자와 만나게 해준 것이다. BFA는 이때 아비뇽축제에서 세계 지역을 나누어 매년 특집을 만들 계획을 하고 있어서, 앞서 소개했던 한국과의 긴 협력을 시작할 계기가 되었다. 마침 우리도 서울에서 1997년 세계연극제를 준비하고 있던 차였기에, 공연예술축제에 대한 노하우를 전수받으면서, 아울러 그가 계획 중이던 1998년 아비뇽축제 동아시아 특집 준비도 함께 시작하는 날이 이렇게 우연히 잡혔었다.

---

10) 공연 영상 ECLIPSE-A film by Bartabas, a co-production of Zingaro Theater(My Uploads, yet not mine)-YouTube

한국에 잘 알려지지 않은 대단히 중요한 또 하나의 사건은 징가로 극단이 준비하던 신작에 대한 자문과 성공에 대한 확신을 줄 수 있었던 일이다. 그날 바르타바스는 일본을 통해 구입한 여러 장의 CD를 내게 보여주며, 국악의 특성과 자신의 작품세계와의 융합에 대한 확인을 받고 싶어 했다. 설명을 하던 중, 그는 이미 1년 반 동안 우리 음악을 꾸준히 듣고 있었고, 연출가 셰리프 카즈나다르(Chérif Khaznadar)와 디자이너 프랑수아즈 그룬트(Françoise Gründ) 부부가 이끄는 파리 소재 '세계문화의 전당'을 통해 구상을 구체화하던 중이었던 것을 알게 되었다. 1982년 문을 연 세계문화의 전당은 한국 전통예술을 프랑스에 소개하는 주 창구였었고, 극단 자유의 연출가 김정옥과도 친분이 두터웠다. 바르타바스는 다만 자신의 작품을 본 한국의 전문가에게 확인을 받고자 했었다. 나는 망설이지 않고, 인도 음악을 이용한 전작인 〈Chimère 키메라〉보다도, 한국의 전통음악이 더 잘 어울릴 수 있다고 적극 추천하였다. 판소리와 시나위음악이 역동성, 유려한 흐름, 자연의 소리를 닮은 음악성으로 인해서 말과 기수들이 함께 하는 그들의 공연에 최적이라고 추켜세웠다. 오래 구상해 왔지만 불안해하던 바르타바스는 기뻐하였고, 우리는 이날부터 친구가 되었다.

파리에서 헤어진 후 연출가 바르타바스는 음악 팀을 구성하기 시작했다. 문제는 최소 2년 이상 그들과 함께 할 최상의 한국 국악인을 찾아야 하는 것이었다. 김소희 명창의 딸인 배우이자 소리꾼 박윤초에게 제일 먼저 제안이 들어왔고, 나는 그를 말렸다. 너무 오랫동안 가족을 떠나 객지 생활을 해야 했고, 소리꾼으로 또 배우이자 교육자로 왕성히 활동하던 그에게 위험부담이 너무 많았다. 결국 재미 소리꾼 정성숙으로 결정이 되었고, 그는 긴 시간 동안 수시로 프랑스와 미국을 오가며, 또 전 세계 투어를 돌며 3년 동안 출연하게 되었다.

바르타바스는 그룬트와 함께 다음해 봄에 한국을 찾았다. 시나위 합주단을 결성하기 위해서였다. 이 역시 마찬가지 이유로 쉽지 않았다. 추천과 오디션을 통해 6명의 연주자를 고용하게 되었고, 징가로 극단 최고의 작품들 중 하나인 〈일식 Eclipe〉을 함께 창작하여, 3년간 전 세계를 돌며 공연을 하였다. 한국 예술가들은 파리 외곽의 오베르빌리에(Aubervilliers) 시에 있는 징가로 극장이 있는 공원 안, 카라반에서 거주하는 특별한 생활을 하게 되었다. 수십 마리의 말과 오리 등 동물들이 살고, 극단의 모든 배우/기수들과 스탭들도 이 독특한 소사회 안에서 살며 공연하기 때문이다. 투어를 떠날 때는 녹색의 트럭과 카라반의 행렬이 장관을 이루곤 한다. 독자들에게는 낯설지만 피나 바우슈(Pina Bausch), 모리스 베자르(Maurice Béjart) 등 세계적인 거장들도 이 단체와 작업을 같이 하였던, 세계적인 예술가 집단이다.

당시 대통령이던 작크 시락(Jacques Chirac)을 비롯한 프랑스의 주요 인사들은 모두 이 공연을 보았고, 처음 접한 한국의 판소리와 음악에 대해 찬사를 보냈으며, 유럽은 물론 뉴욕, 엘에이를 비롯해서 중남미 등 세계 투어를 통해서 세계인들이 한국 음악의 아름다움을 만끽하게 해준 작품이 되었다. 이 작품은 한국전통예술과의 만남을 통해 바르타바스가 그간 해오던 집시, 서커스, 유령적 환영을 벗어나 새로운 작품 세계로 확대되고, 더 넓은 문화와 융합되는 보편화에도 성공하였다. 공연은 DVD로 출시도 되었고, 지금도 유투브를 통해 감상할 수 있다.

필자와 함께 한국, 일본 투어도 계획했으나, 의외의 사건으로 불발되고 말아서 큰 아쉬움으로 남았다. 작품 속 장면 중에 기모노를 입은 여인이 말을 끌고, 한복을 변형한 옷을 입은 기수가 말을 타며 국악 음악에 맞추어 안무를 소화하는데, 일본 측에서 옷을 바꿔입힐 수 없겠느냐는 제안을 하는 바람에 투어가 무산되었다. 바르타바스는 성격이 괴팍하고, 고약하기로 소문이 난 예술가인데, 이 제안에 불같이 화를 내면서, 일본엔 안 간다고 한 것이다. 일본엔 이미 다른 순회공연을 통해 매니아층이 충분할 정도로 잘 알려져 있었는데, 한순간에 내던져 버린 것이다. 결국 한국이 단독으로 초청을 해야 했는데, 우리 측이 공연 성공에 대한 위험부담을 느껴서 포기하게 되었다. 말과 동물들이 제일 중요한 이 단체는 동물들이 쉴 공원이 필요하고, 자신들의 조립식 극장과 흙까지도 화물로 실어나른다. 그들은 2천 석 극장에서 늘상 2개월 이상의 공연을 하며 많은 수익을 올리곤 한다. 하지만 필자가 설득하던 중이었던 서울대공원이나 엘지아트센터는 모두 불안해 하여서 결국 서울 공연도 무산되고 말았다.

이후에도 바르타바스와 나는 한국 음악과 말, 기수를 이용한 작은 공연을 창작하여, 한국의 관객에게 소개하고 싶어했으나, 이루어질 수 없는 꿈으로 남고 말았다. 서로 다른 문화가 만나서 새로운 공연을 성공적으로 창작은 했지만, 정작 주된 공연 언어와 영감을 준 나라인 한국에서는 공연을 소화할 여건이 열악하였고, 낯선 공연에 대한 대중 관객들의 반응도 확신할 수 없어서, 마지막 모험은 불행하게도 포기하였다. 하지만, 이 공연으로 인해서 국악을 처음 접했던 수많은 외국 관객들은 20년이 넘은 지금까지도, 〈Eclipse〉에서의 놀라운 경험을 얘기하곤 한다. 예술적 국제교류가 해외에서 먼저 값진 성과를 이루어낸 놀라운 선물이었다. 2000년대 초반부터 변화가 감지되었었던 국제 월드뮤직 네트워크에서의 국악에 대한 호의는 이 작품과 결코 무관하지는 않을 것이다.

한국의 전통예술과 정신이 담긴 〈제방의 북소리〉

이 작품과 예술 단체에 대해서는 앞에서 자세히 분석했지만, 여기에서는 그와 같은 공동 작업이 어떻게 성사되었고, 작업의 과정과 작품이 한국 예술(계)에 주는 의미를 중심으로 살펴보겠다.

1980년대 중반부터 필자는 태양극단의 공연을 놓치지 않고 보았고, 워크숍에도 참여하는 등, 이 단체가 지향하는 예술세계에 대한 깊은 공감을 가지고 있었다. 특히 므누슈킨 대표(연출)는 유럽의 연극이 2천 년 이상 변화, 발전하면서 잃어버린 연극의 본질, 총체성, 예술로서의 폭넓은 상상력 등을 아시아의 전통예술에서 발견하고, 이를 탐구하고 익혀서, 현대 연극으로 녹여내는 일을 오랫동안 지속적으로 하고 있다. 그런데, 한국의 전통예술을 알고, 배울 기회가 없었었다. 므누슈킨은 1967년에 일본에 체류하면서 한국에 들렀었는데, 무려 한 달이나 머물게 되었다고 한다. 그 당시에는 외국인이 한국에 대한 정보를 얻기도 어려웠고, 지방에 여행을 한다는 건 엄두도 못낼 일인데, 그녀는 버스, 기차, 도보로 즐거운 모험을 하듯이 다녔단다. 1998년 가을, 서울 여행에서 무용 공연 〈명무전〉을 보고 눈물을 쏟으면서, 어쩌면 전생에 자신이 한국 사람이었는지도 모르겠다고 말한 것도 30년 전의 기억을 떠올리며 한 말이었다.

우연히도 태양극단은 1998년 제 52회 아비뇽축제에서 이리나 부룩(Irina Brook) 연출의 〈끝이 좋으면 다 좋아〉(셰익스피어 작)를 제작, 공연을 하고 있었고, 마침 아

159

비뇽에서 공연을 올리던 필자는 어떻게 해서든지 므누슈킨에게 〈한국의 밤 Les Coréennes〉을 보여주고 싶었었다. 절친 피터 브룩의 딸 이리나가 연출을 시작한 터이라, 연출도 도와주고, 무대미술, 음악, 연기 등 태양극단 단원들이 총출동해 있었고, 연출가도 당연히 있으리라 생각했었기에 공연장으로 직접 찾아갔다. 그런데 아뿔싸, 그녀는 공연이 시작된 후 감기에 걸려 이틀째 나오지를 않아서 만날 수가 없었다. 다행히도 사흘째, 그가 아픈 몸을 이끌고 극장에 나온 날은 우리 공연 마지막 전날이었다. 오랜만에 반가운 인사를 드리고는 바로 납치하다시피 내 차에 태워 불봉 절벽극장으로 달렸다. 당시의 커다란 휴대 전화로 연락하여 자리를 만들게 하며, 작전에 성공이라도 한 듯, 모두들 기뻐했다.

그런데 아픈 그녀가 걱정도 되고 미안하기도 하여 출구에서 기다리고 있었는데, 무려 4시간의 긴 공연이 끝났는데도, 그녀는 나오지 않았다. 텅 빈 야외 객석에 딱 한 사람, 아리안느 므누슈킨이 혼자 남아있었다. 내게 손짓을 하기에 놀라서 달려갔다. 새 작품을 구상 중인데, 한국에 가면 도와줄 수 있냐는 청을 하였다. 가을에 한 달 간 일본 등 몇 개국에서 리서치 여행을 계획하고 있었는데, 일주일 이상은 한국에 가야겠다는 것이었다. 바로 그 자리에서 필자는 추석 기간에 오시라고 조언을 했다. 민족의 명절에 가족과 사회의 오랜 전통을 직접 경험할 수 있고, 여러 종류의 전통예술 공연들이 가장 많이 펼쳐지는 기간이니 그때가 좋겠다고 설명하자, 그는 그렇게 하겠다며 자리에서 일어났다. 필자는, 해열제를 먹으며 버텨준 데다가, 공연의 여러 요소요소들을 흥미롭게 감상해준 현대 연극의 대가의 너그러움에 깊이 감명을 받고, 설레며 또 한 밤을 세웠다.

므누슈킨과 극단의 의상 디자이너, 음악가, 여러 배우들은 9월 중순에 한국에 도착했다. 아침 일찍 공항에 도착한 터라, 나는 제일 먼저 남대문시장으로 안내를 했다. 추석 명절 상과 선물을 판매하느라 새벽부터 분주한 시장은 첫걸음부터 그들에게 매우 인상적이었고, 우리는 산보를 하면서 만두, 국수, 빈대떡 등을 맛있게 먹고 호텔에 짐을 풀었다. 이후 그들은 여러 차례 한국을 방문했는데, 그들 중 누구든 한국에 도착하면, 남대문 시장엘 들러 상인들의 반가운 인사를 받으며, 토속적인 한국음식을 먹는 것이 태양극단의 관례가 되었다.

　다음날부터 여러 날에 걸쳐서 므누슈킨과 조연출 브라디에(Charles-Henri Bradier) 등 스탭들은 강준혁, 구히서, 김덕수, 안숙선, 이병복 등의 인사들에게 한국, 한국인, 한국문화, 전통예술 등을 개별 만남을 통해 배우기 시작했고, 배우들은 한국의 자연과 역사를 직접 경험하기 위하여 여행길에 올랐다. 모두 15명이 넘는 예술가들은 매일 저녁 이메일을 주고 받으며 서로가 느끼고 배운 점들을 기록하기 시작하였다. 필자는 기꺼이 통역 겸 협력자의 역할을 하며, 잊을 수 없는 날들을 함께 보내는 행운을 누렸다.

　닷새째에는 예술의전당 토월극장에서 추석연휴 이틀간 공연되었던 〈명무전〉을 보러 갔다. 연출을 비롯한 다섯 명은 감동의 눈물을 흘리며, 노년의 명무들께 인사를 드리고 싶어 했다. 몸도 구부러진 작은 노인들이 거대한 모습으로 극장 무대에서 일생을 바친 춤을 출 때, 그들은 자신들을 위한 귀한 선물을 받았다며 감동했었다. 각각의 춤이 끝날 때마다, 손바닥이 터지도록 박수를 쳤고, 그때 해설자가 무대에서 해설의 말을 시작하면, 감동을 끊는다며 큰소리로 야유를 보내기도 했다. 다른 문화의 예술가가 우리 명인들을 알아보며, 몸으로 감사를 표하는 모습에 나도 눈물겨운 이중의 감동을 느끼게 되었다. 전통예술의 명인들에 대한 깊은 감사와 존경심을 외국인을 통해 깨닫게 된 귀한 순간이었다. 극장을 나와서 조연출은 해인사에서 템플 스테이를 하던 배우들과 여러 곳에 흩어졌던 배우들을 급히 호출하는 메일을 보내고, 다음날 공연 예매를 부탁하였다. 첫 공연을 본 사람들과 여행 중이던 태양극단 단원 전원이 공연을 함께 보며 전날보다 더 격한 감사의 환호를 보냈다. 므누슈킨과는 이후에도 오랫동안 그날의 감동을 얘기했었고, 연로한 명인들의 안부를 묻곤 했다.

　불과 두 달 전에 아비뇽축제에 참가하면서, 이매방, 안숙선 명인들에게 문화훈장을 수여했던 장면이 떠올랐다. 프랑스 공연도 처음인 그들에게, 프랑스 문화부장관은 "50년 이상 훌륭한 예술을 완성하고 지켜준 예술가들께 존경과 감사의 인사를 작은 훈장으로 표한다"고 했었다. '나는 어땠던가?' 하는 찌릿한 자극이 또 한 번 몸을 울렸다. 그 어떤 공연보다도 귀한 순간이었다.

〈제방의 북소리〉, Maria-Adela Cardoso Ferreira, Sergio Canto Sabido, Théâtre du Soleil © Michèle Laurent

일주일 동안 그들은 사물놀이 한울림의 난장 스튜디오에서 풍물을 제대로 가까이에서 느낄 기회도 충분히 가졌고, 이병복 선생의 작업실에서 한국 복식을 배우고, 함께 광장시장을 찾아가서 한복의 옷감들을 자세히 살펴보았다. 조연출 등 스탭들은 교보문고, 종로서적으로 가서, 영어로 된 한국 문화, 역사 관련 서적들을 모두 구매하여 화물로 파리에 보냈다. 두 서점의 직원들은 외국에서 한국 관련 책방을 열려는 사람들인가 물으며 의아해 했었다. 후에, 그들은 이병복 선생께 부탁하여, 여러 차례에 걸쳐서 광장시장에서 산 우리 옷감들을 화물로 받았다는 사실도 알게 되었다. 두 번째 신선한 충격이었다. 한국과 한국문화, 예술에 대한 리서치를 매우 오랫동안 거의 모든 단원들이 함께 했다는 점이었다. 이미 집필된 대본에 맞는 도구를 찾거나, 표현 방법을 탐구하는 정도가 아니었다. 후에 〈제방의 북소리〉 한국 공연 후 백기완 선생이 필자를 껴안으며, "최형, 우리가 못한 걸 므누슈킨이 해내고 말았소"라고 한 말은 작품 속에 우리의 정신과 문화가 녹아있는 것을 느낄 수 있어서였다. 우리 문화를 존중하면서, 오래도록 아끼며 배우고 있는 그들의 아름다운 노력은 이렇게 시작되었다.

〈일식〉의 경우도 유사했지만, 세계적인 예술가(단체)가 한국 예술가들 및 한국 문화와 실질적인 협력을 하여 작품을 완성할 때에는 종종 매우 고무적이고, 기대를 넘어서는 성과를 얻게 된다. 이 작품을 위한 한국 방문 리서치 과정은 연습과 공연창작으로 잘 반영되었다. 당시 사물놀이 한울림 소속이었던 타악연주자 한재석은 1998년 10월 초에 프랑스로 떠나서, 이듬해 9월 공연이 시작될 때까지 매일 태양극단 단원들에게 사물놀이를 교육하였다. 실제 연주를 할 배우들 외에도 70여 명의 단원들이 11개월간 우리 사물놀이를 배웠다. 공연에서는 배우들이 인형 연기를 하며 풍물을 연주하였으니, 한번 응용된 연주를 공연한 것이다. 음악가 장-자크 르메트르(Jean-Jacques Lemaitre)는 다른 연주자와 함께 공연시간 내내 100개 이상의 악기를 연주하였는데, 물론 음향 효과도 악기를 사용하여 만들지만, 그를 통해서 가야금, 거문고, 태평소, 양금, 생황 등의 악기 연주를 듣게도 되었다.

더욱 감동적이었던 점은 극적 표현 방법에 우리 악기가 이용된 것을 넘어서, 풍물 광대들의 사회적 역할과 정신이 부각된 것이다. 마을의 길흉화복에 늘 앞장서며, 공감대와 사회적 가치를 키우는 일, 위험에 처했을 때에도 맨 앞에 나서서 사람들을 이끌었던 용기 등이 작품에서 두드러져 보였다. 작품의 제목으로 쓴 소위 타이틀 롤이기도 하지만, '제방을 지키는 북쟁이들'은 귀족, 평민의 싸움과 홍수라는 재난에도 불구하고, 모두를 구하기 위해 제방 위에서 목숨을 걸고 연주로 신호를 마을에 보낸다. 그들이 풍물패들이다. 또한 극의 마지막 장면에, 이웃마을에 순회공연을 마치고 돌아온 인형극 가족이, 싸우다가 홍수에 몰살한 마을 사람들의 시신을 모두 거둬들이며, 그들의 영혼 화해를 위한 기원을 한다. 그들은 한복을 입고 있었다. 어느 한국 평론가들의 말처럼 한국에 공연 온다고 서비스로 한복을 입힌 것이 아니라, 우리들과 사회 속에 남아있는, 이승과 저승의 연결, 이승에서의 한을 저승에서 풀기를 축원하는 제를 지내는 한국인의 모습이 담겨 있다. 포스트콜로니얼리즘이나, 문화전유의 잣대로 평가하기 어려운, 그들과는 다른 문화에서 찾은 가치를 극의 중심과 결말에 온전히 담아내어, 보다 보편적인 현재의 가치로 확대시키고 있다. 바로 이 점이 우리가 우리 것으로 못 해낸 일을 이뤄주어 감사했던 부분이었다.

이 공연은 2002년 말까지 프랑스 전국, 유럽, 남미, 아시아 여러 나라에 초청받아 전 세계인을 감동시키며, 태양극단 최고의 작품들 중 하나로 남게 되었다. 2000년 프랑스 최고 권위의 몰리에르상 3개를 석권했는데, 연출상, 프랑스창작작품상, 무대미술상(기 클로드 프랑수아 Guy Claude François)을 받았다. 태양극단의 배우들은 이후 3년간 부여 세계사물놀이 경연대회에 참가하여 수상을 하였고, 지금까지도 파리의 풍물패 활동은 물론이고, 연주자로서 다른 나라의 악기들과 연주를 하거나, 자신들이 이때 연마하고 발전시킨 실력으로 종종 연극 작품의 음악가로도 활동하고 있다. 김덕수, 필자와 그들과의 인연은 지금까지 24년째 지속, 발전되고 있다. 공연 기간 3년 동안의 연수, 이후 여러 차례의 워크숍 및 지도, 콜라보를 통한 공연 등은 관객 및 다른 예술가들과의 관계 확대까지 아울러 낳고 있다. 이처럼 창작을 위한 예술적 국제교류와 융합은 하나의 사건으로 끝나지 않고, 한 생명체처럼 태어나서, 자라고 성장하여 공동체를 이루기까지 하듯, 길고 가치로운 성과를 가져오는 일이다.

164

양국 공공극장 간의 국제 공동 창작, 제작, 배급의 확대 :
〈귀족놀이 Bourgeois gentilhomme, le Jeu de Guijok〉(2004, 2006),
〈빛의 제국 l'Empire de lumière〉(2016~17, 2022)

이 사례들 역시 필자가 직접 참여한 작업을 대상으로 삼았다. 이는 일반화를 위한 것은 아니며, 보다 구체적으로 예술적 결정, 준비과정, 예술적 성과, 또 다른 양상의 국제교류를 통한 예술적, 사회적 성과를 모두 정리하여, 오늘 그리고 미래의 사업을 위한 참고로 삼을 수 있게 하기 위함이다. 이 경우, 공공극장에 소속된 또는 그곳에서 주로 활동하는 예술가들이 창작에서부터 자연스럽게 시간적 여유를 가지고 참가할 수 있게 되는, 국제교류 창작의 호흡을 길게 가져갈 수 있게 한다. 그리고, 작품이 완성되면, 협력한 두 극장은, 당연한 극장의 성과로서, 다른 극장들로의 투어를 함께 기획하게 되어, 매우 매끈한 양국의 투어로 연결이 된다. 우선 이 두 가지 장점의 실현을 기대하며, 새로운 기획을 하게 되었던 점을 먼저 밝히고, 두 편의 연극 창작을 차례로 살펴보겠다.

한국 국립극장 + 프랑스 브르타뉴 국립연극센터, 한국 예술의 매력을 원작에 녹이기

앞서 언급한 1993년 〈앙드로마크〉, 2000년 〈브리타니쿠스〉의 국제교류를 통한 창·제작이 나름의 예술적 성과를 거두었음에도 불구하고, 공연의 생명이 당해연도에 마감된 점을 아쉬워하며, 국립극단(극장)의 '세계 명작 무대'는 새로운 기획을 하였다. 필자는 당시 국립극장의 운영위원으로 사전 기획에 참여하면서, 뛰어난 연출가들이 극장장을 맡고 있는 프랑스의 국공립 극장들과의 협업을 제안하였고, 그 중 정상급 연출력을 발휘하는 에릭 비니에(Eric Vigner)를 추천하였다. 아울러 프랑스 비극에 이어서 이번에는 한국 연극계와 관객에게 비교적 잘 알려진 몰리에르의 희극 〈서민귀족 Le Bourgeois gentilhomme〉을 비니에 연출과 함께 선택하였다.

국제 예술교류에서 시간적인 여유는 매우 중요하다. 왜냐하면 일차적으로는 협력 창작을 위한 것이지만, 예술사업은 그 후속이 중요하기에, 창작 이후도 함께 준비하거나, 작업의 연속 또는 이와 연계될 일에 대한 가능성을 열어두어야 하기 때문이다. 이를 용이하게 하기 위해서, 이 작품은 제작 극장 간의 사업으로 시작하였다. 당연히 극장 및 예술가들의 사전 준비도 별 무리없이 진행할 수 있었다.

비니에 연출은 공연 1년 전부터 한국을 두 차례 사전 방문하여, 텍스트 작업은 물론이고, 오디션, 또 연출을 위한 음악적 준비 등을 수행하였다. 프랑스의 17세기 궁정음악가 뢸리(Luly)의 악보를 프랑스 국립극장 코메디 프랑세즈(Comédie Française)의 박물관에서 일찍 입수하여, 유럽 바로크 악기 대신 우리의 국악기로 연주할 준비를 하였다. 1차 방문에서 연주와 악기 소리를 듣고, 2차 답사에서 국립국악관현악단에게 편곡을 요청하였다. 6개월 전에 의상에 대한 협의, 연출가가 디자인을 제안한 무대 장치에 대한 준비에 이르기까지, 완성도를 높이고 아울러 향후 프랑스 투어를 염두에 둔 준비도 함께 하였다. 이동이나 제작이 쉽고 가벼운 소재를 택하여 무대장치를 제작하거나, 1인 2역을 많이 만들어 이동 인원 수를 줄이고, 다큐멘터리 영상 감독과 함께 한국 문화를 느낄 수 있는 영상도 촬영하였다.

2004년 10월 프랑스 투어 기간에, 로리앙(Lorient) 시에서는 제1회 '축제 De Lorient à l'Orient 로리앙에서 오리앙(오리엔트)으로' 한국의 해를 준비하였다. 2주간 의상, 문학, 영화, 요리, 회화, 춤 등이 공연과 함께 전시, 발표될 것을 아우르는 영상도 준비하였다.[11] 캐스팅도 일찍 하여 배우들이 준비할 시간을 많이 벌었고, 특히 필자가 번역과 각색을 위해서 작업하고, 연출가와 협의할 시간적 여유가 있어서, 현대 공연으로서 〈서민귀족〉이 〈귀족놀이〉로 변화되어, 독창성 있는 해석을 공연으로 풀어낼 수 있었다. 준비한대로, 서울 공연은 2004년 9월 11~24일 국립극장 달오름극장에서 개최되었고, 프랑스 투어는 2004년 10월 11~16일 공동 제작자인 프랑스 브르타뉴 국립연극센터(CDDB)가 있는 로리앙에서 열렸다. 국립극장이 외국 극장과 공동 제작을 통해서 공식적으로 개런티를 받으며 해외로 진출하는 첫 사례가 되었다.[12]

원작에는 17세기 프랑스의 늙은 부르조아 주르댕이 귀족 흉내를 내느라 춤, 노래, 말, 철학, 검술을 배우는 우스꽝스러운 일을 한다. 그러던 중, 딸의 청혼자가 귀족이 아니라고 거절했다가, 청년이 터키 왕자 행세를 하는 바람에 골탕을 먹으며 결혼을 승락하는 얘기가 주 맥락이다. 몰리에르가 한 세기를 앞서서, 다가올 현실을 예견하며, 귀족과 평민 부르조아 두 계층을 풍자한 작품이다. 그런데 한국에는 프랑스와 같이 부르조아 계층이, 그것도 한 세기 이상에 걸쳐 사회의 중심으로 이동한 역사가 없어서 한국 관객의 공감대를 얻기 위한 각색이 창작의 매력이 되었다. 결국, 변화된

---

11) 〈국내 연극 세계로… 세계로…〉(유지영, 헤럴드경제, 2004. 8. 26.) 참조
12) 〈국립극단·佛 로리앙 극장 공동제작 "귀족놀이"〉(김은진, 세계일보, 2004. 9. 1.) 참조

국립극단 〈귀족놀이〉(2004) 무대디자인 ⓒ 윤시중

이야기에는 중년의 졸부가 어느 날 후작부인에게 사랑에 빠져서 그 귀족여인이 사랑하는 춤, 노래 등을 배우는데, 그것이 한국의 전통예술이다. 터키 왕자가 주르댕의 혼을 빼는 장면도, 한판의 굿, 무속처럼 변화시켰다. 알듯말듯한 엉터리 터키말도 우리말로 말장난을 쳤다. 웃음과 풍자를 한국 관객들에게 와닿게 변화시키고, 프랑스 관객에게는 젊은 주르댕의 꿈과 같은 한판의 놀이로 새롭게 보이게 하였다. 희곡을 다시 손봤다기보다는, 실제로 이 작품을 왕에게 의뢰받았던 당시에 노년의 몰리에르는 젊은 여자 배우에게 사랑에 빠졌었고, 작품 안에 한 장면에서 강하게 그 모습이 나온 것을 작품의 중심으로 이동시킨 것이다.

한국 공연에서는 연출에 대한 몇몇 좋은 평가와 아울러 관객들의 반응이 매우 고무적인 정도였다. 하지만 정작 프랑스 공연에서는 매우 구체적으로 우리 배우들의 탁월한 신체적, 연기적 표현력을 칭찬하며, 매 공연 후에 관객들이 배우들의 사인을 받으려고 운집해 있는 즐거운 일이 벌어졌었다. 연출가의 미학적인 공간 구성과 작품에 녹아든 국립극장 네 단체의 출연진들의 활약을 매력적으로 받아들였다. 특히 그들이 잘 아는 륄리의 음악이 국립국악관현악단의 국악기로 연주된 것을 대단히 좋아하며, 신선해 했다. 서울 공연에서는 서양 음악 편성을 기준으로 완성한 편곡을 연주했지만, 프랑스 공연을 떠나면서, 기존 편곡을 대부분 버리고, 우리 전통 악기로 멜로디를 놓치지 않으며, 마치 우리 음악인 것처럼 극의 진행에 맞추어 연주를 바꾸었다. 이것이 새롭게 해석된 음악으로 그들에게 와닿았던 것이다. 자연의 소리와 닮은 우리 악기의 매력을 최대한 살린 것이, 또 극진행과 음악이 서로 주고받는 호흡과 즉흥성이 현대 서양 악기보다도 연극에 사용된 바로크 음악에 더 가깝게 어울렸다고 봤다.

국제 예술교류에서 꼭 고민해야 할 점으로서, 대상 관객의 문화 안에서 우리 예술의 장점을 살리면서 무엇을 어떻게 융합시킬까 고민했던 이 사례는 매우 중요하다. 위에서 언급한 한국 관객을 위한 구체적인 준비에서도 봤듯이, 이 공연은 양국의 타겟 관객을 모두 염두에 둔 창작 작업에 골몰함으로써 창작 자체도 창의로움을 더할 수 있었다.

새로운 형식의 국제 공동 제작의 결과, 2004년 10월 4일~16일 인구 6만 명이 채 안되는 도시 로리앙에서는 한국축제가 열렸다. 도시의 가로등에 설치된 스피커에서는 하루 종일 한국 음악이 들렸고, 온 도시의 상점 진열장에는 한국어로 인사말이 쓰여 있었다. 위에 언급한 여러 문화예술적 행사 외에도 연날리기 대회에서 한국의 방패연, 가오리연 등도 보였고, 몇 명 안되는 교민들은 한국에서 온 우리들에게 매일 한식을 만들어 대접하고, 낭트나 렌느 등 같은 브르타뉴 지방 멀리에서도 교민들이 찾아와 공연도 보고, 봉사하는 모습은 양국의 참여자 모두에게 감동을 주었다. 결국 프랑스 주최 측은 소극장 식당과 주방을 우리에게 내어 주고, 우리는 그들에게 한식을 대접하며 또 다른 교류의 공간도 열게 되었다. 소극장에서는 한복 전시가 열렸고, 우리 소식을 들은 브르타뉴 바로크 연주단이 찾아와서, 한국 연주자들을 만나며 서로 악기를 바꿔 연주도 하고, 설명도 하고, 백파이프와 태평소가 리드만 다를 뿐 같은 원리의 악기라는 사실에 모두 환호하기도 했다. 바로크 음악가들은 다시 찾아와서 우리

악기와 함께 잼 연주도 하였다. 이렇게 기획된 작품의 국제 공동 제작이 일일이 파악하기도 어려운 많은 문화교류의 결실들로 연결되는 것을 모두가 경험하였고, 한국 예술가들도 며칠 후에 올릴 작품에 대한 스트레스 보다는 양국의 문화와 사람들이 서로 어울리는 축제를 즐기며 새로운 기운을 얻었다.

대건축가 앙리 고댕(Henri Gaudin)의 설계로 2003년에 새로 지은 국립연극센터 로리앙극장(Théâtre de Lorient) 대극장은 1,038석이 있고, 대단히 훌륭한 어쿠스틱과 관람 시야를 확보한 매력적인 극장이었다. 브르타뉴에 거주하는 재불 작가 김은지가 무대 바닥 중앙에 커다랗게 그린 하얀 공작새는 거울처럼 매끄럽게 빛나는 이 극장의 검은 바닥에서, 더욱 아름답게 보였다. 주인공 '주르댕의 꿈'의 상징이 살아나는 듯 했다. 송은주의 한복 소재 다양한 색깔의 의상들도 총천연색 깃털을 배우들에게 덧입히듯이, 휘날리며 더욱 맛깔진 극적 효과를 더했다. 작은 소리까지도 섬세하게 객석에 전달되는 등 극장의 환경은 작품을 더욱 빛나게 하는 즐거움을 더해 주었다. 한국어 대사는 다시 프랑스어 자막으로 무대에 투사되었는데, 이 역시 자막에 시선을 뺏기지 않게, 그러나 배우들의 대사를 최대한 관객이 놓치지 않게 다듬느라 미리부터 한 달 이상의 작업을 하였다. 한국 예술의 옷을 입고, 한국 악기의 선율과 리듬을 타고, 한국 출연진(배우, 무용수, 가수)들의 역동성을 프랑스 관객들이 경험하면서, 프랑스 원작 공연은 대성공을 거두었다. 커튼콜에 연주와 박수는 끝날 줄을 모르게 길어졌고, 결국 파리 오페라극장, 브레스트 국립극장 등 네 개의 극장 관계자들의 초청 의사가 공연 기간 중에 전달되었다.

서울로 돌아와서 2005년의 초청 투어 일정을 협의하게 되었는데, 이런 식으로의 다년간 공연을 살려서 투어를 해본 적이 없었던 국립극장으로서는 초청을 받아들이는 데 여러 가지 어려움이 있었다. 국립극단, 국악관현악단, 국립무용단, 국립오페라단 등 네 개의 단체가 협력하여 작품을 만들었는데, 1년 후에는 국립극장 소속인 앞의 세 단체의 장이 바뀔 예정이고, 극장장도 새로운 사람으로 바뀔 것이어서 결정이 쉽지 않았다. 게다가 여비 및 재공연을 위한 예산도 준비되지 않은 상황이었다. 공연의 국제교류에서 가장 중요한 성과는 당연히 공연에 이어서 여러 다른 초청이 성사되는 것인데, 우리는 제도적으로나, 예술단체들의 활동 계획에 이런 준비를 전혀 하고 있지 않았다. 지금도 별반 크게 달라진 바가 없지만 말이다. 이 공연을 초청하려는 프랑스 극장들에게 답을 못 준 지도 3개월 이상 지났었고, 점점 2005년의 투어가 성사되기 어려운 지경으로 빠지던 차였었다. 그런데, 해를 넘기면서 다행히도 길이 열렸다. 필자가 '2006년 한·불 수교 120주년 기념 문화행사' 준비위원장을 맡게 되었고, 외교적 행사를 위해 준비된 특별 예산을 이용하여, 프랑스로의 2차 투어는 모두 2006년으로 일정을 잡게 되었다.

국립극장은 성공적인 국제교류사업의 후속으로 〈귀족놀이〉를 2년 만에 다시 제작하였다. 필자는 한불 수교 120주년 기념 문화사업의 책임자로서, 초청 작품에 다시 스탭으로 참여하는 것이 불편하여, 외곽에서 지원하게 되었다. 국립극단을 제외한 나머지 3개의 국립단체들은 출연진들을 재구성하였고, 2006. 6. 3~11일 서울 공연, 같은 해에 프랑스 투어 공연을 진행하였다. 최초로 프랑스 국립 오페라 극장 중극장인 오페라코믹(Opéra-Comique) 극장 초청으로 무려 2주간의 공연을 했다(9월 20~30일). 오카후쿠로이 마리코(岡袋井眞理子) 일본 국제교류기금 파리본부 부관장은 "일본 현대 연극, 무용 등은 2, 3일 공연이 고작인데, 10일이나 공연하는 한국 연극의 저력에 감탄한다"며 "양식적으로 매우 뛰어나고 배우들의 에너지가 대한하다"고 말했다(2006. 9. 21. 문화일보 김승현기자). 기사에 따르면, 의상, 음악, 무대, 연출에 대한 극찬이 현지에서 쏟아졌고, 연출가는 배우들의 놀라운 힘과 생명력으로 고전의 지루함을 완전히 새롭게 만들어냈다고 자평하기도 했었다. 필자가 주목하고자 한 지적을 김승현 기자가 기사에서 많이 언급하고 있기에 그 부분을 모두 인용한다.

"국립극단의 '귀족놀이'는 주르댕이 후작부인을 만나 문화와 예술에 눈뜨고 이에 접근해 가는 과정을 한 남자의 꿈과 환상이란 측면에서 한국적 '놀이형식'으로 새롭게 풀어냈다. 특히 익숙한 고전을 낯선 연기, 의상, 춤과 음악 등 에너지가 끓어 넘치는 젊은 한국적 몽환으로 풀어낸 몰리에르에 대해 프랑스 관객들은 큰 박수를 보냈다.

국립극단 간판스타 이상직 씨는 현실과 꿈의 중간쯤에서 돈 많은 평민의 예술에 대한 동경을 희극적으로 그려내 민족을 넘어서는 공감을 자아냈다. 이를 김종구, 이

영호, 조은경 씨 등 중견이 받쳐주고 곽명화, 계미경, 서상원 씨 등 기둥 멤버들이 탄탄한 앙상블을 구성, 마치 공작이 날개를 활짝 펴고 우아하게 도는 듯한 화려한 앙상블을 선보였다. 여기에 국립무용단원 윤성철 씨는 프랑스 바로크발레를 부채춤, 한량춤, 학춤, 검무 등 고난도 춤으로 안무, 관객들의 탄성을 자아냈다. 국립국악관현악단은 륄리의 원곡을 대금과 해금, 가야금과 북 등 오음계로 변주했고, 여기에 국립오페라단 박나연, 장신권, 이희갑 씨 등이 벨칸토 창법의 노래를 얹어 절묘한 서사미학을 만들어 냈다.

이 작품은 사실 한국에서 전문가들 사이에서 그렇게 높은 평가를 받지 못했다. 프랑스 연출가가 서양의 몸에 한국의 소리와 옷을 입힌 것이 썩 마땅치 않았을 것이다. 하지만 오페라코믹 극장에서 '귀족놀이'의 성공은 한국 예술이 어떤 방식으로 세계로 나가야 할 것인가에 대해 한 가지 대안을 분명히 제시하고 있다. 한국적인 독창적인 주제와 형식의 순수성을 지킬 필요도 있지만, 설명이 필요 없는 세계 보편의 주제와 소재를 세계인들이 소화할 수 있는 한국적 양식으로 깎고 다듬어내야 할 필요성도 있는 것이다. 프랑스의 세계적인 극단 징가로가 '일식'이라는 작품에서 세속화된 판소리와 승무, 살풀이, 국악을 이용해 세계적인 작품을 만들어냈음을 반면교사로 삼아야 한다. 물론 징가로의 이 작품 역시 한국예술의 순수성을 주장하는 사람들로부터 높은 평가를 받지는 못했다.

또 국립극단과 오페라단, 무용단, 국악관현악단 등 국립공연단체가 한 작품을 위해 모인 것도 큰 의미를 갖는다. 경계를 넘어서는 것이 일상이 된 현대 예술에서 하나의 장르만으로 세계에 도전하는 것은 달랑 창 하나만을 들고 풍차로 달려드는 돈키호테를 연상시킨다. 이런 상황에서 명실공히 한국 최고를 자부하는 4개 국립 공연단체가 한몸이 돼 쉽지 않은 독특한 작품을 만들어낸 것은 많은 한국 예술의 세계시장 진출을 위해 무엇부터 해야 하는지 많은 것을 시사한다."13)

---

13) 생전에 필자와 각별했던 고 김승현 기자에게 감사의 인사를 전한다. 〈佛 고전에 한국의 소리, 옷 입히다〉 문화일보 2006. 9. 21.

연일 끝나지 않는 커튼콜을 객석 조명으로 간신히 마무리했던 파리 공연을 마치고, 공연단은 브레스트(Brest) 시로 떠났다. 자크 블랑(Jacques Blanc) 프랑스 르카르츠 브레스트 극장(Le Quartz, Scène Nationale de Brest) 예술감독은 공연의 유치를 기뻐하며 "조화 속의 부조화로 원작을 새롭게 해석한 믿을 수 없는 걸작"이란 말을 남겼다(10월 3~7일 공연). 비록 이 작품을 초청하겠다고 했던 다른 두 극장에는 국립극장 측의 스케줄 문제로 갈 수 없었지만, 국립극장 역사에 남을만한 4년간의 〈귀족놀이〉 국제교류 탐험은 이렇게 마무리 되었다.

어느 작업보다도 오래 걸렸던 양국의 국립극장 간 공동 창·제작은 문화 간의 만남을 통하여 새롭고도 의미있는 작품을 만들었을 뿐만 아니라, 공연은 양국의 더 많은 관객들을 만날 기회도 가질 수 있었다. 작품에 대한 평가도 좋았고, 더 많은 초청이 있었으나 거기까지 였다. 국제사회에서 보기 어려운 우리 현실이 그것을 가로막았는데, 당장 첫 번 초청의 성과로 진행된 두 번째 제작에서 국립극장과 예술단체 장의 짧은 임기가 이를 어렵게 했다. 국립극단을 제외한 세 단체는 신입 단원들을 출연진으로 합류시켰고, 그들의 해외 일정도 넉넉히 빼줄 수 없어서 4곳 초청을 2개 극장으로 줄여서 갈 수밖에 없었다. 물론 이후로 투어를 미루지도 않았던 점은 더 큰 아쉬움을 남겼다.

프랑스 공연에 영어 자막을 추가시키는 해프닝은 프랑스 현지에서 내게 이메일로 문의하는 바람에 알게 되었다. 프랑스어 자막의 양이 많아서, 줄이되 관객이 대사를 놓치는 느낌이 들지 않게 심혈을 기울였던 첫 투어에 비해, 2개 국어 자막은 많은 대사의 내용 자체를 생략할 수밖에 없었다. 모든 결정은 국립극장에서 하는 일이니, 필자가 개입할 여지는 없었으나, 매우 결정적인 흠을 남겼다. 좋은 공연은 언어의 문제를 극복하지만, 단 일 분이라도 언어로 인한 의사소통이 단절되어 관객이 소외되게 구성해서는 안 된다는 필자의 경험, 소신과는 거리가 멀었기에, 아쉬움이 더했다. 이후, 국립극장의 권혜미 공연사업부장 등이 재공연과 프랑스 투어를 희망했지만, 또 한 번의 극장장, 단체장 임기 만료로 이 작품은 기록 속으로 들어가고 말았다.

한국 원작 소설의 각색으로 국제 보편성 확보, 지속되는 투어 공연

2013년 명동예술극장은 새로운 작품 창작을 위해 해외의 수준 높은 연출가를 찾고 있었다. 이 극장의 프로그램 자문위원이었던 필자는 당시 오를레앙 국립연극센터(CDN Orléans) 장이자 연출가인 아르튀르 노지시엘(Arthur Nauzyciel)을 추천하였다. 아울러 이번에는 한국 희곡을 국제무대에 소개하는 단계로 삼고자 하였다. 1년에 가까운 긴 시간 동안 노지시엘과 정명주 공연기획팀장은 프랑스어와 영어로 번역된 한국 희곡을 모두 검토하였고, 양자가 만족하는 작품은 선택되지 못했다. 방향을 바꾸어 소설 가운데 한 편을 찾기로 하고, 해를 넘겨 결국 김영하 작 소설 〈빛의 제국〉을 정 팀장이 제안하고, 합의하게 되었다. 노지시엘은 극작가가 아닌 한국 시나리오 작가가 각색을 하고, 이를 프랑스어로 번역하는 편을 제안했지만, 필자는 시간과 노력이 더 많이 필요하더라도, 소설 등 다른 글쓰기를 공연 대본으로 각색하는 일에 성공한 사례가 많은 프랑스에 공을 넘기자고 하였다. 결국 발레리 브레장(Valérie Mréjen)과 연출이 공동으로 각색을 하고, 한국의 길혜연이 이를 다시 우리말로 번역하고 다듬었다.

준비 시간이 길어지면서, 이 작품의 창·제작 및 투어 공연은 필자가 예술 총감독을 맡고 있었던 2015-2016 한불상호교류의 해 공식인증 사업으로 확정되고 양국의 예산 지원도 받게 되어 긴 준비의 여정에 탄력을 받게 되었다. 한편으로는, 명동예술극장과 재단법인이 된 국립극단이 2015년에 통합되면서, 일찌감치 준비를 시작한, 단원들의 공연이 아닌 이 사업에 시비가 걸리기도 하고, 정치권력의 블랙리스트 예술가 사업 제한 지시에 어려움을 겪기도 했다. 물론 양국에서 2년간 준비하여 결정된 사업은 이미 충분히 성숙되어 있어서 흔들림 없이 완성의 길에서 잘 자랐다.

　이번 연극창작 및 배급을 위한 국제교류는 앞의 예와 또 다른 차원을 담고 있어서 이를 중심으로 가치 매김을 해보겠다. 기획 상의 공통점은 국립 공연장 간의 공동 사업으로서 공동 제작에서부터 배급에 이르기까지 매우 자연스럽고 매끄러운 진행이 이루어졌고, 2차 프랑스 투어까지 예술적 성과가 돋보였던 점이다. 한국 내에서는 투어가 여전히 전혀 이루어지지 못했고, 〈귀족놀이〉 때와는 달리 2차 서울 공연도 국립극단의 단체장 변경과 행정 및 예산상의 어려움, 프랑스 측과의 조율 문제 등으로 인하여 이루어지지 않았다. 하지만 김영하 작가나, 문소리, 지현준 배우 등 대중적 지명도가 높은 참여진들로 인하여, 양국에서 훨씬 더 널리 공연 소식이 알려지는 효과를 얻게 되었다.

　작품성은 또 다른 방향으로 인정되었는데, 우선 내전으로 인한 분단과 독재정권이 빚어낸 한반도의 긴장이 국민 개개인의 삶에 지대한 영향을 미친 역사적 특수성이 독창적인 기반을 이룬다. 하지만 끈이 끊어진 채 남겨진 남파 간첩과 운동권 여대생이 맺은 부부관계는 오랫동안 서로의 본질적인 정체조차 몰랐던, 가장 가까운 인간관계에 대한 질문으로 보편화되었다. 역사 속 이야기가 개인의 삶을 조명하는 작품이 되면서, 개별성을 거쳐 보다 폭넓은 현대 보편성으로 오히려 확대되곤 하는 연극성을 확보한 것이다. 우리 관객에게도 유사한 경험을 주었지만, 특히 프랑스 관객들에게는 먼 나라 이야기가 극의 흐름으로 진행되면서, 지금 각각의 관객 개인에게 던지는 본질적이면서도 치명적인 질문으로 치환되는 감동을 주게 되었다.

　3년간의 준비 끝에 성사된 2016년 3월 4~27일 명동예술극장 초연은 연극관객에게 색다른 경험도 제공하였다. 배우들이 마이크 앞에서 증언, 고백하듯이 관객에게 말하면서, 인터뷰, 다큐멘터리적 효과를 통해, 우리의 역사 속 에피소드들을 객관화하였다. 이런 상황은 역사가 개인의 심리와 현실로 들어오면서 현재화되며 확대되거나, 다른 각도에서 비쳐지는 영상과 함께 인물들의 상황에 공감대를 키웠다. 이는 평양으로 귀환하라는 지령을 접수한 남편의 마지막 결정을 앞두고, 관객에게 스스로

국립극단 〈빛의 제국〉(2016) ⓒ 나승열, 국립극단 제공

의 정체성, 가장 가까운 사람에 대한 이해, 우리라고 부르는 사람들과의 삶의 방향과 목표 등을 묻는 질문으로 남는다. 사실주의적이지 않은 연극이 줄 수 있는 더욱 날카롭고 구체적인 공감과 접근이라는 매우 연극적인 경험을 제공하였다. 물론 배우, 스탭들의 완전한 앙상블과 존재감이 이를 가능하게 하였다. 아직도 채 아물지 않은 한국 현대사의 상처가, 극중 24시간 동안 벌어지는 인생이 전복되는 사건을 통해, 매우 밀도있는 내밀한 개인의 상처를 여는 아픔이 관객 각자에게로 전이되는 감동이 연극적 보편성을 확보하며, 지금까지도 진행 중인 명작 공연으로 남게 된 국제교류의 결과물이 되었다.

2016년 5월 17~20일 노지시엘이 극장장으로 있었던 오를레앙 국립연극센터(Centre Dramatique d'Orléan)에서 프랑스 초연이 열렸다. 관객과 평단의 호평에 이어, 잇다른 투어 요청이 몰려왔다. 이 작품은 2017년 프랑스 렌느 국립극장(Théâtre National de Bretagne)의 'TNB 국제페스티벌' 초청 공연(11월 9~18일), 클레르몽페랑 시의 코메디 클레르몽페랑(Comédie de Clermont-Ferrand)(11월 22~24일), 파리 외곽의 보비니(Bobigny) 시의 국립연극센터 MC93극장 시즌 오픈작(12월 5~

10일) 등 주요 극장에서 전회 조기 매진, 격찬을 받으며 공연되었다.[14]

아직도 투어는 진행 중이다. 코로나로 인해 미뤄진 투어는 2022년 5월 렌느 국립 극장과 마르세이유 국립극장(Théâtre National de Marseille) 시즌 프로그램에 오래 전부터 올라와 있다. 그리고 발랑스(Valence) 국립연극센터, MC93 국립연극센터 초청 공연까지 합하면 4월 27일부터 6월 5일까지에 이르는 긴 프랑스 투어를 할 예정이다. 작품의 프랑스 측 스탭진이 더욱 강하게 포진되어, 초연 이후 더 발전되었고, 3차 제작은 또 다른 기대를 갖게 한다. 여전히 국내 공연은 미지수 인 것이 안타까울 뿐이다. 이런 경우, 우리가 먼저 제안하고 주 제작자가 되어서 작품을 완성했으면서도 그 결실을 우리 극장 측이 누리지도 못하고, 또 우리 관객에게 더 널리 제공하지도 못한 국제교류의 행정적, 기획적 한계를 드러내고 있다. 하지만 이 사업의 또 다른 후속 성과로는 노지시엘 연출과 문소리, 지현준 배우의 협업이 다른 작품으로 연장된 것이 있다. 이들의 작품을 보고 감동한 프랑스의 대표적인 작가 겸 연출가 파스칼 랑베르(Pascal Rembert)는 자신의 희곡을 제안하였고, 2019년 우란문화재단의 제작으로 9월 7~27일, 〈사랑의 끝 Cloture d'Amour〉을 성공적으로 공연하였다.[15]

공공 예술기관의 국제교류에서 출발한 〈빛의 제국〉의 사례는 국가적 행사와 만나며 힘을 받기도 했지만, 결국 양국 예술가들의 역량이 시너지를 받아 훌륭한 작품으로 완성되었다. 예술사업은 그 후속 사업으로 보다 큰 파급 성과를 얻는다는 필자의 지론을 현실로 보여주듯이, 이 작품은 5년이 지난 지금까지 이어져 더 많은 공연장과 더 많은 관객을 만나며, 더 많은 양국의 예술가들도 협업할 수 있는 계기를 열어주고 있다. 한국사, 한국사회, 한국인들에 대한 친밀한 이해의 폭은 이로 인해 프랑스 사회에서 더 넓어질 것이며, 이는 또 다른 영역으로의 교류를 수월하게 하는 계기가 되고 있다. 이야말로 예술적 국제교류가 공동의 예술작업을 통하여, 한국의 문화가 국제적으로 공유, 공감되게도 하는 예를 확인하게 해준 사건일 것이다. 요즈음 자주 언급되는 지속 가능한 교류, 한류 후속 사업 등은 다름 아닌 예술적 만남과 협업에서 이미 이루어지고 있다는 것을 알 수 있겠다.

---

14) 〈한불합작 연극 '빛의제국', 프랑스투어 성공 개막〉, 이재훈, 뉴시스, 2017. 11. 12.
15) 〈문소리·지현준, '빛의 제국' 이어 '사랑의 끝'에서도 한 호흡〉, 부소정, 데일리한국, 2019. 8. 6.

IV.

세계 무대를 여는 지속 가능한 국제 문화예술 교류

독자들은 해외에 수많은 한국문화원이 있다는 사실을 알기도 하지만, 실제로 그 문화원들이 어떤 일을 하고 있고, 그 나라—외교 행정 용어로 주재국이라 부른다—에서 어떤 위치에 있으며, 활동에 대한 현지 반응은 어떤지 등은 알기가 어렵다. 또한 가끔씩 '수교 ○○주년 기념'이란 말과 여러 가지 회의들이 개최되는 정보를 듣기도 하지만, 실제로 많은 문화사업들이 진행되는 사실과 그 내용은 좀처럼 알기가 어렵다. 싸이와 BTS로 인하여, 엄청난 외국인들이 한국을 알게 되고, 또 팬덤을 형성하고 있다고는 알지만, 팬 층을 제외한 외국인들에 대한 정보나 오늘에 이르기까지 한국문화가 해외로 흘러들어간 역사에 대해서는 잘 알기가 어렵다. 이 장에서는, 한편으로는 일반 독자들에게 필자가 30년 동안 프랑스를 중심으로 문화예술 국제교류 현장에서 실천, 경험한 내용을 중심으로 좀 더 세세하고 생생한 내용을 전하고자 한다. 또 다른 한편에서는, 한류의 후속으로 보다 오랫동안 지속 가능한 국제교류를 기획해야 하겠다는 수년 전부터의 정부의 의지와, 문화예술계의 기대에 부응하는 분석적인 의견을 전하고자 한다.

마침 2020년부터는 코로나와 함께 살아야 하는 시대를 맞게 되니, 국제적인 교류는 온라인상에서 제한되고 있고, 그 어려움은 배가된 상황이다. 위기는 평소에 살피지 못한 영역에서 기회를 제공하기도 한다. 이제 국제 문화예술 교류에 대한 보다 입체적이고, 역사적인 검토를 함으로써, 세계로의 길이 열렸을 때를 준비하기에 좋은 시기로 생각된다. 비록 매우 개인적인 경험의 사례가 중점적으로 제시되겠지만, 모든 사업들이 공적 차원에서 실행된 것이기에, 우리의 지혜를 끌어내는 데 참고가 될 수 있을 것이라고 희망한다. 우리가 오랫동안 발전시키고, 공유하는 문화와 예술에 대한 가치와 기쁨을 세계인들이 향유하고 또 함께 새로운 문화를 만들어갈 수 있기를 기대한다.

필자는, 앞장에서 밝혔듯이, 다양한 공공 차원의 국제 문화예술 교류사업을 실행하였다. 비록 이 책에 일일이 다 담을 수는 없었지만, 문화체육부 산하의 한국문학번역원이나 예술경영지원센터, 세종학당 등의 전문 기관들은 창립부터 지금까지, 한국공예디자인문화진흥원, 영화진흥위원회, 한국문화예술위원회 등의 문체부 산하

법인들이나, 한국연극협회, 한국민족극협회, 한국거리예술협회 등의 협회나, 국립중앙극장, 국립극단, 예술의전당, 서울국제공연예술제, 의정부음악극축제, 과천거리예술축제 등 다양한 공연예술 전문 기관 및 축제들과 직접 책임을 맡아 국제교류사업을 함께 하였다. 이 장에서는 2022년 현재, 전 세계 29개국에 개설된 32개의 한국문화원은 해외에서 어떤 일을 하는지, 또 지속 가능한 국제 문화교류를 위하여 해외에서 어떠한 기반을 마련하고 있는지를 주프랑스 한국문화원을 사례를 통하여 자세히 소개하고자 한다.

그 다음으로는 필자가 4년간 원장으로 재직하면서 그 틀과 방향을 새로 잡고 행했던 파리 한국문화원의 활동들과, 그 연장선에서 유럽에서 최초로 기획된 대형 K-pop 공연을 중심으로 어떻게 한류 확산이 가능했었는지, 현지의 변화와 콘서트 준비, 현장, 그리고 그 이후까지 일반인들에게는 잘 알려지지 않은 교류의 실제 내용들을 풀어내겠다.

세 번째 장에서는 2006년과 2015~2016년에 있었던, 한국과 프랑스 정부 간의 국가사업으로서 긴 기간, 대규모로 펼쳐진 문화예술 교류사업들을 소개하겠다. 민간 예술가, 문화활동가들이 대부분의 사업에 참여하지만, 이렇게 국가적인 차원에서 국고를 사용하여 특정 기간에 에너지와 집중성을 키우는 경우, 국제 문화교류는 교류에 필요한 속도도 가속되고, 그 성과를 얻어내는 기간도 단축되고, 강한 파생력을 가진 사업의 효과를 남긴다. 또한, 이전에 교류에서 얻은 노하우와 국제관계를 발전시켜야만 국가 간 대형 사업을 준비할 수 있기 때문에, 축적된 경험을 풀어낼 좋은 기회이기도 하다. 지속 가능하고, 쌍방향으로 균형잡힌 국제교류를 위한 플랫폼으로서 국가 간 사업의 의미를 드러낼 것이다.

이 장을 통해 프랑스와의 문화교류가 얼마나 넓은 지평에 펼쳐지고 있는지를 알고, 또, 소식으로만 접했던 한류를 입체적으로 바라보면서, 이를 딛고 우리가 미래에는 어떤 국제 문화교류를, 어떻게 할 수 있을지를 함께 가늠해 볼 수 있기를 기대한다. 이제 문화예술의 무대는 세계사회이며, 우리의 미래는 그곳에서 펼쳐지게 될 것임을 구체적으로 전망해 볼 기회가 될 것이다.

국제 문화교류의 기반, 재외 한국문화원

주프랑스 한국문화원의 국제 문화교류 활동의 방향과 과제

우리는 종종 프랑스는 문화 선진국, 파리를 문화예술의 도시라 부른다. '문화선진국' 같은 용어에 전적으로 동의할 순 없지만, 이런 일반적이고도 국제적인 인식의 성과로서 '루브르박물관 연간 유료관객 850만 명'이란 결과보다도, 왜, 어떻게 하여 그리되었는가에 대한 고찰과 분석이 더욱 중요하다고 본다. 문화는 수출해야 할 재화적인 상품이거나, 홍보를 해서 바로 알려야 할 정보도 아니고, 우월성으로 승패를 나누는 기술력 같은 것이 아니기에, 무려 46개의 외국문화원이 활동하고 있는 파리를 세계문화의 '격전지'라거나 '각축장'이라 부르지 않겠다. 오히려 문화예술을 말하지 않고서는 어떤 긴 대화도 나눌 수 없는 문화적 삶이 이루어지는 곳, 세계문화가 다양하게 꽃피는 옥토라 하겠다. 다행히도 본인이 7대 원장으로 3년 10개월간 근무한 주프랑스한국문화원도 42년의 역사를 가지고 있다. 과연 우리를 포함한 46개(45개국) 외국문화원은 왜 거기에 몰려있고, 무엇을 하고 있을까? 왜 우리의 이웃 일본과 중국은 그들의 전 세계 문화원들 중 가장 큰 규모의 문화원을 파리에 두고, 수많은 인력을 자국에서 파견하고 또 현지에서 고용하고 있을까?

　　우선 문화에 대한 정의를 중심으로 그 답에 조금씩 접근해보자. 문화는 유행이나 산업과 달라서, 향유하는 대상이 성별과 세대를 초월하여 그 생명의 길이가 길고, 일부 계층이나 지역이 아닌 광범위한 공간적 영역으로 확대되는 성격이 특징이다. 즉, 오랜 세월 동안 수많은 곳에서 삶과 더불어 향유되고 존재하는 것이다. 따라서 신상품이나 유행의 유무에, 또는 정치적인 강약에 그 가치가 좌우되지 않는다. 국제관계에 있어서도 정치적, 경제적, 산업적 영향권 밖에, 또는 그 바탕에 문화가 존재한다고 하는 것이 옳겠다. 200년 이상 프랑스와 문화적 관계를 맺어온 우리 이웃 국가들은 어떤 경제적인 추락이나 국제정치적 위상 약화가 있다고 해도, 그들의 문화를 받아들인 프랑스인들에게 결코 무시될 수 없는 입지를 이미 쌓아두었다. 지금은 더욱 더 넓게, 미래에 더 오랫동안 프랑스인들의 삶과 사회에 가치매김하게 하기 위해서 노력 중이다. 그들의 문학, 철학, 예술의 고유한 가치가 이미 존중받고, 그들의 어떤 새로움에도 관심을 기울일 준비가 프랑스 사회에서는 완비된 상태라고 보면 되겠다. 이런 문화적 가치가 소위 '국가이미지'를 구축하는 중요한 한 요소이며, 산업, 정치, 외교적 교류에 크게 기여하는 데에는 의심의 여지가 없다. 다만 우리가 주의해야 할 것은 문화적 교류의 긍정적인 결과로서 그런 성과를 얻는 것이며, 문화가 산업/통상, 정치/외교적인 목적에 이용되는 순간, 또는 그렇게 인지되는 때부터는 그 문화의 고유한 가치 조차도 희석되거나 폄하될 수밖에 없다는 사실을 경계해야 하겠다.

그렇다면 우리 이웃 국가들 보다 훨씬 뒤늦게 외국과의 본격적인 문화교류를 시작한 우리는 어떤 자세로, 어떻게 또 무엇으로 시작하였으며, 또 미래에 어떻게 발전시켜야 할 지를 이제 진지하고 심각하게 숙고해야 하리라고 생각된다. 이를 위해 필자가 약 4년간 운영 책임을 맡았던 주프랑스 한국문화원과 문화교류가 왕성한 국가의 문화원들이 공통으로 지향하고 있는 문화교류의 방향, 내용들을 되짚음으로써, 현재와 미래 국제 문화교류 기반은 어때야 할지를 가늠해보고자 한다.

한국 내의 프랑스, 독일, 영국문화원이 그렇듯이, 파리의 대다수 외국문화원들도 크게 두 개의 방향에서 문화활동을 전개하고 있다. 문화원 내의 문화사업과 원외에서 벌이는 활동이다. 공간적, 인적 여력이 있는 일본, 중국, 벨기에, 스위스, 독일 등 다수의 문화원들은 문화원 내의 공연장, 전시장에서 수시로 자국의 유능한 예술가들을 소개하면서 프랑스 내지는 유럽 진출의 발판으로 삼고 있다. 플랫폼 또는 쇼케이스 장 역할을 하는 것이다. 아울러 원내 다른 공간들을 이용하여 언어 및 문화예술 실습을 열면서 일반인들을 만난다.

우리 문화원도 공간이 매우 협소하고 조촐했었던 과거 시절부터, 내부 공간을 활용하여 연일, 연중 다양한 분야의 한국예술가들을 소개하여 프랑스 내의 전문가들로부터 호의적인 평가받을 수 있도록 하며, 또 한편 한국문화에 대한 정보, 체험의 장으로 거듭나고 있다. 필자가 원장으로 재직할 때에는, 한국어, 5종의 예술실습, 연중 공모 및 기획 전시, 연 10여 차례의 작은 연주회, 3개월간 집중 문화 강연회 시리즈, 어린이축제, 음식축제, 한국문화축제 및 3종의 한국예술 실습 연수 등 모든 계층과 세대를 다우르는 다양한 프로그램을 문화원이 '다양한 파트너들과 함께' 운영했다. 이미 46개 문화원 중 대표적으로 훌륭한 프로그램을 운영한다는 평가를 받고 있기도 했었는데, 우선 여러 가지 물리적인 공간 및 재원의 제약을 감안한 문화원 내 프로그램이라고 상상하고, 여기에서는 특히 '주재국 문화현장에 우리 문화가 진출하도록 기획'하고, 또 그 빈도수를 확대해가면서 국가이미지 제고에 기여하는 방법과 운영에 주목하면 좋겠다.

재외 한국문화원은 우선 문화원이란 공간을 운영하는 조직인데, 필자의 경우, 대외적으로는 '한국문화사업 주관자' 이기보다는 한국의 문화예술 및 예술가들이 프랑스 문화현장에 정상적으로 – 또는 정당하게 – 진입하고, 확산될 수 있도록 하는 적극적 '매개자의 역할' 을 하는 것으로 그 미션을 바꾸었다. 이 미션을 위해서 우선 수많은 주재국 문화기관, 공간, 축제 등에 맞는 ① 한국의 문화예술을 소개하며, 그들이 우리의 것을 프로그램 하도록 설득하는 일이 있다. 시간이 걸리지만 그들에 대한 리서치만 꼼꼼히 하면 그리 어렵지 않은 일이다. 한국의 프랑스, 독일문화원은 우리 가까이에서 왕성하게 이 업무를 수행하고 있고, 큰 성과를 거두고 있다. 파리 주재 대만, 일본, 벨기에 등을 비롯한 유럽 각국 문화원들은 연중 이 일에 전념한다. 일본 문화원의 경우 이를 위해, 파리 1명 지방 2명의 주재관이 책임을 맡고 있다.

그 다음 단계로는 ② '프랑스의 유력한 문화예술계 책임자들과 한국 작품을 직접 담당하는 한국의 문화현장 전문가(집단)를 연결' 시켜준다. 축제, 기관, 기획사, 단체 등이 그것이다. 결국 양국의 현장 전문가들이 직접 의사소통을 하며 필요한 것들을 서로 채워가면서 준비를 진행한다. 이런 과정을 거치며 자연스럽게 '양국 전문가

간의 네트워크가 형성'된다. ③ 문화원은 중간에서 조정자 역할을 하거나, 현지에 있는 국가기관으로서 이런 협력 사업 실현이나 네트워크 형성에 협조를 한다. 그리고 나서 사업이 벌어지는 시점에서는 홍보의 한 부분을 충실히 거들면서, ④ 주재국 내 한국 전문가들과 다시 인적 네트워크를 만들어서 그들이 행사 막바지에 준비, 진행을 거들도록 함으로써, 그들이 살고하고 있는 국가의 관련 기관과 관계를 맺게 한다.

물론 양국전문가들 간의 준비과정에서 개입이 필요한 경우에는 도움을 양쪽으로 줄 때도 있다. 즉, 한국-프랑스 간의 여비를 지원받게 추천서를 보내거나, 여비 지원 기관을 접촉하여 직접 요청을 하거나, 예술가들에 대한 사례비나 행사 진행에 어려움이 있을 때에 조정하고, 도와주는 일이 있다. 이때 프랑스 주최 측은 파트너 없이 프로그램을 자체적으로 진행할 때보다 훨씬 적극적인 도움을 받아 운영을 하게 되기 때문에 크게 고마워하며, 힘을 얻어서, 실제 자신들의 실적을 위해서도, 더욱 적극적으로 행사의 성공을 위해 최선을 다한다. 더 중요한 일은 이들이 성공한 사업의 후속으로, 또 다른 사업을 함께 하기를 원하게 되는 것이다.

결국 문화원은 '단독 주관자가 아니라 공동 주관 또는 공동 기획자'가 되어 일회성 사업 파트너가 아니라, 그들이 신뢰하며 지속적으로 함께 할 중요한 파트너가 된다. 이렇게 함으로써, 한 가지 프로그램을 함께 만드느라 시간과 공은 들지만, 다수의 후속 프로그램으로 쉽게 발전이 되며, 유사 기관, 축제에서의 다른 파트너십 요청들이 이어지는 수순으로 연결, 발전된다. 왜냐하면 첫 프로그래밍된 우리 문화예술은 '프랑스 내의 문화예술 네트워크 안에서 자신들의 성과'를 올렸기 때문이다. 따라서 한국의 문화예술(가)은 문화원 행사에 참여하는 것이 아니라, 자연스럽게 그들의 네트워크로 들어가게 되고, 문화원은 직접 사업을 주관하느라 들이는 인적, 물리적 시간과 노력을 줄이며, 좀 더 단순한 매개 역할을 수행하면서도 우리 문화의 양적, 종적 확대에 기여할 수 있는 여유를 가질 수 있게 된다.

이러한 구도가 가장 효과적이면서도 경제적이고, 또 상호 균등한 문화교류의 방식으로 길을 연다. 따라서 우리가 선진국이라 부르는 나라들은 다수의 인력과 예산을 투입해서 이런 문화현장 진출을 상시적으로 꾀하고 있다. 일본대사관의 경우, 2011

년 당시, 대사관에 8명 문화원에 4명의 문화를 담당하는 주재관을 두고 문화원에서는 50명의 현지 직원들이 정규직, 계약직으로 고용되어 일하고 있었다. 문화, 관광, 체육, 홍보 등을 총괄하여 단 한 명이 문화원장으로 파견된 한국 대사관과는 비교할 수가 없었다. 일본이 파리에서도 가장 좋은 공연장 중 하나인 문화원 공연장, 강연/상영관, 전시장, 도서관을 보유한 것은 당장 눈에 띄는 부끄러운 비교였었지만 말이다. 결국 문화원내 여건은 극단적으로 서로 차이가 났었기에, 대외 네트워킹, 프로그래밍 사업으로 우리의 열악한 조건을 극복하는 방법밖에 없기도 했었다. 업무를 나누거나, 함께 할 인력조차 지극히 미미하니 이 또한 힘에 부치는 일이었다.

앞에서 소개한 사업 단계를 필자가 근무한 기간과 연결해보겠다. 3년 10개월 재임 기간 중 처음 1년 반은 문화계 전문기관과 사람들을 만나러 도처로 쫓아다니고, 식사초대를 하기도 하며, 프랑스 측 잠재적 파트너들을 만나서 우리 문화예술 프로그램을 꺼내놓고 설득하는 일을 주로 하였었다. 2년차부터는 결실을 하나씩 거두기 시작하면서, 시행된 사업성과로 인해 후속이 몇 배수 이상으로 확대된 것을 다시 양국 네트워크를 통해 매개하는 일을 하게 되었다. 공동 기획하자는 제안을 계속하면서 말이다. 담당 현지 직원 1~2명과 문화원장 혼자서 어떻게 연간 300건 이상의 사업을 할 수 있었겠는가? 바로 이런 양국 간의 네트워크, 프랑스 내의 분야별 네트워크 안에서 움직인 것이 답이다.

문화예술을 통한 국가이미지 제고는 절대로 단시간에 이루어지지 않는다. '문화행사'를 통해 목적을 달성하고자 한다면, 우리 문화가 잘 소개되더라도 곧 잊어버리는 '일시적인 홍보'에 그치고 말기 때문이다. 문화예술은 정신적 영역이기도 하기에, 한 사업의 성공이 즉시 또 다른 문화예술사업에 생산적인 영향을 미치곤 한다. 일회적인 성과에 연연하지 말고, 중, 장기적으로 꾸준히 전략과 정책을 세워 실천에 옮겼을 때에는 반드시 기대 이상의 성과가 뒤따른다는 것을 알아두면 좋겠다. 우리의 경우가 그 실증적 사례이다. 한국문화원이 이미 31년째 파리에 존재했었기 때문에, 필자가 원장으로 재임했었던 시기에 그 여파로 많은 후속 연결이 가능했었고, 따라서 모든 문화교류사업의 새로운 현지화의 초석을 깔기에 수월했다. 적어도 처음 20여 년

파리문화원 한국어강좌 등록을 위해 줄을 서는 프랑스인들 ⓒ Jean Lee

간 전통예술이 간간이 소개되는 가운데, 적으나마 매니아 층도 만들어졌고, 한국문
학, 한국미술 애호가를 바탕으로 하여, 또 1990년대 초반부터 집중적으로 소개되기
시작한 한국영화로 인해 기존의 한국문화 관심 계층에다가 다수의 관객층이 추가 형
성되었다. 2007년 부임 시에 교민 1,000가구에 불과한 파리에는 이미 50여 개의 한국
식당이 성업 중이었었다.

　이런 든든한 배경이 있었기에 2008년부터 전국에 확대해 나가기 시작한 다양한
한국 문화예술 프로그램들이 곳곳에서 매진사례를 이루며, 다중을 만나기 쉬웠다.
전국의 60개 이상의 중고교에 한국예술 실습과목이 진행되고―2008년 후반 시작, 09
년부터 확대―, 한국 관련 어린이, 청소년 도서도 2010년에 와서는 월 2권 이상 꾸준
히 출판되는 성과가 뒤따랐다. 2010/11년 학기에는 한국어가 보르도(Bordeaux)시
의 고등학교에서 처음으로 영어와 동등한 자격의 외국어 과목으로 개설되고, 대학 입
학 자격 시험인 바칼로레아의 한국어 시험을 위한 강좌도 많은 고등학교에서 개설되

기에 이르렀다. 같은 해부터 전국 여러 대학의 한국학과는 아시아 언어 중 최다수의 학생을 불러들이게 되었다.

부임 후 바로 유료화했던 한국문화원의 한국어 강좌도, 수강 등록을 위해서 새벽부터 줄을 서는 전쟁을 치르거나, 등록한 후에도 3번 결석하면 재수강이 안 되는 등 운영을 엄하게 했음에도 불구하고, 초호황을 누렸다. 임기 마지막 해인 2011년에는 문화원 내의 강의실 — 중형 1, 소형 1 — 이 모자라서, 인근 고등학교의 강의실을 두 개 임대하여 400명이 수강하였다. 9시 반에 시작하는 수강 등록날에는 새벽 5시 30분부터 줄을 서는 진풍경이 펼쳐져서 한국의 MBC TV가 2010년 한글날 특집방송으로 취재하기도 했었다. 독자들이 아직 기억할 지도 모르는 2011년 6월 유럽 최초의 대형 K-pop 콘서트의 파리 성공도 결코 단독, 일시적 결과물이 아님을 짐작할 수 있을 것이다. 이 사건 역시 한국문화를 사랑하는 '프랑스 청년들의 인적 네크워크 안에서 성과'를 얻은 것이었다.

'모든 문화교류사업은 이렇게 네트워킹과 파트너십을 동반하여야 성과 및 발전'을 이룰 수 있다. 주재국 현지의 전문가들이 한국 문화예술을 자신들의 사업으로 프로그램했을 때에야 비로소 향유자의 확대, 한국문화 진출의 활성화, 나아가서는 인적 교류를 통한 새로운 문화의 창조를 기대할 수 있다. 과거 외교기관이 또는 문화원이 홀로 문화예술 행사를 주관, 주최하면서 전직원이 발벗고 나서서 초대관객을 채우느라 고생하고, 또 국내에는 이를 화려하게 포장하여 '성공적인 행사'로 보도했었던 사례는 이제 잊어야 하겠다.

여기에서 국제 문화교류를 활성화시키기 위한 기본적이면서도 '필수적인 네트워킹'의 중요성을 조금 더 확인해보자. 필자는 문화예술계에서 일하고 있는 현장 사람으로서 문화원장을 했기에, 당연히 현지 네트워크를 만들고 키우면서, 한국의 다양한 기관을 접촉하거나 연결시켜 주었지만, 일반직 공무원이 원장을 맡기 마련인 문화원장으로서는 쉽지 않은 일임에는 틀림이 없다. 물론 문화부의 여러 국, 과에 국제교류 과제가 있기에 이를 개발해주는 관끼리의 네트워크는 좀 더 쉬울 수 있다. 하지만 이를 위해서도 민간 문화예술인이 주가 되는 다양한 문화예술 컨텐츠가 전략적으로 소개되고, 현지에 정상적으로 진출하고, 확산되는 과정을 전적으로 뒷받침하는 국제 문화교류의 총괄적인 창구가 국내에서 반드시 필요하다. 시간적 지속성이나 문화예술 영역의 확대를 꾀한다면 더욱 그렇다. 프랑스의 엥스티튀 프랑세(Institut Francais, IF)나 영국의 브리티쉬 카운슬, 독일의 괴테 인스티튜트 같은 기구들은 모두 '자국 내의 문화예술 진흥정책을 기반으로 하여, 국제 문화교류 정책, 전략, 지원을 전담' 하고 있다. 말하자면 우선 해외로 진출하는 자국 문화예술의 주 매개센터, 지원의 전담 본부가 필요다는 말이다. 아쉽게도 우리에게는 그와 같은 기관이 없다. 국제문화교류는 수많은 기관들의 업무인데, 콘트롤 타워가 없다보니 일이 종종 중복되기도 한다. 그래서 막상 외국인이 우리와 교류를 희망해도 어떤 기관의 누구와 접촉할 지를 알기가 어렵고 복잡하다.

이런 이유로 인해 주프랑스 한국문화원도 스스로 그 중심에 설 수밖에 없었다. 중심 창구로서 여러 영역을 연결하고, 사업의 지속성은 양국의 전문기관들끼리 관계를 맺게하여 스스로 키워갈 수 있도록 지원하였다. 즉, 공연예술은 예술경영지원센터에서 정보를 얻고, 문화예술위원회나 국제교류재단, 지자체 문화재단, 각종 축제들을 통해 해외 여행 경비 지원 신청을 하게끔 안내하여 사업을 진행하였다. 현지에서 들어가는 숙식, 사례비, 현지 이동 등의 모든 비용은 프랑스 측 주최자인 파트너가 담당하게 하였다. 번역, 출판 사업은 한국문학번역원과 출판문화산업진흥원, 전통예술은 국악원이나 해외문화홍보원, 영화는 영화진흥위원회와 영상자료원, 체육은 문화부 국제체육과, 대한체육회, 국기원, 만화/에니메이션은 한국콘텐츠진흥원, K-pop은 국제관광과, 관광공사와 함께 하였다. 그리고 국공립/민간 미술관/박물관, 공연장, 기획사, 지방자치단체 등이 실상 해외 현지의 파트너를 필요로 하고 있었기에 이들이 모두 다 한국문화원의 국내 파트너들이었다.

거의 동수의 관련 프랑스 파트너를 직접 연결함으로써 네트워크을 만들긴 하였으나, 한국기관으로서 이런 복잡한 문화예술 국제교류를 한국 내 문화예술 현장과 연계하면서 진흥시킬 재원과 인력을 가진 본부가 없었기에 매우 고된 일이었다. 현재 해외문화홍보원과 문화부 국제문화과가 문화원을 관리, 지원하고, 국제문화교류진

홍원이 현지 사업들을 지원하고 있는데, 전 세계 32개 한국문화원의 문화교류 활동을 뒷받침하기에는 턱없는 인력과 재원으로 속만 끓이고 있는 실정이다. 수많은 수교기념 문화사업을 '직접' 수행하느라 여념이 없다. 결국 애써 만들어 놓은 국제 네트워크라 하더라도, 더욱 커지기 마련인 후속 사업들을 위해서 매번 반복하여 여러 기관에 별도로 지원을 요청해야 하는 불안정한 발전을 감수해야 하는 현실이다.

프랑스의 경우, IF가 전체 문화교류의 주 통로가 되는 가운데, 주한 프랑스문화원과의 긴밀한 연계로 단·중·장기 정책적, 전략적, 효율적 국제 문화교류가 이루어진다. 이때 IF 본부는 프랑스 국내 문화예술계의 전문가들이 모여 독립된 기구로서 일을 하고, 재외문화원에는 원장 지휘 하에 문화계 전 분야의 전문가들이 담당관 (attaché) 자리에서 한국 내의 전문가/기관/단체들과 협력을 하고 있다. 문화예술관, 영상관, 교육/과학협력관, 언어관, 홍보관 등 다수의 주재관들과 보좌 인력들이 프랑스에서 파견되어 있다. 이들이 또 직접 본인의 전문 분야의 한국 정부부처와도 접촉하여 문화교류사업을 개발, 확대하기도 한다.

단 한 명이 문화원장으로 파견되어 문화, 체육, 관광, 홍보를 모두 맡으며, 외교관으로서의 역할까지 해야 하는 우리의 현실에서 어쩌면 이렇게 세세하게 네트워크의 중요성과 국가이미지 제고를 위한 문화교류에 대한 얘기를 한다는 것조차 비현실적이고, 과도하게 보일지도 모르겠다. 현실이 이러하니, 대사관의 외교적인 행사에, 여러 종류의 기념일에 문화가 동원되고, 교민과 친한 주재국민을 위한 잔치처럼 문화행사는 치뤄지면서, 결국은 이런 숫자가 많아지는 걸 놓고 왕성한 해외문화 교류활동의 성과라고 자부하는 일이 벌어지곤 한다. 문화는 결코 외교의 수단, 국가홍보의 수단, 산업 진흥을 위한 이미지 홍보 수단, 더욱이 국가 정치적 포장 수단으로 이용되어서는 안 된다. 그런 방향의 문화행사들은 국제사회에서 우리 문화와 예술이 설 자리를 오히려 잃게 하거나, 바로 서지 못하게 하는 장애를 만들 뿐이다. 우리 문화예술이 양국의 네트워크를 통해 현지 전문가들에 의해 기획되어서 정당한 대우를 받으며, 그에 걸맞는 공간에서 소개되고, 체험되게 함으로써 주재국민들에게 존중받고, 사랑받게 해야 한다. 그러면 한국문화의 활동무대와, 입지가 넓어져서 양국민 간의 이해와 관심이 증진되고, 반드시 또 자연스럽게 외교, 국가이미지, 산업 등이 한 차원 위의 가치로 재평가되며, 더욱 활성화되는 데에 크게 기여하게 된다는 것을 잊지 말았으면 좋겠다. 이미 국제사회는 20여 년 전부터 이 단계를 지나, 문화예술인 간의 왕성한 인적 교류를 통한 새로운 창작, 새로운 문화를 만들어가기 시작했다. 늦었지만, 오늘 제기한 문제를 풀기 시작하면 다음 단계는 훨씬 빠르고 수월하게 오를 수 있다. 차분히 이제부터라도 하나씩 든든히 쌓아 나가야 하겠다. 한국문화의 활동무대가 전 세계로 넓어지고, 대상 관중이 세계인이 되는 일이 바로 한국문화의 세계화, 현지화이며, 국가이미지 고양은 그 결과물로 보장될 것이다.

다행히도 2019년 말에 이전한 파리 한국문화원은 이제 공간 문제도 해결하였고, 왕성한 문화예술 활동을 하고 있다. 다만, 국제교류의 가장 핵심적인 현지 기반으로서 재외문화원에 대한 획기적인 국가 정책 결정이 남아 있다. 과거 주재관 1:11, 현지 인력 8:50이라는 일본문화원과의 차이는, 공간적인 개선에도 불구하고, 아직도 크게 다르지 않아 보인다. 한류가 가져다준 문화적 호감을 보다 폭넓은 주재국민들을 대상으로 오랫동안 지속 가능한 교류의 디딤돌로 이용할 호기이다. 파리 한국문화원 40년 간의 활동으로 그 토양을 위한 준비는 어느 정도 되어 있기에 이를 현지의 기반으로 잘 활용해야 하겠다.

한류의 시너지를 국제 문화예술 교류 활성화로

2011년 프랑스에서의 한국문화 교류 현주소

2011년 6월 10, 11일, 〈SM Town concert, world tour in Paris〉는 재불 교민은 물론 모든 한국인들을 기분 좋게 놀라게 했었다. 유럽 10여 개국의 젊은이들이 단 15분 만에 예매한 14,000석 제니트(le Zenith) 공연장에서 3시간 45분간, 모두가 단 한순간도 자리에 앉지 않고 열광한 일은 가히 감격적이었다. 이는 유럽에서도 한류가 대단하다고 우리를 흥분하게 한 일이기도 했지만, 우리는 이것이 이전 10여 년 전부터 프랑스의 한국 문화예술에 대한 확대된 관심을 잘 대변해준 사건이라는 점에 주목해야 하겠다. 한국문화원 활동 30년의 성과이었기도 했고, 그간 노력해온 수많은 한국, 프랑스인 문화예술계 종사자들과, 훌륭한 제품을 만들어 수출해온 기업들의 노고가 기반이 된 사건이었다. 또한 우리보다 앞서 오래 전부터 프랑스와의 문화교류를 통해 인지도와 애호가 기반을 다져놓은 일본과 중국의 덕을 효과적으로 보았다는 사실도 인정해야 할 것이다.

2002년 월드컵 개최를 계기로 프랑스에서의 한국에 대한 대중적 인지도가 확대된 가운데, 한국 음식, 영화에 대한 일반인들의 관심이 매우 긍정적으로 확대되기 시작했다. 칸 영화제, 도빌 아시아영화제에 안정적으로 한국영화가 출품되고, 2006년 양국 수교 120주년 기념 문화행사를 대거 개최할 당시, 파리 내 한국식당이 50개 이상으로 증가된 것을 보았었다. 이후, 인터넷을 통한 좋은 품질의 K-pop, K-drama 소개, 유포는 일본과 중국의 대중문화를 사랑하던 수많은 프랑스인들의 관심을 한국 대중문화로 돌리는 계기가 되었다. 필자가 한국문화원장으로 부임하던 2007년 10월, 이런 조짐이 눈에 띄기 시작했고, 일본 망가 애호가들의 상당수가 한국 '만화' −2006년 프랑스에서 일반 명사화됨−를 좋아하고, 애니메이션으로까지 확대되기에 이르렀다. 이런 변화는 필자가 원장 부임 1년 후부터 매년 연간 100여 종류, 수백 건의 문화예술사업을 프랑스 전국의 현지 기관, 전문인들과 공동으로 벌일 때에도 우리의 제안을 받아들이는 수월성과 현지 관객들의 폭발적인 참여로 우리 문화가 프랑스 현지 곳곳에서 뿌리를 내리는 데에 큰 힘이 되었다. 2011년의 현황을 요약하면, 교민 수 1,000 가구에 불과한 프랑스에, 파리에만 한국인이 운영하는 한국식당이 백 개가 넘고−110＋외국인 운영 20여 개−, 바야흐로 한국문학 및 아동도서 출판, 미술, 음악, 전통예술, 영화, 공연예술이 상시적으로 전국에서 소개되고 있었다.

대학1)에서는 한국어 강좌와 한국학 전공 학생이 학교별로 매년 100명씩을 넘고, 고교에서는 외국어로 한국어가 교육되고, 전국 60여 개 중고교에 예술실습이 시행되는 일이 현실이 되었다. 다수의 아시아 관련 축제에는 모두 한국의 해를 한번씩 개최한 후 꾸준히 한국 프로그램이 소화되고, 국제영화제들도 한국의 해를 모두 치르며, 매해 한국특집을 꾸미기에 이르렀다. 교민들조차도 서울에 있을 때보다 더 풍성한 한국 문화예술을 프랑스에서 경험할 수 있다며 좋아하다가, K-pop 공연 현장에서 눈물을 터뜨릴 수밖에 없는 감격적인 상황을 맞았었다.

각종 미디어는 우리 문화 소식을 연 500회 이상 전하는 가운데, 국영 France2 TV는 2011년 1월 3일 110분짜리 다큐멘터리 〈한국의 숨겨진 힘 Corée: la puissance cachée〉이라는 프로그램을 방영, 동시간대(23시~0시 50분) 최고 시청률 및 인터넷 재시청, 시청자 포럼 참여자 한 달간 최고를 기록하는 인상적인 성과를 거두었다. 주

---

1) 파리 7대학, 국립동양학대학, 고등사회과학원, 시앙스포 등 파리와, 지역의 리옹, 엑스엉 프로방스, 루앙, 르아브르, 라로셸, 스트라스부르, 브장송, 보르도 대학 등

불 한국문화원과 관광공사의 협조를 받아 2010년에 거의 10개월간 3차례에 걸쳐 프랑스 제작진이 한국을 다녀오며 방송사가 직접 제작을 한 것이었다. 외국 국영방송사가 이렇게 정성을 들여 한국을 자세히 조망한 4부작을 만든 사례가 없었기에, 프랑스의 한국에 대한 긍정적인 관심을 대변한 좋은 사건이었다.

다큐의 '2부, 아시아의 문화, 한국이 리드한다'의 촬영을 적극 도와준 SM엔터테인먼트사와 문화원의 관계도 여기에서 시작되었었다. 기꺼이 두 팔 벌려 외국 방송사를 맞아준 SM에 대한 나의 보답은 콘서트 기획이었고, 이수만 회장은 파리 공연 후 자신의 광고 출연료에서 1억 원을 떼어 문화원에 기증하였다. 아름다운 민과 관의 하모니가 아닌가. 이런 일을 총괄하던 수장으로서 4년을 보낸 필자는 정말 운이 좋은 사람이라고 고백하지 않을 수가 없다. 이제 자리잡기 시작한 한국 문화예술이 프랑스인들의 일상에서 꽃을 피우는 일은, 프랑스의 현지 전문가들과 한국의 문화예술 현장이 계속 교류하면서, 우리 문화에 대한 애정의 눈을 뜨기 시작한 프랑스인들을 기쁘게 만나는 일로 지속되리라 기대된다.

여기에서는 외교관으로서 또 행정가로서의 문화원장의 업무와, 체육, 관광, 홍보의 책임자로서의 문화원장의 활동은 가능한 한 언급하지 않도록 하겠다. 문화예술 교류에 초점을 맞추되 그 과다한 양과 중요도를 비교하기는 어려운 점을 감안하여, 문화원 내, 외로 나누어 주요 활동의 방향과 내용을 중심으로 정리, 분석하고자 한다. 오랫동안 파리 한국문화원은 종종 단독 주관자로서 직접 공연장, 전시장을 대관, 홍보, 마케팅을 하며 한국예술의 현지 진출을 도모했었다. 일반직 고위공무원 원장이 할 수 있는 최선이기도 했지만, 문화원의 미션이 포괄적으로 한국문화를 현지에 소개하여 알리는 일에 그쳤기 때문이기도 하다. 하지만 예술 현장의 전문가인 필자가 운영을 맡으면서, 문화원은 현지 주요 문화예술기관과 축제 등을 접촉하여, 한국예술을 초청하게 하면서, 본국의 기관 및 축제와 링크시키는 방식으로 업무 방향을 변경하였다. 수많은 한국의 문화와 예술로 프랑스 현지기관의 자체 사업화에 성공시키는 데 참여하고 기여하는 방식으로, 문화원의 역할을 주관자에서 매개자로 바꾼 것이 핵심에 있다고 하겠다.

주불 한국문화원의 프랑스 내 한국 문화예술 활동 - 2011년 사업을 중심으로

에펠탑과 세느강 건너편 이에나(Iéna)가 2번지에 2019년 여름까지 만 38년간 자리잡았던 한국문화원은 얼핏 좋은 위치에 있다고들 했었다. 실상은, 민간 아파트 건물 지층의 절반과 지하를 사용하였고, 그 길에는 통행자도 별로 없는 터였다. 이란대사관 옆에 위치한 관계로 가끔씩 통행을 막거나, 무장한 군인이 우리와 보행자를 지켜주기도 하는 안전한(?) 도심 속 외딴 곳이었다. 하지만 트로카데로(Trocadéro) 언덕이 있는 이 구역은 근처에 샤이오국립극장, 해양박물관, 기메국립아시아박물관, 팔레드도쿄, 시립미술관 등 필자가 후일 든든한 파트너로 삼은 주요 문화시설 집결지이기도 했다. 비록 필자는 지하 1층 원장실에 갇혀있고, 길에서 보기에는 아파트에 태극기가 달려 있다고 이상스럽게 보여도, 문화원 내의 활동을 극대화해서 많은 사람들이 드나드는 장소로 만들고, 대외 협력 활동을 강화해서 이웃에 버금가는 주요 문화공간이 되게 하리라는 오기와 동기를 불러 일으키는 데는 아무 문제가 없었다. 필자에게는 3 + 1년의 시간이 있었다. 그 꿈이 어떻게 실현되었는지, 아래에서 부임 4년차에 펼쳤던 2011년의 활동들을 중심으로 정리하겠다. 어떻게 또 무엇으로 프랑스와의 국제 문화교류의 창구이자 기반으로서 한국문화원이 활동하는지를 독자들이 알고 상상할 수 있는 기회가 되기를 바란다.

1. 문화원 내 활동의 역동화

'한국문화 정보, 체험, 교육의 장' 으로서 문화원 활동의 극대화 - 매일 오후 4시~9시 반 교육 프로그램. 수, 금요일 저녁 정기행사. 토요일 오후 교육

당시 파리 한국문화원은 지층으로 입장하면 중앙이 지하로 크게 뚫려있고, 좌측 안쪽으로 사무실 두 개와 작은 강의실 겸 실습실을 하나 가지고 있었다. 지하로 내려가면, 아코디언식 문으로 개방되는 40명 정도를 수용하는 강의실 겸 시사실이 있고, 상층으

로 개방된 공간인 홀이 있다. 안쪽으로는 도서관과 자료실이 있고 그 옆으로 길게 사무실들이 자리를 잡았다. 지극히 비좁고 협소하지만, 지하의 강의실 후면 접이식 벽을 개방하면 백 명 이상도 수용할 수 있는 공간으로 변화시킬 수 있었다. 이 공간들을 활용한 사업은 다음과 같다.

1) 한국어교육

한국어교육은 유료강좌로 총 15개의 강의가 주 28회 열렸다. 앞서 언급한 대로 이 중 4회는 가까운 거리의 빅토르 뒤뤼이(Victor Duruy) 고등학교에서 열렸다. 7, 8월을 제외한 두 학기제로 연중 운영하였는데, 총 400여 명의 등록생이 높은 출석률을 보이며 수강했다. 9월에 신학기가 시작될 때에는 새벽부터 까마득히 긴 줄을 서서 등록하려는 사람들의 모습이 문화원의 풍경이 될 정도로 한국어 강좌는 인기를 끌었다. 결국 한정된 공간에서는 도저히 수용할 수가 없어서, 함께 한국문화실습 강좌를 만들곤 했던 인근 고등학교의 강의실을 임대하게 되었다. 한국어 학습 수요는 계속 급증하는 현상을 보였다.

2) 예술실습

예술실습은 지층에 있는 작은 강의실에서 열렸는데, 서예, 한국화, 매듭공예, 한지 실습과 도자기 실습 등 5개의 과정이 항상 매진을 이루며, 10~15명의 충실한 학생들을 중심으로 열렸다. 도자기 공예는 제일 나중에 개설한 것으로서 한국 작가의 외부 공방에서 열렸다. 학생들의 연령대와 수준이 매우 다양하여 실습 과정을 늘려야 하나, 공간의 부족으로 불가능한 상태였다.

3) 상시적인 (정기) 문화사업

상시적인 (정기) 문화사업으로는 ① 〈유망작가 공모 전시〉를 개최하였는데, 현지 미술 전문가와 문화원 큐레이터가 1년간의 전시를 위한 공모 심사를 6월에 해서, 연 6~7회의 전시를 기획하였다. 작가 당 1개월가량 전시를 위해 문화원 로비 등의 공간을

한불 작가 도자 전시 ⓒ Jean Lee

내어 주었다. 여기에 재불청년작가회와 재불화가단체인 소나무회의 특별전도 함께 기획하였다. 프랑스 미술계에 젊고 유망한 한국 작가들이 소개될 수 있는 플랫폼 전시로 기능하였다.

　②〈기획전시〉는 한국의 전통 및 현대 문화와 관련된 특별 기획전으로 방향을 잡았다. 2010/11년의 예로는 한불 작가 도자기전, 서예, 공예, 한복 전시, 중견 작가전, 어린이 도서전, 만화/캐릭터 전시 등을 프랑스 현지 한국 작가나, 한국의 관련 기관들과 협력하여 전시하였다. 이 2종의 전시 기획으로 인해, 그간 있었던 소위 청탁이나 지시에 의한 급작스러운 '낙하산 전시'는 애초에 불가능하게 만들었다.

　③〈젊은 음악인 연주회〉는 문화원 홀에서 매월 첫째 수요일 점심시간에 12시 반부터 한 시간 동안 '파리뮤직포럼'이란 이름으로 개최하였다. 세계 최고의 음악학교 중 하나인 파리고등음악원의 박혜영 교수와 협력하였다. 음악을 전공하는 한국 유학생들에게 학교 학사과정에 통과해야 하는 콩쿠르를 준비할 때, 관객을 만나서 연주할

한불 연주회 © Jean Lee

기회를 제공하였다. 문화원 주변의 많은 직장인들이 점심시간에 샌드위치를 먹으며 음악을 감상하고, 한국문화원을 친근한 공간으로 여기게 하는 데 또 다른 기획의도가 있었고, 종종 자리를 꽉 채웠다. 연말에는 또 다른 단체인 아파쇼나타(Appassionata) 협회와 공동으로 저녁시간에 갈라음악회도 매년 개최하였다. 모든 연주회는 무료 관람으로 진행되었지만 출연자에게는 소정의 출연료를 지급하는 프로패셔널한 초청 연주의 예는 갖추었다.

④ 〈한국음식시연회〉는 매월 첫째 금요일 저녁에 열었다. 취사를 할 수 있는 법적인 자격이 없었기 때문에 담당 강사가 미리 준비를 해온 것을 토대로 간단히 조리할 수 있게 하였다. 일상의 가장 손쉬운 음식부터 잔치 음식에 이르기까지 계속된 이 강좌는 대성황을 이루며, 문화원 밖의 공간으로 확장되어 요리학원의 형태로 발전되기에 이르렀다.

⑤ 〈한국영화상영회〉는 매월 2, 4주차 금요일 저녁에 열렸다. 30년 이상 많은 영

화 행사를 하면서 확보된 필름 카피가 100편 이상 보관되어 있었고, 이후 DVD로 계속 구매하거나, 공급받아서, 이것들을 활용하여 시리즈를 만들어 상영하였고, 이 또한 좌석이 모자라 다 수용할 수 없는 실정이었다.

4) 연중기획 계속사업

매년 개최되는 연중기획 계속 사업은 특별한 목적으로 기획되어 비교적 큰 규모로 임팩트를 주는 사업이다. 필자가 부임한 후 바로 기획을 시작하여 4년간 계속된 지속 사업으로서 매우 의미있는 성과와 파급효과를 얻을 수 있었다.

①〈한국 문화·문명 강연회〉는 매년 3월부터 5월까지 석 달간 매주 수요일 저녁에 개최되었다. 물론 프랑스인들을 대상으로, 프랑스어로 – 특별한 경우엔 프랑스어 통역을 통해 – 진행되었으며, 지하 큰 강의실의 아코디언 벽을 개방하여 매회 100여 명의 청중을 수용하였다. 프랑스에는 제법 많은 한국 문화와 문명을 전공한 프랑스인 전문가들이 있다. 그들과 재불 한국인 예술가, 학자들도 문화원의 초청 강사였다. 이 강연 시리즈는 젊은 프랑스인 전공자들을 널리 소개하고, 그들에게 강의를 할 기회를 제공하기도 하고, 다양한 분야의 한국 문명에 대해서 많은 프랑스 일반인들에게 알 기회를 제공하였다. 국립 기메아시아박물관이나 강 건너의 깨브랑리박물관과도 함께 하면서, 강사들을 그들의 문화교실과 공유하며 새로운 프로그램을 만들어내는 터전으로도 이용되었다. 필자는 한국의 연극과 공연예술을 강의하였고, 판소리 연주와 강연을 함께 하는 렉쳐콘서트, 유교건축, 한국영화, 한국 게임/애니메이션, 한국 고미술, 도시사회학 등 수많은 전공자들과 테마를 발굴하고, 소개하는 즐거움이 있었다. 매년 10회 전후의 강연을 기획하였다. 해를 거듭하며 한국 문화, 문명, 예술 전문가들이 파리의 여러 구에서 문화교실을 하거나, 박물관 교육에 참여하는 등 파급효과는 기획사업보다 더 확대된 성과로 연결되었다.

②〈어린이축제〉는 매년 11월 셋째 주에 일주일 동안 열렸다. 문화원이 위치한 파리 16구를 중심으로 초등학교의 교외학습 프로그램으로 제공하였다. 16구에는 50개의 초등학교가 있는데, 매년 30개 정도의 학교를 수용할 수 있었다. 수요 폭증으로

원내 〈어린이축제〉 중 전시와 서예 실습 ⓒ Jean Lee

인하여, 2010년에는 지난해에 오지 못한 초등학교만을 초청하는 행복한 민원 처리 행사를 하게 되었다. 전시는 더 길게 했지만, 축제 일주일간, 주로 오전 시간에 5개의 체험, 감상, 교육 프로그램을 구성하였다. 한지 실습, 붓글씨 체험, 민요교실, 타악실습, 미술, 음식 만들기 등 다양하게 구성을 바꿔가며 어린이 행사를 만들었다. 한국에서 온 손님들이 어린이들의 구음 사물놀이 교실을 보며 입을 다물지 못한 적도 있었다. 또, 아이들이 붓글씨로 자신의 프랑스 이름을 한글로 써서 기념으로 가져가게 하던 중, 재미있는 작품들이 나와서, 작은 전시를 한 때도 있을 정도로 의외의 매력적인 결과들이 나왔다.

　　문화는 이렇게 자연스럽게 퍼지는 기쁨을 느끼게 해주는 것이다. 프랑스 어린이들이 한국문화원에 가득하고, 또 부모의 손을 잡고 재방문하는, 당시 문화원 30년사에 볼 수 없었던 재미있는 풍경이 시작되었다. 2010년에는 더 많은 초등학교의 요청에 답하느라 봄에도 어린이축제를 개최하게 되었는데, 마침 프랑스어로 된 어린이 한

〈제3회 한국음식축제〉, 대형 비빔밥 행사 ⓒ Jean Lee

국 만화와 동화 전시를 할 기회가 있어서 이를 연계하기도 하였다. 이 역시 지역의 작은 도서관들과 연결하여 전시를 계속하거나, 한국 작가들이 프랑스 어린이 독자들을 만날 기회를 여러 차례 만들 기회가 생기며 파급 문화 효과를 더할 수 있었다.

③〈한국음식축제〉는 필자가 2007년 부임 직후, 여수박람회 유치를 위한 한국음식축제를 개최한 것을 계기로 매년 다른 방식으로 문화원 내, 외에서 지속되었다. 원내에서는 교육적 프리젠테이션, 시연, 강연 등 매년 다른 테마와 사업에 맞추어 보조적으로 진행하였다. 원외의 음식문화 행사들이 전략적 국제 문화교류의 기획이었기에 여기에서 함께 살펴보겠다. 한국음식축제는 매년 10월에 개최하였는데, 첫해에는 박람회 유치를 위한 예산이 있어서, 처음으로 한국 궁중음식을 유네스코 고급식당에서 유네스코와 공동으로 열었다. 과감히 일간지 르몽드(Le Monde) 목요일판 문화소식에 이 행사를 홍보하고, 최대 문화정보 주간지 파리스코프(Pariscope)의 후면을 사서 광고를 한 결과, 2주간의 사업은 첫날 첫 식사를 배식하기 전에 매진되었고, 대부

분의 일간지가 파리주재 한국식당들을 취재하기에 이르렀다. 한국의 깊은 역사가 담긴 궁중음식의 품격을 프랑스인들이 맛볼 특별한 기회를 만든 것이 언론의 관심도 집중시키고[2], 비싼 식대에도 불구하고, 조기에 매진되어, 식당의 여러 내실들을 모두 개방하여 공간을 두 배로 확대하는 성과를 올렸다.

2008년 2회에는 파리의 한식당들과 함께 무가지 메트로(Métro)에 한국에 관한 퀴즈 응답자 경품을 걸며 '파리 한식당 축제'를 열었다. 개재 첫날 오전에 준비된 물량을 넘어가게 되어, 한 달간 제공할 주거지에 가까운 한식당 이용 쿠폰을 배로 늘리고, 그도 모자라서 한식당들이 자체적으로 할인 행사를 추가하며 행복한 한 달을 보냈다. 지면 사정상 일일이 다 소개하기 어려우니, 기획 의도로 정리하겠다. 문화의 지속적이고 상시적인 교류를 위해서는 해외 현지에 있는 사업자가 가장 중요하다고 생각하여, 한식당들과 첫회부터 함께 한 일이 조금이나마 한식의 대중화에 기여하게 된 것으로 보인다.

문화부의 '한스타일' 예산이 정권이 바뀌면서 한식세계화재단으로 넘어가고, 그들은 자체 사업을 직접 하는 데에 몰두하고 있어서 파리 한국문화원은 예산을 받을 수가 없었다. 결국 제3회에는 관광공사와 ㈜전주비빔밥과 함께 대형 비빔밥 행사를 하게 되었다. 점심과 저녁 사이 시간에 시내 중심의 가장 큰 지하철 환승역 샤틀레-레알(Chatelet-les Halles) 위의 공원 안에 있는 쌩뙤스타슈 성당(Egilise Saint-Eustache) 앞 광장에서, 파리 전통연희단 '얼쑤' 등과 함께 길놀이, 연주, 춤에 이어 600인 분의 비빔밥을 비비고, 나눠먹는 이벤트였다. 군중이 너무 몰려서 한국식품점에서 식자재를 운반하며 1,000인 분 이상으로 추가하여 함께 나누는 기쁜 비명을 울리게 되었다. 전주비빔밥사의 팀장은 "수도 없이 이 행사를 했지만, 참여자 전원이 외국인인 대형 비빔밥은 처음"이라며 감격하기도 하였다. 제4회 음식축제는 '프랑스 국립요리학교와 민간 요리학원, 문화원 연계 요리 교실'로 확대되며, 현지의 한식당과 한국식품점

---

2) 이를 위해 축제 시작 하루 전에 음식 평론가, 음식 전문기자 등의 전문가들을 초청하여 한국 궁중음식 시식회와 설명회를 열었다.

까지 합류시켜서 프랑스인의 일상에 한국음식이 들어가게, 또 프랑스 식당에 한식 재료가 합류되고, 디저트가 창조되는 길을 열고자 했다.

5) '한국문화정보센터'로서의 기능 강화

파리 한국문화원은 도서관 자료들이 비교적 풍부한 편이다. 한국문화와 예술에 대한 자료로, 한글로 된 자료도 대폭 구매를 하지만, 프랑스어, 영어로 된 자료들의 확보에 더 힘을 쏟았다. 문화원이 문화정보센터로서의 기능을 상시적으로 충분히 하지 않으면, 현장 활동의 성과는 자칫 지나가는 일이 되기 쉽기 때문이다. 한국 문화를 접한 외국인이 언제든지 문화원을 찾아와서 자료를 열람 또는 대출하면서 호기심과 만족감을 키울 수 있게 해야 한다. 신속한 업데이트를 위해서 출판이나 녹음, 영상 제작 등의 활동을 외부 기관들과 함께 하기도 하였다. 여기에서는 그중에서 한국문화의 역사와 업데이트된 현재를 지속적으로 아우르는 자체 출판이야기를 대표적으로 하겠다.

한국과 프랑스의 전문인들의 기고로 1981년부터 지금까지도 발간되는 〈한국문화 Culture Coréenne〉 잡지는 매우 질적 수준이 높은 잡지로 유명하다. 파리 주재 46개 외국문화원 중 유일하게 발간되는 계간 잡지로서, 한국의 문화, 예술, 역사, 과학, 인물 등을 깊이 있게 다루고 있다. 1986년부터 파리 한국문화원에 재직 중인, 시인이기도 한 아르세니에비치(Georges Arsenijevic) 위원이 편집장을 맡고 있다. 필자는 외부 공간을 임대하는 사업을 전혀 하지 않았기에, 이 예산을 전용하여 사업비로 사용하였다. 2009년 상반기에 8개월간의 긴 작업 끝에 이 잡지의 디지털 아카이브화를 완료하고, 전체 인쇄본은 국공립도서관과 대학에, 90개 기사를 모은 2권의 별쇄본은 한국학자, 문화계 관련기관과 주요 인사, 한국학과 등에 배포하였다. 이제는 매호 디지털로 업그레이드시키면서, 상시적으로 열람이 가능하도록 하였다. 프랑스의 국공립 도서관에서 극히 빈약한 한국관련 서적에 절망을 느낀 필자가 보완책으로서 종합적이면서도 각각 핵심을 다룬 자료를 제공하려던 숙원이 적으나마 이루어진 셈이다.

2. 문화원 외 활동의 현지화

'전적으로 주재국 파트너/한국 파트너와 함께' 하는 원외활동 – 한불 문화네트워크의 매개' 로서 문화원의 활동, 네트워크 연결, 강화 및 확대

1) 분야별 파트너십 확보 및 연계사업 개발

문화, 예술, 체육, 관광 등의 분야에서 양국의 전문 파트너십을 확보하는 계기를 마련하거나, 연계 사업을 개발하여 그들이 함께 일할 기회를 열었다. 아래에서는 요약하여 몇 가지 대표적인 사례를 들어보겠다. 프랑스의 전문가(기관)를 만나 설득하고, 일을 만들어내기까지는 긴 시간이 필요하다. 이 사례들은 필자가 당시에 20년 이상 이 분야에서 일을 하면서 맺은 관계를 연장한 것들이 많다. 다만, 이런 사업들이 문화원 단독으로 또는 한국에서 일방적으로 기획하는 것과 다른 점에 주목하고자 한다. 현지 전문가와의 협력 사업은 그 성과가 지속성과 후속 사업의 발전으로 확대되므로, 물론 국내의 여건이 뒷받침되기 어려운 경우도 많지만, 좋은 사례로 제시될 수 있을 것이다. 가독성과 실무에의 참고를 위해서 한국의 파트너가 되는 현지 기관 또는 사업을 먼저 쓰고, 세부 사업명과 한국의 주관 또는 지원 기관을 차례로 간략히 정리하였다.

① '세계문화의 전당' 과 봄에는 '상상축제', 가을에는 '국악명인연주회' 를 3년 간 정기적으로 공동 개최하였다. 주관 기관 또는 초청 기관인 세계문화의 전당이 개런티와 체제비를 지급하는 공식초청의 형식으로 다양한 전통예술가(단체)를 프로그램하였는데, 여기에는 국립국악원, 국악방송, 예술경영지원센터가 함께 하였고 전통예술관련 예술가, 단체나 기관들이 참여하였다.

② '프랑스 전국의 국립극장(Scène Nationale 또는 Théâtre National)과 축제 등에 프로그래밍' 또는 특별기획을 공동으로 구성하였다. 대표적인 몇 개의 사례를 들면 노르망디의 에브러/루비에(Evreux/Louvier) 지역 국립극장에 한국특집을 5주간 만들어서 연극 〈한국사람들〉(극단 돌곶이)과 영화 15편, 워크샵, 강연 등을 개최하였다(2008년). 디종(Dijon)의 5월 연극 축제에 같은 작품을 투어 공연하고(2009년),

아비뇽축제의 한국관. 명창 민혜성 팀과 함께 ⓒ Jean Lee

이어서 2010년에는 〈한여름밤의 꿈〉(극단 여행자)을 프로그램하였다. 2011년 리옹 아시아영화제에는 '최민식 특집'을 구성하면서, 별난 한국 특집을 선보였다.

필자가 24년 동안 참여하고 있는 아비뇽축제에는 문화원이 아비뇽 시의 도움으로 작은 예배당(Chapelle St. Denis)을 제공받아서, 한국공연예술센터를 2010, 2011년에 축제 기간 동안 한 달씩 운영하였고, 시 지원극장인 알극장(Théâtre des Halles)과 함께 한국공연들을 한 달간 유치하였다. 극장과 서울국제공연예술제의 공동 제작품 〈코뿔소〉와 이자람의 〈사천가〉가 그것이다. 세계적인 예술축제에 플랫폼 공연으로 올렸으니, 이 작품들은 이듬해부터 프랑스 내의 다수 투어나, 동, 서유럽 및 남미 공연까지 연결되는 파급 성과를 올리는 결과를 가지게 되었다.

이런 공동기획사업은 계속되어서 전통예술의 현대 창작물과 맞는 파리지역축제(Festival de l'Ile de France)와 함께 2011년, 2012년으로 연장되었다. 이런 전문 공간, 축제와의 공동기획은 한국의 문화예술위원회, 서울국제공연예술제, 예술경영지원센터, 국립국악원, 국제교류재단 등이 예술가(작품)를 파견하거나, 재정적인 지원을 담당해주었기에 실현이 가능했음을 다시 한번 확인한다. 국내의 예술전문기관(단체)이나 국제교류 관련 기관은 이렇게 해외의 전문기관이나 예술축제의 좋은 파트너가 됨으로서 서로 윈윈할 수 있는 교류를 지속할 수 있게 된다.

　③ 프랑스 문화예술 전문기관들의 기존 행사에 한국의 복합적인 문화예술 프로그램을 추가하여 '한국특집을 개발' 하는 일도 시간이 걸리더라도 매우 집약적인 효과가 큰 사업이었다. 스트라스부르의 현대음악축제에서는 2010년에 25개의 전통예술 프로그램과, 창작음악, 무용, 전시 등이 열려 이 지역에서는 최초, 최대의 특별한 해를 맞게 되었다. 프랑스의 대표적인 디지털아트센터인 CDA(Centre d'Arts d'Enghien-les-Bains)와는 부임 이후 서로 협력 사업을 조금씩 진행하다가, 2010년 6월 디지털아트 축제(Bains Numériques)에 한국특집을 함께 마련하였다. 총 18개의 전시와 복합장르의 공연 3편 등 한국의 디지털아트를 처음으로 국제적인 관련 축제에서 소개하는 기회가 되었다. 이는 이 분야의 한국 예술(가)이 전 세계의 디지털아트 네트워크에 진출하는 계기가 되면서 이후 지속적으로 해외진출, 해외작업들이 진행되고 있다.

　이제 막 출범했더라도 우리와 잘 맞는 지역축제를 찾는 일도 중요했다. 그 중 툴루즈(Toulouse)의 'Made in Asia' 축제 2회(2011년)에 한국의 해를 열어서 아시아에 대한 관심도 키워주면서, 이 축제가 한국문화와 친근하게 오래갈 우정을 만드는 일을 하였다. 지금까지도 이 축제는 계속 한국 프로그램을 훌륭히 소화하고 있다. 이 해에는 한국 무용, 판소리, 미술 전시, 한의학 서적 전시와 강연 등 10여 개의 다양한 프로그램을 만들었고, 툴루즈 시립 시네마테크에서 20편의 한국 영화를 상연하여, 매우 입체적인 한국 문화의 해를 성황리에 실현하였다. 2009년 이후 연평균 3~4 차례의 한국특집을 프랑스 여러 곳에서 이렇게 개최하였는데, 이 역시 팀프(Timf) 앙상블과 통영음악제, 아트센터 나비, 국악원 등의 공연예술단체/기관, 영상자료원과 전주와 광주 등의 지방자치단체들이 함께 하였다. 한국 지자체들이 문화적 동반자를 만나서 프랑스의 지자체와 자매관계(MOU)를 맺는 구체적인 계기가 되기도 했다.

〈엥겡레뱅 디지털아트 축제〉 한국의 해. 양국 실시간 개막공연 ⓒ Jean Lee

④ '미술기관과의 협력'은 300명 이상의 한인 체류 작가가 프랑스에 있기 때문에 대단히 중요했다. 파리시립예술단지(Cité des Arts de Paris)는 한국의 미술관, 기업, 대학들이 스튜디오를 여러 개 가지고 있을 만큼 한국과의 교류가 일상화된 곳이다. 그럼에도 불구하고 공동의 기획전을 한 일이 거의 없었다. 레지던스에 들어오는 국제적인 작가들의 작품이 전시의 주를 이루었기 때문이기도 했다. 하지만 1990년대 초반 주한국 프랑스문화원장이었던 페롤(Pérol) 당시 디렉터와의 인연으로 한국과 함께 기획하는 사업을 시작하게 되었다. 2010년에는 9인 특별전을 우리 측이 기획하고, 시테는 전 전시실을 무료로 제공하였다. 이후 2012년 11월 사진특별전도 확정했다.

풍피두센터와의 협력 전시도 2010년 한국 미술기획사 '사무소'와의 1년 연수과정을 통한 교류의 결과로서, 오랫만에 동센터의 특별전과 컬렉션에 참가하게 되었다. 2011년 5월 'Vidéo & après'라는 한국 비디오작가들의 전시는 미술관 컬렉션화로 이어지고 이를 계기로 2012년 4월에 '한국만화특별행사'를 15일간 개최하기로 하는 등 끊어졌던 퐁피두센터와의 교류 전시를 지금까지 이어오고 있다. 국립현대미술관 기획전시장인 팔레 드 도쿄(Palais de Tokyo)와는 2012년 봄에 대형 특별전을 기획하는 등 한국의 작가들에게 꾸준히 전시 기회를 여는 계기가 되었다. 이러한 주요 미술관과의 작업에도 공동 기획 및 주관을 프랑스 측 미술관이 직접하고, 콘텐츠진흥원, 한국의 민간 미술기획사 등이 공동으로 참여하여, 그들 간의 파트너십을 강화시키도록 한국문화원이 사업 협력, 매개의 역할을 하였다.

⑤ '박물관과의 협력'은 위에서 언급한 전시나 예술교육 프로그램 이외에도 공연을 함께 기획하며, 박물관 내 한국 관련 전시물에 대한 관심을 키우는 일을 했다. 캐브랑리문명박물관(Musé du quai Branly)은 매우 훌륭한 공연장(Salle Lévi Strauss)을 보유하고 있는데, 마침 그 프로그래밍이 빈약한 것을 발견하고, 한국의 다양한 전통예술, 민속 공연들을 극장의 주요 공연화하는 데에 성공하였다. 차례로 열거하면 안숙선의 판소리공연(2007), 비보이와 가야금 공연(2008)을 초청하게 하고, 또 나아가 한국전통예술주간을 따로 마련하여 2010년 9월 말 2주 동안 궁중연례악, 김금화의 굿, 민속예술 관련 워크샵 5종을 10여 회 개최하는 등 추석 기간을 맞아 한국의 추석을 프랑스의 대표적인 박물관에서 체험하게 하였다. 박물관 만으로는 초청을 재정적으로 소화하기 어려워서 일드프랑스축제와 공동으로 했고, 한국의 국악원과 김금화재단이 공연을 가지고 왔다.

파리 엥발리드 군사박물관(Les Invalides)에는 소속 오케스트라가 있고 연주회장으로 사용하는 성당이 있는데, 성당 음악회를 총괄 기획하는 사람들과 연 4~5회 공동으로 한국 예술가들의 연주회를 기획하였다. 바이올리니스트 강동석과 피아니스트 백건우는 젊은 한국 음악가들을 발굴하여 여기에서 함께 연주하는 일들을 주저하지 않는 거장의 너그러움을 유감없이 보여주었다. 엥발리드에서 윤이상 음악회를 급히 한국현대음악회로 바꾸어, 1부에 국악기를 위한 협주회를 열고 2부에 윤이상의 음악을 담아냈던 일은 안타깝지만 다행스러웠던 시대의 에피소드로 남아있다.

⑥ '각종 미술 페어에 한국특집 기획 및 지원'은 때로는 계기성이기도 하지만, 지속 가능한 관계를 시작하는 데에는 효과적이었다. 파리에서 열리는, 1861년에 창

설된 유서 깊은 SNBA와 FIAC 3) 등의 대표적인 아트페어는 물론이고, 영화제와 문화 컨벤션의 도시 칸(Cannes), 루아르(Loire) 지방의 페르테-베르나르(Ferté-Bernard) 의 미술페어에도 한국특집 전시를 구성하여 민간 예술가들과 한국 갤러리들의 참여 를 지원하였다. 그 중에도 연중 2회 열리는 세계 최고 규모의 리빙아트페어 메종에오 브제(Maison & Objets)에는 한국의 공예디자인문화진흥원과 페어의 주최기관인 AAF (Ateniers d'Arts de France)사와의 MOU를 주선하면서, 상업적 디자인 페어이 지만, 주빈국처럼 한국을 매해 노출시키는 관계를 형성하게 되었다. AAF가 주관하는 국제문화재살롱(루브르 카루젤, 11월)에도 자매 기관으로서 좋은 조건의 참여가 계 속되게 되었다. 이천도자기축제에 AAF가 초대되는 반대급부도 아울러 열어주었다.

⑦ '프랑스 지자체와 협력관계 발전'은 가장 먼저 파리 시와 함께 하였다. 파리 주최의 10월 첫 주말에 밤새 열리는 '백야축제(Nuit Blanche)'에는 2008, 2009년 한 국 작가들의 대규모 초청 전시를 제안하여 성공했고, 전시 설치를 문화원과 삼성전자 가 지원했는가 하면, 2010년에는 문화원 내의 전시와 김금화의 굿 공연을 백야축제 의 공식 프로그램으로 결정하면서, 자연스럽게 문화원이 시각예술축제인 백야축제 의 한 공간이 되었다. 기타 다양한 전국의 10여 개의 시와 공동 사업을 제안하고 함께 열었는데, 문화예술의 도시 보르도(Bordeaux), 역사관광도시 알비(Albi)를 비롯해 서 코르시카 섬(Corse)에까지 이른다.

⑧ 그밖에, 한국대사배 태권도대회를 2009년에 창설하면서도, 이를 프랑스태권 도연맹과 함께 열고, 항상 지원을 하며 운영을 함께 하였다. 현지에서 불법체류 하거 나 또는 어렵게 운영을 하던 한국 사범들을 대회의 중심에 모시고, 수많은 공공체육 관에 그들의 태권도 교실을 열게 하는 계기가 되도록 했다. 한국 문화부의 국제체육 과도 3회부터는 적극적으로 지원을 하며 함께 하였다. 당시 프랑스의 태권도 인구는 한국을 제외하고 세계 6위의 중요한 나라인데, 아무런 교류가 없었기에, 의미있는 장

---

3) SNBA는 국립미술협회(Société Nationale des Beaux-Arts)의 약자로 매년 정기적인 전시회(살롱)를 열고, FIAC은 국제현대미술마켓(Foire Internationale d'Art Contemporain)으로 프랑스에게 가장 큰 미술 시장이다.

치로서 태권도대회가 역할을 하였다.

　　앞서 소개한 국립시네마테크와는 영상자료원의 도움으로 이만희(2010), 홍상수(2011), 신상옥(2012) 회고전을 기획하였는데, 우리의 가장 중요한 영화 파트너를 확인하는 기회였고, 이 관계는 지금도 지속적으로 발전되고 있다. 도빌 아시아영화제, 브줄 아시아영화제, 낭트 3대륙영화제, 리옹 아시아영화제와의 협력 사례는 위에서 들었었는데, 이 또한 오랜 관계가 필자의 재임 기간에 '한국의 해'를 각각 개최하기에 이르렀다. 이 파트너십은 자연스레 다른 국가로 확대되는데, 2009년 12월 모로코 마라케슈영화제에서도 한국의 해를 현지와 프랑스 파트너, 한국의 영진위, 영상자료원과 함께 30여 명의 영화인을 초청하고, 우리 영화 40편을 프로그램하는 대규모 한국 특집으로 발전되었다.

2) 현지 한국예술가 중심의 협회들과의 공동사업과 활동 지원

현지 한국예술가 중심의 협회들과의 공동 사업과 활동 지원을 적극적으로 했다. 국제 문화예술 교류에서는 무엇보다도 현지에 있는 한국 예술가 또는 한국예술을 배운 외국인들의 활동이 중요하다. 그들에게 필요한 지원과 협력을 통해 얼마나 많은 현지인들이 우리 문화예술과 친밀하게 만나는지 확인하는 일은 늘 기대 이상이었다. 그리고 그들의 성장이 곧 현지 사회 안에서의 교류 강화요 확산임을 확인했다.

　　파리, 루앙, 스트라스부르 시의 3개의 한국영화제 조직위원회는 프랑스인들과 함께 한인들이 주재국에 협회를 등록하여 결성, 활동하고 있다. 한국 영화진흥위원회와 영상자료원을 연결하여 4년 내내 이들을 지원하고 함께 사업을 하였다.

　　한인 미술작가들의 모임인 소나무회나 청년작가회는 상시적으로 함께 일을 하려 했는데, 그들의 현지 작업실 지원에도 한국 문화부의 대표로서 프랑스 측과 협상을 하고, 전시 지원이나 아트페어, 나아가 그들의 영국, 미국 전시회도 그곳의 한국문화원과 협력하여 함께 기획하고 지원하였다.

　　클래식음악 분야는 파리뮤직포럼, 아파쇼나타, 부아에부아(Voix et Voie) 등 4개의 음악 협회와 사업을 공동 기획하거나, 연주회 지원을 하며, 그들의 성장과 관객

증대에 힘을 모았다. 여기에는 젊은 프랑스 또는 외국 음악가들도 합류하게 하여, 진정한 젊은 음악인들의 발전을 위한 활동 안에서 현지 예술교류를 실천하였다.

한인과 프랑스인이 반반씩 섞여있는 풍물패가 파리에는 두 개가 있는데, 파리동남풍과 얼쑤가 그것이다. 한국에 전문 예술가 파견을 요청하여, 문화원 내와 더불어 그들의 연습실에서도 연수를 열면서 그들의 실력 향상에 도움을 주었다. 많은 사업들에 그들을 초청하여, 단순한 취미활동을 넘는 다양한 예술활동의 터를 파리와 지방에서 열어주고 있었기에, 실상 그들은 한국문화원의 파트너이기도 했다.

전문 예술가들을 위해서는, 파리빔밥(Paris Bimbap, 판소리/사물놀이 한불그룹), 벤진/수빈(판소리와 재즈), 재즈메스칼/이정주(거문고/재즈) 등의 한불융합 그룹들을 문화원이 상시적으로 지원하며 프랑스 현지에서 왕성한 활동을 하도록 도왔다. 이들은 프랑스를 넘어 2010년에는 세네갈, 모로코, 폴란드, 스페인, 이탈리아 등과 연주회를 기획하여 초청 공연을 하기도 했다.

3) 교육을 통한 미래 관객 조기 개발 및 예술가/교육자 육성사업

교육을 통한 아동, 청소년층 미래 관객 조기 개발, 애호가 및 예술가/교육자를 육성하는 사업을 개설하였다. 이는 일상적인 예술교육 수요를 현지에서 소화하기 위한 일이었다. 먼저 중등 교육과정에 한국문화실습 강좌를 개설했다. 주불한국대사관의 교육관(교육원장), 한국어교육협회와 함께 파리 및 전국의 중, 고교에 문화예술 실습 강좌를 개설하였는데, 문화원은 실습과목 개설을 정하고, 예술 실습을 담당할 한인 및 프랑스인 예술가, 교육자들을 파견하는 일을 하였다. 문화원에서 강의를 하는 예술가들은 물론이고, 프랑스 현지에 체류하는 다양한 문화활동가, 예술가들이 이 사업에 합류할 수 있었다. 한국 교육부에서는 필요한 예산을 지원함으로써 2009년부터 지속되는 사업이 되었다. 마침 프랑스 교육부장관 비서실과 교육부 내에 한국에서 함께 일했던 가까운 프랑스인들이 있어서, 매우 신속하게 개설, 확대되는 행운이 뒤따랐었다. 주재국 초, 중등학교가 문화원과 매우 중요한 파트너가 된 것이다.

사물놀이, 판소리와 민요, 한국무용, 단소 등의 전통예술 워크숍은 각각 연 1회 이상, 연수 당 3일에서 2주간 정기적으로 개최하였다. 이는 현지 애호가, 연주자 및 교육자까지 육성하는 장치가 되었다. 명창 민혜성은 2006년부터 현재까지 이 연수를 담당하면서, 제자들이 한국으로 유학하거나, 진출하고, 정기적으로 연주회를 여러 곳에서 열며, 판소리 애호가 및 학생을 늘려가고 있다. 그들을 중심으로, 교육과 프로그램을 담당했던 한유미, 페조디에(Hervé Péjaudier)가 창설한 '케이복스(K-Vox, 판소리 중심의 국악) 페스티벌'이 현재까지도 매년 열리고 있다. 이 연수 사업들은 국립국악원이 지원을 하고, 파리의 아르타, 태양극단 등이 공간을 제공하기도 하며, 파견된 예술가(단체)는 벨기에, 네덜란드로 연계하여 국악실습 연수를 유럽 사회로 확대하였다.

4) 프랑스 문화기관 실무책임자의 한국초청 및 한국문화예술 현장과의 연계

프랑스 문화기관 실무책임자의 한국 초청 및 한국 문화예술 현장과의 연계는 예술 현장에서 매우 중요한 일이다. 특히 주재국 내에서 한국 예술 프로그램을 확대하고자 할 때에는 문화예술계 네트워크의 거점이 될 수 있는 기관이나 공연장 등의 프로그램 책임자들이 직접 한국의 예술(가)을 만날 수 있는 기회를 제공하여야 한다. 물론 이때에도 모든 비용을 다 지불하면서 아무 부담없이 한국 구경 다녀오게 하는 것은 피해야한다. 각각의 기관에서 한국 예술에 대한 관심을 가질만할 때에, 그 책임자를 한국의 좋은 프로그램, 기관과 연결하여, 출장을 다녀올 수 있게 돕는 것이다. 그들을 설득하고 또 성과를 얻을 수 있는 출장이 되게 협력하는 것이 중요하다.

국립민중극장(Théâtre National Populaire) 예술감독, 파리시립극장 음악감독, 일드프랑스축제 예술감독 등은 2009년 PAMS(서울공연예술마켓)에 초청하게 하여, 각각 2010년, 2011년에 프로그래밍을 하였다. 물론 이후 현재까지도 왕성하게 쌍방향 교류를 하고 있는 대표적인 공연장, 축제가 되었다. 알비시 색의 수도 축제 예술감독도 한국을 다녀와서 한국프로그램(2011년)과 전주시 중심의 한국특집(2012년)을 열었고, 디지털아트축제 뱅뉘메릭(Bains Numériques) 집행위원장도 2008년 방한 후 2010년 한국의 해, 2011년 한국에서의 서울미디어아트축제 프랑스 프로그램을 맡게 되었다. 연극 분야에서는 아비뇽 알극장(Théâtre des Halles)장이 2009년 서울 국제공연예술제를 다녀와서 2010년 자신의 극장과 축제의 공동 제작 작품을 만들고, 2011년에는 이자람의 공연과 함께 2편의 작품을 알극장에서 아비뇽축제 기간에 유치하였다. 이 극장 역시 다양한 한국과의 공동 사업을 실현했고 또 현재 진행 중이다.

국제 문화예술 교류는 가장 먼저 사람들 간의 교류에서 시작된다. 그래서 긴 시간과 정성이 필요하지만 다행히도 필자가 많은 프랑스 협력자들을 이미 오래 전부터 알고 있었기에 짧은 시간에 다양하고 많은 사업들을 추진할 수 있었다. 이런 사업에는 당장 그해의 공연 성과를 주로 따지는 일반 행정이 예술을 지원하는 행정이 아니라 오히려 장애가 되는 경우가 많다. 전문가들끼리 만나고, 함께 협의하고, 함께 계획을 세우고 또 함께 사업을 실현하려면, 긴 시간이 필요하다. 하지만 이때 실현된 사업은 일회성 행사가 아니라, 지속될 수 있는 국제적인 협력관계의 결과로 거듭나게 된다는 것을 알아야겠다. 위의 여러 사례들은 이런 과정을 구체적으로 보여준 사업들이다. 그 결과 2013년 6개월간 프랑스에서 연 '한국예술특집'이나, 200개 이상의 한국 프로그램 초청사업들이 1년간 프랑스 전국에서 열린 '2015-2016 한불상호교류의 해'의 협력 프로그램 구성이 가능하였다.

대중예술의 확산과 국제 문화교류의 기회 확대

한국, 한국문화에 대한 인식의 변화 : 문화, 예술 한류의 확대 기반

2007~2011년까지 필자가 재직할 때의 파리 한국문화원 활동을 중심으로 얼마나 프랑스인들이 우리의 문화 예술을 체험하고 사랑하기 시작했는지를 앞에서 간략이 살펴보았다. 20년 전까지만 해도 한국전쟁과 오랜 독재정권 하에서 투쟁하던 한국의 모습이나 한국의 경제적인 발전밖에 모르던 프랑스인들을 기억해보면, 믿을 수 없을 정도의 변화가 일어났다고 하겠다. 그렇다면 이런 변화가 단지 한류의 영향으로 갑자기 일어났겠는가? 절대로 그렇지 않다. 한국의 대중문화가 유럽에서 사랑을 받기까지도 여러 단계를 거치며 시간이 걸렸었고, 그 이전부터 오랫동안 다양한 한국 문화예술이 앞서 소개한 많은 사업들을 소화하며, 전반적인 토대를 마련해 주었기 때문이다. 프랑스와의 꾸준한 국제 문화교류가 있었기 때문에, 한국의 대중문화가 단지 일정 숫자의 특정 세대에게 사랑받는 것으로 국한되지 않고, 다양한 한국 문화예술의 영역으로 확대되어 더 넓은 대중들에게 앞으로도 오랫동안 사랑받을 수 있는 기회를 열어줄 수 있게 되었다. 2011년 6월 케이팝 콘서트를 기획할 무렵까지 한국(인)과 한국문화에 대한 어떤 인식의 변화가 일어났었는지, 어떻게 해서 대형 콘서트를 기획할 좋은 기회로 판단될 수 있었는지를 먼저 정리해보겠다.

국제 문화교류에 있어서 가장 최우선적이면서도 중요한 일은 우리 문화의 현지화라고 늘 생각한다. 프랑스에서 가장 선도적인 역할을 했던 영화와 한식이 좋은 예이다. 1980년대 낭트 3대륙 영화제가 제일 먼저 우리 영화를 소개하기 시작했다. 1986

년 한국영화 파노라마와 1989년 임권택 감독 회고전을 기획하는 특별한 일이 벌어졌었다. 이는 이후 1993/94년 겨울 퐁피두센터가 한국영화제(특집)를 열 동기를 제공해주었다. 1992년 초부터 이 영화제의 준비를 필자도 함께 시작했지만 당시에는 저작권이 누구에게 있는지, 필름은 어디에서 보관하고 있는지조차도 불확실하여서, 일일이 확인해야 하는 어려움이 많았다. 필자가 유학을 하던 마지막 시기와 귀국 후 이 사업에 도움이 역할을 했던 이유도 이런 상황 때문이었다. 때마침 한국에는 영화진흥공사가 만들어져 있어서, 사업이 무난히 성사될 수 있었다. 무려 80여 편의 우리 영화가 소개되고, 프랑스어로 한국영화사 책까지 발간되는 꿈 같은 일이 벌어졌었다. 사업의 의미도 크지만, 더 중요한 점은 이 영화제를 준비하며 많은 프랑스 영화전문가가 한국영화를 알게 되었고, 다행히도 이후 양질의 한국영화들이 제작되면서 그들과 그들의 아래 세대 영화인들이 한국영화 전문가가 되었고, 지금도 프랑스 영화계의 중추적인 역할을 하고 있는 사실이다. 1990년대 중반부터 지금까지 한국 영화가 많은 성과를 내고 또 조명을 받는 일은 칸영화제(Festival de Cannes)로 또 연결이 된다. 영화제의 집행부와 여러 부문 심사위원단에 프랑스 전문가들인 그들이 포진되어 있었다.

이런 단계를 거쳐 한국영화 애호가의 숫자도 늘어가는 가운데, 세계 영화의 산실 국립시네마테크의 수차례 회고전(김기영, 이만희, 임권택 등)을 성사시킨 프로그램 디렉터 로제(Jean-François Rauger), 세계 최고 권위의 영화 전문지 카이에 뒤 시네마(Cahier du Cinéma)의 투비아나(Serge Toubiana) 대표(70년대 말~1992)와 테송(Charles Tesson, 1998~2003), 프로동(Jean-Michel Frodon, 2003~2009, 1993년 퐁피두센터 한국영화특집의 책임자) 등 역대 편집장들과 많은 영화 비평가들의 글, 그들의 한국과 30년간의 꾸준한 교류사업들로 인해, 칸을 비롯한 각종 영화제와 시네마테크, 일반 상영관, 비평계 등에서 한국 영화가 주목받고, 매년 다수의 영화가 호평을 받는 일이 지속되고 있다. 이로 인해 프랑스가 한국영화를 세계에서 가장 사랑하는 나라가 되기에 이른 것이다. 이 성공적인 교류사에서도 우리의 영화진흥위원회와 영상자료원, 부산영화제가 항상 든든한 파트너십으로 함께 하고 있었음을 확인할 수 있다.

　이런 흐름은 결국 젊은 층과 민간 차원에 꾸준한 활동과 협력의 기회를 프랑스로 열어주었다는 점에서 더욱 의미가 깊다. 2006년 한국과 프랑스의 젊은 영화인들이 모여서 만든 파리한국영화제(Festival du Film Coréen à Paris)는 민간 시테마테크의 도움으로 시작하였고, 일반 상영관 기업(Publiciscinéma)으로 협력이 확대되어 지금까지 훌륭히 성장하고 있다. 노르망디의 수도인 루앙(Rouen)에서는 루앙대학에서 한국어를 가르치고, 배우는 교수와 학생들이 지자체의 도움을 받아 2005년에 아고라 한국영화제(Agora du Cinéma Coréen à Rouen)를 만들었다. 알자스(Alsace) 지방의 수도 스트라스부르(Strasbourg)에서도 한국과 프랑스 청년들이 모여서, 유서 깊은 오디세이(Odysée) 시네마테크와 함께, 또 지자체의 도움을 받아 한국영화제(Festival de films coréens de Strasbourg)를 2006년에 시작하였다. 각각 개봉되지 않은 좋은 작품들을 발굴하여 영화제에 묶어내거나(파리), 주제를 정하여 한국 문화와 연결을 시키거나(루앙), 다양한 예술과 접목시키면서도 대중성을 갖춘(스트라스부르) 영화를 프로그램화 하면서 특색을 살려가고 있다. 지방의 국제영화제들 중 도빌(Deauville)과 브줄(Vesoul) 아시아영화제들은 한국영화가 종종 그 중심에 있기도 하며, 초청, 구성, 제작에 이르기까지 종합적인 협업의 단계에 이르렀다. 임권택 외에도 홍상수, 박찬욱, 이창동, 김기덕, 임상수, 봉준호 등의 감독들과 한국 배우들의 고정 팬들은 계속 늘어나고, 심지어 필자가 문화원장 시절 2009년 리옹 아시아영화제에서는 최민식 배우 특집을 할 정도까지 되었다.

　10개 미만의 파리의 한국 식당은 30년 가량 고투를 벌이다가, 1990년대 이후 조금씩 늘어나고, 2000년대 들어서는 급속도로 늘어났다. 1970~80년대에는 교민과 주재관, 외교관들을 위한 식당으로 10개 미만이던 것이, 1989년 국외여행자율화가 시행되면서, 10여 년간 한국인 여행자들을 위한 식당으로 20여 개까지 늘어났다. 2004~5년경부터 50개에 이르던 그 숫자는, 필자의 파리 재직 시절에는, 한인이 경영하는 식당만 파리에 110개 정도에 이르게 되었다. 이 긴 시간 동안 교민 숫자는 1,000가구 4,000명에서 5,000명 내외로 크게 늘지는 않았고, 학생의 수가 가장 많아져서, 대략 총 15,000명 이내의 한국인이 프랑스 영토에서 거주하고 있는 것으로 본다.[4] 실상 3/4을 점하는 유학생들은 한국식당의 주 고객이 될 수 없으니, 결국 파리 주재 한식당들은 주로 프랑스인 또는 다른 외국인들이 대부분의 손님이다.

매우 흥미로운 점은, 어떤 식당들이 자리를 잡고 있는가 하는 점이다. 얼핏 국내에서 상상하면, 외국인의 입맛에 맞춘 식단이거나, 대기업의 프렌차이즈가 아닐까 생각할 것이다. 파리의 경우는 그 반대이다. 물론 한국의 식재료를 이용하여 프랑스식으로 맞춤 상차림을 잘하는 식당이 최근 10년 내로 성공한 경우는 있다. 하지만 전반적으로 봤을 때, 국적불명의 퓨전 음식은 거의 존재하지 않고, 마치 서울에서처럼, 향토적인 맛을 살리고, 구이, 탕, 한정식, 비빔밥, 중식, 분식 등 전문 식단화를 각 식당이 꾀하고 있다. 프랑스의 식문화와는 전혀 다른 한국의 식문화가 파리지엥의 일상 속에 자리를 잡은 것이다. 프랑스의 예절과는 반대로 몇몇 구이 전문점 안에서는 프랑스인이 목소리를 높여 얘기하고, 술을 따라주며 어울리기도 하고, 일상적으로 먹고 싶은 요리의 종류에 따라 식당을 선택하는 우리의 관습이 그들의 생활 속에 자리잡게 되었다. 가족들이 모여서 외국에서의 삶의 자구책으로 개점했던 초기의 식당과는 달리, 이제는 한식 전문 요리사들을 고용하거나, 지방 음식 맛을 살리는 방식으로 안정화, 전문화되었다. 게다가, 노래방을 부대 서비스로 함께 준비한 식당들도 늘어나면서, 프랑스인들이 모여서 한잔하고 노래도 하는 한국식으로 즐기는 모습도 전혀 낯설지 않게 되었다.

문화다양성의 나라 프랑스에서의 한식당은 세계 어디에서와도 달리 다양한 한식이 각각 자리잡고 있어서, 고급 식당에서 분식집에 이르기까지 넓은 범위의 맛을 제공한다. 한국계 스타 셰프 피에르 상(Pierre Sang)을 비롯한 미슐랭 스타 셰프들이 한국 음식에 관심을 깊이 가지고, 한식당을 열거나, 연구를 거듭해서 국립프랑스요리학교에서 새로운 식단으로 한식을 개설하고, 프랑스 식당에서 한식을 응용한 요리를 개발하는 일도 이제는 흔히 볼 수 있는 일이 되었다. 미식의 나라 프랑스가 미식의

---

4) 2019년에는 순수 교민의 숫자만 29,000명을 상회하는 것으로 큰 변화가 생겼다.

나라 한국과 좋은 짝을 이룬 모습이다. 음식의 사례처럼, 지속 가능한 교류란 이런 현지화가 바탕이 되었을 때, 매우 창의적으로 새로운 문화를 함께 만들며, 오랫동안 함께 공유할 문화로 발전될 수 있을 때 실현되는 것이다.

1980년대부터 간간이 번역, 출판되기 시작했던 프랑스에서의 한국 문학 출판도 1995년 〈한국문학포럼 Les Belles Etrangères, Corée〉을 계기로 출판의 양이 꾸준히 늘어나게 되었다. 매년 한 나라를 정해서 그 나라의 문학을 프랑스 독자들에게 집중적으로 소개하는 국가적 행사인데, 한국의 해는 1995년 12월에 약 3주 동안, 60곳에서 문학행사를 했다. 프랑스 문화부의 도서센터(Centre National du Livre)와 한국 문화부의 문화교류과가 주관하였다. 필자는 프랑스 측이 고용한 코디네이터로서, 이미 번역되어 프랑스에 소개된 13명 작가들에 대한 다큐멘터리 영상과, 작가와 작품을 소개하는 책자를 만들고, 현장에서 20곳의 행사를 진행하였다. 하필 전대미문의 교통 총파업으로 북새통을 이루던 기간이었지만, 독자, 관중들은 걸어서 어렵지만 기꺼이 이동하며 모든 공간들을 채워주었다. 작품 낭독과 토론회에 참가하거나(퐁피두 센터), 시 낭송과 작가들의 이야기를 듣거나(시의 집 Maison de la Poésie), 국악 연주와 작품 독회를 감상하거나(여러 도서관), 작가와의 만남(여러 서점)을 가지는 등 매우 다양한 종류의 행사에 참여하였다.

악트 쉬드(Actes Sud) 같은 중견이나 소규모 출판사에서 시작한 한국문학 출판은 쐬이유(Seuil) 같은 대표적인 문학출판사로 확대되었고, 2008년경부터는 출판대기업 플라마리옹(Flammarion)사와 피키에(Picquier Jeunesse)사에서 경쟁적으로 아동출판물을 거의 매월 1~2권씩을 내곤 했었다. 전래동화, 창작동화를 거쳐 2010년부터는 공동 창·제작 동화를 발간하기 시작했다. 출판계에서도 프랑스 전문가들이 한국문학에 대한 이해와 기대가 늘어나면서, 자연스럽게 속속 출판물이 증가되었던 것이다. 1980년대와 90년대 초까지 모뤼스(Patrick Maurus), 최현무 교수 중심의 번역에서 이제는 많은 한국, 프랑스 전문 번역가들이 활동을 하고 있고, 이런 긴 문학 교류의 역사에도, 민간에서는 1993년부터 대산문화재단과, 정부에서는 2001년에 설립한 문화부의 한국문학번역원이 주요한 파트너로서 역할을 다하고 있다.

공연예술 분야에서도 앞서 소개한 징가로극단이나 태양극단의 창작을 위한 예술교류가 민간예술가(단체)의 차원에서 국제적인 높은 수준으로 비중 있게 실현되었는가 하면, 정부와 공공기관도 적극적으로 예술가들과 함께 하였다. 국립극단의 프랑스와의 공동 창·제작 사업들이 꾸준히 진행되어 프랑스 관객들을 만나기도 했었고, 1998년 아비뇽축제 한국특집 공연에 이어 2001년 파리 가을축제에서는 판소리 5대가 완창을 비롯, 10여 종의 한국 전통예술 및 음악회가 공연되는 등, 2010년 시점에서도 이미 현지 주요 축제와 공연장에 우리의 공연예술 작품들이 꾸준히 초청되어 호평을 받고 있다. 전통공연예술은 세계문화의 전당과 상상축제 그리고 기메 국립아시아박물관 오디토리움이 주된 플랫폼으로서 꾸준히 애호가층을 넓혀가며, 전통공연예술의 다양한 작품들을 소화했다. 한국 국악인들에게 "프랑스에 가면 한국전통예술을 좋아하는 관객들을 만날 수 있다"는 지금까지도 이어지는 든든한 자신감을 심어주기 시작한 시기도 이 무렵부터일 것이다. 많은 민간 예술가들과 더불어 연극과 무용은 서울국제공연예술제, 시댄스축제와 문화예술위원회, 전통예술은 국립국악원, 예술경영지원센터 등이 프랑스 전문가(기관)와 함께 지속적으로 교류를 실현하였다.

이런 다양한 예술 분야의 프랑스 현지화는 작품과 예술가들의 작업이 공연장 네트워크와 축제에 정규 프로그램화되면서, 바로 후속되는 유통이나 다양한 작품들로의 연결으로 이어졌다. 주프랑스 한국문화원도 이런 코디네이션을 할 수 있는 현지 인력의 양성에 힘쓰며, 현지에서의 왕성한 한국문화 활동 확대를 위하여 주된 미션을 재고하였다. 그간 한국 문화행사 개최의 단독 주관자라는 사업자의 입장에서, 양국의 문화예술 현장을 연결하는 역동적인 매개자로 미션을 바꾼 것이 주효했다. 결국 현지와의 공동주최 또는 현지 프로그램화을 제안하고, 후원하는 역할을 하며, 한국의 전문가들이 프랑스의 동료들과 직접 교류하도록 도우면서, 더욱 효과적으로, 더욱 다양하게 프랑스 현지 활동을 할 수 있게끔 장을 열고, 확대하는 데 주력하였다. K-pop 콘서트의 성공도 이런 맥락하에 민, 관, 현지가 공동으로 이룬 좋은 성공 사례이다.

아울러 프랑스 현지에서 교육을 포함한 한국문화 활동을 할 인력들을 한국의 기관, 전문가들의 도움을 받아 육성, 발전시키고 있었다. 이들의 활동―교육과 공연/전시―무대를 넓히는 일은 거리와 비용으로 인해 횟수가 제한될 수밖에 없는 해외 진출의 한계를 현지에서 직접 극복하게 하며, 문화적 성향이 유사한 남유럽과 북아프리카로 쉽게 확대, 연계될 수 있어서, 자연스러운 국제 네트워크를 형성할 수 있게 해준다. 문화권별 국제교류사업은 성공을 담보할 수 있는 가능성이 크다는 것을 확인할 수 있었다. 물론 이것 역시 유럽의 파트너들과 함께 계획하고, 진행하면 더욱 수월하게 사업을 실현할 수 있다. 모로코 페스(Fès)의 전통예술축제는 아프리카 최고 권위의 축제인데, 프랑스 민족예술 기획자들의 도움을 받아 한국 전통예술을 초청하게 하였다. 당시에 한국문화원이 없던 이탈리아나 스페인에서도 프랑스에서 호평을 받은 우리의 음악이나 춤이 예외 없이 사랑을 받았다. 영화는 파리 한국문화원의 필름 아카이브를 이용하여, 이 문화권 안의 국가의 시네마테크들과 교류하며, 카피를 공급하곤 했었다. 벨기에, 스위스, 튀니지, 모로코, 독일 등으로의 프랑스 연계 문화예술사업들은 매끈하게 진행되었었다.

유럽에서의 한국 대중문화 열풍(이를 한류라고들 한다)은 파리에서 시작되었다. 수많은 사람들이 5~10년을 넘지 못할 거라고 예측했었지만, 이상에서 살핀 것처럼 유럽에서의 한국 대중문화 교류는 결코 어느날 갑자기 생긴 것이 아니라 긴 시간 동안 다양하고 지속적인 문화예술 교류의 산물들 중 하나이기에 달랐다. 따라서 단순한 유행이 아니라 균형 잡힌 문화교류의 성공적인 한 단면이므로, 절대로 단시간에 가라앉을 수가 없다. 그리고 결정적으로는 프랑스의 한국 (대중)문화 애호가들의 성향이 한국이나 동남아와 달라서 그들 스스로 많은 것을 찾아내고, 그들끼리 서로 교류하면서 적극적으로 정보와 대상 문화의 매력들을 확대하기 때문에 오히려 한국 문화 전반에 대한 관심과 사랑이 커지는 좋은 계기를 만들어 주고 있다. K-pop 매니어 주변 사람들―형제/자매, 부모, 조부모, 친구들―은 그들이 K-pop을 좋아할 수도 있지만, 오히려 자신들이 선호하는 문화예술 분야에서 한국은 어떠한지 적극적으로 살피며, 호감을 보이기 시작했다.

이 모든 현상의 후속으로 한국어에 대한 수요가 급증하였다. 2012년에는 프랑스 내 8개 대학에 한국학이 전공으로 개설되어 있고, 한 학년 총수가 1,000명에 이른다. 12개 대학에 개설된 한국어 강좌에도 100명이 넘지 않는 클래스가 드물 정도이다. 2005년 이전까지 4개 대학에, 각 학년 5~10명에 불과하던 것과 비교하면 놀라움 이상의 일이다. 길거리에서 "원장님, 안녕하세요"라고 한국말로 인사하는 프랑스 젊은 이들을 만나는 일도 흔하지 않았다. 협소한 문화원 공간사정으로 인해 고등학교 강의실을 빌려서 강좌를 확대해도, 실수요의 반도 수용하지 못하는 게 현실이었다. 한국어 수요를 늘이기 위해서 수 년간 중고교에 한국 문화/예술 강좌를 넣었던 결실을 얻고서도 이에 답하지 못하는 실정이었다. 지금이야말로 2010년에 문을 연 세종학당과 42년차의 한국문화원 그리고 대학들이 서로 연계하여 한국문화, 한국어 배급의 시너지를 올려야 하는 적기이다. 교육에서도 현지화, 현지의 전문 기관과의 협력, 한국의 전문기관과의 매개야말로 한국어와 한국문화가 지속적으로, 상시적으로 유럽사회에서 뿌리내리고 사랑받을 수 있는 최선의 방법임을 다시 한번 절감한다.

유럽 최초의 대형 K-pop 콘서트를 기획하며

파리에서 K-pop 콘서트가 열리기까지

앞에서 살펴본 대로 유럽에서 일어나기 시작한 한류의 움직임은 그 자체로도 많은 유럽 젊은이들이 한국어와 한국 문화에 대한 관심으로 확산될 정도로 커져 있었다. 하지만 이는 한편으로는, 그들 스스로가 좋아서 키워온 관심의 발현이었고, 다른 한편으로는 케이팝과 한국 드라마의 질적 수준이 유럽의 젊은이들도 매료시킬만한 수준에 이른 현상이지, 정부의 종합적인 계획과 실행의 결과는 결코 아니었다. 하지만, 프랑스에서 한국문화를 통한 다양한 공적 업무를 책임지고 있던 필자로서는, 이런 환영할만한 현상 앞에서 수요자인 프랑스 젊은이들과, 이 일의 주역인 한국의 민간 대중예술가들을 구경만 할 수는 없었다. 각각 개별적인 대중문화사업들이 성공하고는 있지만, 대중문화는 유행과 비슷해서, 언제 시들해질지 알 수 없다. 따라서 필자는 뜨거운 흐름이 식고, 관심이 다른 데로 옮겨갈 수 있는 가능성을 대비하여 공적 차원에서 준비하는 것이 좋겠다는 고민을 수 년간 하며, 이런 저런 시도를 하게 되었다.

2010년 당시에는 한국 드라마를 좋아하는 인구가 훨씬 많아보였다. 대학이나 문화원에서 한국어 수요가 늘고, 자기 전공 분야에서 한국에 대한 관심이 눈에 띄게 증가하고 있었다. 부임 초기부터 관계를 맺어왔던 공중파 공영방송 France2와 최대 민영방송 TF1의 사장을 만나 한국드라마 편성을 제안하거나, 책임 피디를 만나, 이에 필요한 협조가 무엇인지를 문의하였다. TV드라마를 거의 만들지 않는 나라에서, 프라임타임에 우리 드라마를 끼워넣고자 한 것이다. 마침 그들이 한국드라마를 높이 평가하고 있어서 논의는 수월했다. 하지만 3~4% 시청률이 최고인 (미국)드라마 편성과 미국드라마에 익숙한 시청자들의 습관과 낯섦을 극복할 가능성이 보이지 않아서, 실무선에서 불발되고 말았다. 케이블이나 군소 채널에서 시작해서는 성공하기까지 너무 오랜 시간이 필요하고, 우리 드라마를 그 채널의 프로그램 수준으로 보는 선입견을 줄 수 있기 때문에, 처음부터 어려운 길을 택한 것이 시청률이라는 난제를 만난 것이었다.

이를 극복하기 위해, 바로 대상을 바꾸어 파리 시립영상관 포럼 데 지마쥬(Forum des Images)를 찾아가서, TV 드라마축제를 함께 만들자고 제안하였다. 사흘간 수준 높은 TV 드라마를 관객들에게 소개하는 축제를 2회(2009, 2010년) 진행하였지만, 결국 영화관을 찾는 관객과 TV 시청자가 워낙 달라서, 목적을 이루지는 못하고 말았다. 다만, 한국 드라마에 자막을 달아 며칠 차이로 우리 드라마를 온라인으로 배급하는 프랑스, 벨기에의 작은 회사들과 관계를 맺을 기회가 되어서, 그들이 수월하게 일할 수 있는 제도적 도움(저작권 문제)과 한국 회사들과의 소통을 원활하게 해주는 역할을 다행히도 하게 되었다. 불법 다운로드를 소액의 유료화로 바꾸었더니, 시청자가 엄청나게 늘어나는 신기하지만, 지극히 정상적인 경험도 하게 되었다. 이에 맞추어 문화원에서는 한국어 겨루기에 영화, 드라마 더빙 대회, 독후감 대회, 한국어로 만드는 한국문화관련 영상 공모 등 재미있는 일들을 기획하기 시작했다. 물론 문화원의 강좌에도, 노래(방)교실, 한국 영화 배우기 등도 개설했다.

그러던 중, 2009년 6월 어느 날 주불 한국문화원 한국어 강좌 프랑스인 수강생들 5명이 원장이던 필자에게 면담을 요청해 왔다. 대부분이 30대였던 그들은 한국어와 한국문화를 배우면서, 스스로 원하는 행사나 사업들을 기획하고자 하니, 문화원이 지원을 해달라고 간청하였다. 필자는 그들에게 문화원은 대한민국 국가 기관이고, 국가의 돈은 쉽게 개인에게 지원해줄 수 없으니, 비영리법인을 만들어 함께 하자고 제안하였다. 이후 수 년간 대활약을 했던 코리안커넥션협회(Association Korean

Connection)가 탄생되었다. 그들과 한국문화원은 다양한 문화 행사를 함께 기획하였다. 2년간 매년 여름한국문화캠프, 여름한글강좌, 명절엔 다양한 행사 등을 함께 기획하고 운영하였다. 문화원 내에서 2009년 12월에 시작한 '한국문화축제'는 2010년에는 대규모 컨벤션센터를 임대하여, 하루 종일 열렸다. 한글, 요리, 무술, 노래, 춤, 기타의 예술 등 한국문화를 경험하고, 배우고, 함께 놀고 또 그들의 한국문화 동아리들이 홍보하고 교류하는 등 2,000명이 유료로 참여하는 축제가 되었다. 문화원과 종종 함께 하는 교육자, 예술가, 체육인 등을 문화원이 초대하여, 그들과 함께 하는 판을 만든 것이다.

2010년 9월 모임에서, 대규모의 2011년 제3회 한국문화축제를 준비하다가, 프랑스 회원들은 임기가 한 해 남은 필자에게 청을 하였다. 떠나기 전에, 한국의 스타 연기자들이나, 아이돌 그룹을 만날 기회를 축제에서 만들어주면 좋겠다는 것이었다. 한 달 후, 필자는 3회 축제 대신 대형 K-pop콘서트 개최를 제안하면서, 그들의 적극적인 협력을 요청하였다. 10월 말, 최우선적으로 그들 중 공연장에서 20년 이상 근무하고 있는 회원이 2011년 6월 10일 공연을 위한 대형 대중공연장 제니트(Zénith)를 긴급히 3일간 가계약을 하였다. 코리안커넥션은 유럽 전역에 이 사업에 참여하고자 하는 회원을 늘여가면서, K-pop 콘서트 유료공연에 참여 의지를 묻는 것으로 설문을 시작하였다. 이 협회가 사업의 흥행을 위한 일체의 홍보, 마케팅을 맡기로 하였다.

필자는 우선 사업 준비를 위해 예산 만들기를 시작하였다. 가장 먼저 한국관광공사 파리 지사를 통해서, K-pop 쇼케이스 공연을 지원해주던 예산이 유효한지를 확인하였으나, 효과가 미미하여 당해 연도에 그 사업을 접었다고 답을 받았다. 여러 기관의 문을 다 두드려보다가 12월 중순이 되어서야 결국 문화부의 국제관광과로부터 한영방문의 해 홍보 예산 일부를 받을 수 있는 도움을 얻게 되었다. 유료 공연으로 수익도 올릴 수 있는 사업을 기획하는 터라, 우선 지급해야 할 비용에 대한 예산이 문제였는데 김현환 과장—2022년 현재 문체부 1차관—이 필자를 믿고 과감히 결정을 내려주어 힘을 받았다.

다른 한편으로는 2010년 France2의 특집 한국문화 다큐멘터리 제작을 함께 했던 SM엔터테인먼트사와 협의를 시작하였다. 처음에는 관의 사업에 참여하기 꺼려하고, 외교적인 행사에도 미온적일 수밖에 없는 민간 기업의 입장 때문에 한 달 이상을 난감해 하였다. 이때 코리안커넥션에 회원으로 등록하며 참가하겠다는 희망자 숫자가 두 달 사이에 8,000명을 넘어갔다. 결정에 미온적이었던 엔터테인먼트사를 설득할 필요가 절실해졌다. 이 사업은 외교행사도, 정부 행사도 아닌 프랑스에서 한국문화애호가들이 열정적으로 준비하는 사업을 한국문화원이 돕고 있으며, 총책임자인 필자는 일반직 공무원이 아니라 문화기획 전문가라고 SM에게 밝혔다. 정부의 국고 지원도 준비된 상황이고, 이 예산도 SM의 콘서트사업을 위한 경비로 쓰면 된다는 내 제안을 두루 검토하느라 또 한 달여가 흘렀다. 해를 넘겨 1월 말이나 되어서야 SM은 자체 사업으로 진행하면 하겠다고 결정을 알려왔다. 3개월간 애태우며 준비한 사업이 이제서야 허공에서 땅으로 내려와서 발걸음을 내딛기 시작했다.

〈SM Town Concert in Paris〉로의 결정, 놀라움이 이어지는 현장

콘서트 개최 결정 후, 2011년 2월이 되어서야 필자는 이수만 회장과 연결이 되었고, 당장 콘서트 입장권을 구매하겠다는 사람들도 4개월 전인 2월에 이미 1만 명이 넘어갔다는 소식에, SM은 전체 아티스트가 다 참가하는 타운콘서트로 하기로 사업을 발전시켰다. 또, 그들의 국제 사업 파트너인 라이브 내이션즈(Live Nations)사가 콘서트 준비의 전문적인 일을 맡고, 3개월 전에 티켓 예매를 시작하였다.

　프랑스에서는 볼 수 없었던 사고가 터지고 말았다. 첫 번째 놀라움이다. 15분 만에 6월 10일 콘서트 7,000석 전석이 예매되어, 인터넷 예매가 익숙하지 않았던 회원들 다수가 예매처에 줄을 서 있다가 표를 구입하지 못하는 일이 발생했다. 월요일 오전에 벌어진 일이었다. 스탠딩석 60유로부터 최고 150유로에 이르는 그해에 가장 비싼 입장료에도 불구하고, 수많은 나라에서 접속하며 바로 매진이 된 것이다. 기다리며 일을 함께 했던 회원들에게는 불행했지만, 결과적으로는 다행스런 일이 된 이 사건이 풀린 것은 아이러니하게도 당일 오후부터 암표 가격이 마구 뛰기 시작했기 때문이다. 이틀째 500유로까지 오른 것을 보고, 필자는 결심을 하였다. 협회 회원들을 수요일에 소집하여 회의를 하였다. 이틀 후 금요일에 플래시몹을 열 것을 부탁하였다. SM을 설득하여 콘서트를 한 회 더 만들어서 암표상들을 무력화시키면서, 회원들이 공연을 볼 수 있게 해야 하겠다는 목표에서였다. 가끔씩 유명 아이돌이 오면 번개팅을 통해 회원들을 모아서 잠시 사인회도 하고, 만남의 기회를 만들어 주었던 경험을 기억하며, 파리와 보르도에서 콘서트를 한 회 더 열어달라는 시위를 하자고 제안을 하였다. 50~60명은 쉽게 모았기에 자신이 있었다.

특파원들에게 연락을 해서, 재미난 취재를 부탁했다. 회원들에게 KBS를 위해서는 한국말을 잘하는 남녀, MBC에는 노래를 잘하고, SBS에는 수려하고 재기있는 한 쌍을 준비시켰다. 플래시몹 당일에 일어난 두 번째 놀라움. 루브르박물관 입구 피라미드 앞에서 만나기로 했는데, 300명이 넘는 많은 젊은이들이 운집했다. K-pop 커버댄스를 추면서, 피켓을 들고 함께 즐기며 시위를 하고 있었다. 카메라에 필자가 잡히면 안 되는 관계로 길 건너에서 휴대폰으로 회장에게 지시를 하면서, 연출 아닌 연출을 하였다. 결국 한국 방송 3사의 저녁 뉴스에 영상과 함께 충격적인 즐거운 소식이 한국에서 소개가 되고, 필자도 여러 통의 전화를 받게 되었다. 이웃한 독일, 벨기에 등 한국대사관들에서도 요청이 밀려왔다. 아이돌들이 파리까지 오는 김에 이웃 국가에도 보내어 행사를 해달라는 청이었다. 정중히 이 콘서트는 정부 행사가 아니라, 민간기업이 여는 사업이고, 파리 한국문화원은 함께 준비할 뿐이라고 답하며, 대사님들을 콘서트에 초대하겠다고 했다. K-pop 아이돌들을 잘 모르는 필자는 문화원장실에 그들의 사진을 걸어놓고 얼굴과 이름을 익히며 그들을 맞을 또 다른 준비도 시작했다. 쉽지 않았다.

최고 수준의 SM엔터테인먼트사는 바로 준비에 들어갔다. 라이브네이션즈는 6월 11일 토요일에 제니트 극장에 잡혀 있던 공연을 다른 곳으로 옮겨주고, 하루 더 콘서트를 잡았다. 세 번째 놀라움이었다. 아티스트들은 힘들겠지만, 6월 10일 금요일에 2회 공연을 하면 될 것이라고 생각하고 벌인 일인데, 기업이 직접 이 문제를 해결

해냈고, 필자는 그제서야 콘서트가 4시간에 이른다는 것도 알게 되었다. 도저히 하루에 두 번 할 수는 없는 대형 콘서트로 이미 발전되어 있었던 것이다. 모든 회원들은 만세를 불렀고, 이렇게 팬들과 전문기업, 문화원이 함께 준비한 유럽 최초의 K-pop 거함은 돛을 달고 순풍을 맞으며 공연이라는 목적지를 향해 항해하고 있었다. 며칠 후 2회 공연의 예매가 열렸고, 이 역시 10여 분 만에 매진되었다.

한국인이 경영하는 컨벤션 전문 여행사가 공연단의 수속과 공연 후 출국에 이르기까지 부대적인 모든 것을 맡아서 훌륭히 사업을 수행하기 시작했다. 무려 150명이 넘는 인원들이 서울에서부터 이동하여, 최소한 5박 이상을 체류해야 하는 사정에다가 상당수의 현지 인력도 필요한 대사업이다 보니, 공적으로 마련한 지원금 3억 원은 얼핏 계산해도 별것이 아니었다. SM을 돕기 위해, 오랫동안 일을 함께 했던 대한항공에 후원도 직접 부탁했다. 유럽 본부장을 만나고 또 직접 회장께 연락드렸더니, 의외의 답이 왔다. 기꺼이 항공료를 대폭 할인을 해주며 후원하겠으나 이는 절대 비밀이며, 어디에도 노출되지 않게 해달라는 것이었다. 기업 홍보가 되는 일이라고 생각해서 제안한 것이었는데, 놀라웠지만 이내 이해가 되었다. 이런 요청이 워낙 많은 터이라, 공식화시키기보다는 기쁜 일이니 안 보이게 도와주고 싶다는 것이었다. 필자는 연전에 루브르박물관 한국어 멀티미디어 가이드사업과 평창 동계올림픽 유치를 위해 조양호 회장과 함께 했었고, 몇 년 후 회장을 2015-2016 한불상호교류의 해 조직위원장으로 모시기까지 하면서, 대한항공과 같은 민간 기업들도 국제 문화교류 사업에 기꺼이 적극적으로 참여할 수 있음을 수차례 확인했다. 이 사업 외에도 삼성전자, 기아자동차, 아시아나항공사, LG전자 등 여러 기업들이 필자의 재직기간 중 문화사업을 함께 한 감사한 기억들이 즐비하다.

공연일 나흘 전부터 아이돌 그룹들이 차례로 프랑스에 도착할 예정이었다. 필자와 코리안커넥션은 또 다른 이벤트를 준비했다. 아이돌들의 공항 영접이었다. 교외이긴 하지만 플래시몹 때처럼 300명 만 모이면 꽤 즐거운 이벤트가 될 듯했다. 일부러 공항 경찰대나 소방서에 알려주지도 않았다. 그들이 군중 운집으로 인해서 놀라는 것만으로도 새로운 이슈가 만들어질 터이니 말이다. 그런데 2,000명에 달하는 인원이

제니트 공연장 입구 ⓒ Jean Lee

모이고 말았다. 네 번째 놀라움이었다. 레이디 가가 공항 환영을 능가하는 기록을 세우고 말았다. 이벤트의 순서와 질서 유지, 역할을 나눈 인력 배치를 필자와 협의하였지만, 공항 터미널은 마비되고 말았다. 한국인은 거의 없는 외국인 군중들의 환호를 받으며 아이돌들도 놀라며 기뻐했다. 결국 수많은 버스에 나눠타고 이내 사라져버리는 아이돌들을 바라보며, 펑펑 우는 젊은이들이 속출했고, 공연에 대한 기대는 최고조에 올랐다.

2021년 6월 10일 첫 공연날은 프랑스가 소장하던 조선왕조의궤 도서들이 한국으로 돌아가는 날이었다. 문화부를 대표하여 필자가 현지에서 협상에 참여했었지만, 외교부 간의 협상과 합의로 결론 맺고, 드디어 그날 외규장각 도서들이 비행기에 오르게 되었다. 주불대사는 이 업무를 수행하느라 귀국해야 했기에, 공연 전날 나를 불러 공연장으로 가자고 했다. 테크니컬 점검, 드레스리허설, 운영 시뮬레이션 등 얼마나 엄청나게 바쁜 날인지를 잘 아는 필자였지만, 방해를 무릅쓰고 대사를 수행할 수

SM Town Concert in Paris ⓒ Jean Lee

밖에 없었다. 제니트(Le Zénith) 공연장이 있는 빌레트(La Villette) 공원 안에는 벌써 수많은 젊은이들이 텐트를 치고, 자리를 펴고 공원을 꽉 채우고 있었다. 공연장 문을 열면 제일 좋은 스탠딩 석을 확보하기 위한 줄서기가 30시간 전에 시작된 것이었다. 얼마나 많은 나라에서 달려왔는지를 보여주려는 듯 그들은 국기를 들고 노래하고 춤추며 벌써 즐기고 있었다. 대사를 수행하여 여러 사람들을 소개하며 기념 촬영을 하는 등의 미션을 잠시 치르고, 필자는 그들과 시간을 더 보내게 되었다. 그들은 7개월 전에 콘서트 준비 소식을 듣고, 저축하기 시작해서 티켓과 비행기표를 구입했다는 등의 서로 다른 무용담으로 이야기 꽃을 피웠다.

초청받은 독일과 벨기에 대사 부부들과 한국 문화부의 문화산업국장과 국제관광과장이 오고, 국회의원 조윤선 등도 유럽 출장길에 연락을 해와서 초청되었지만, 그 누구도 의전 얘기는 없었다. 그렇게 우리 모두가 궁금했었던 대형 SM타운콘서트는 2011년 6월 10일 19시에 시작되었다. 영상으로만 보던 7,000명 팬들의 열광, 수많

SM Town Concert in Paris ⓒ Jean Lee

은 국기를 흔들며 환호하고 노래하는 관중들, 이들을 뛰고 춤추고 소리치게 하는 가
수들, 다섯 번째, 여섯 번째 기쁜 놀라움들은 계속 이어졌다. 그들은 모두 3시간 45분
간의 공연 내내 단 한순간도 자리에 앉지 않았다. 나는 공연보다는 오히려 그들 관객
들을 바라보고 있었다. 세상에 사는 동안 이처럼 밝고 신나는 얼굴들을 본 적이 없었
었다. 눈물이 저절로 흘러내렸다. 나를 본 교민들은 달려와서 껴안고 울었다. "30년
이상 파리에 살며 이런 날이 올 거라고는 꿈도 꾸지 못했어요."라며 발을 구르고, 필
자를 껴안으며 소리쳤다. 무대에 오른 아이돌들도 우리의 모습과 크게 다르지 않았
다. 백스테이지에서 만난 그들도 격앙된 음성으로 "한국인은 없는데, 모두 다 한국말
을 해요! 한국 팬이랑 똑 같아요! 너무 좋아요!⋯⋯" 울먹이며 기뻐했다.

이 사업에는 국제적인 음반사와 매니지먼트사들의 대표, 케이팝 유럽 작곡가들
등 수십 명의 업계 주요 국제 인사들이 모두 초청되었다. SM이 콘서트를 통해 퍼포먼
스를 직접 볼 기회와 서로 만나서 비즈니스 할 기회를 동시에 연 것이다. 정부 지원금

과 공연 수익을 아낌없이 기업의 가치 증대에 사용하고 있었다. 6개월 이상을 투자하고, 공기금을 이용해서 K-pop이 유럽으로 통하는 길과 장을 열고 싶었던 문화원장으로서 필자는 한류를 위한 민간의 실력과 노력을 실제로 느끼며 경험할 수 있었던 소중한 시간들이었다.

극장 대관, 수차례 설문조사, 루브르에서의 플래시몹, 대규모 공항 환영, 콘서트 홍보 등 모든 사전 준비를 코리안커넥션협회의 프랑스인 회원들이 거들어 주었고, 우리 측의 SM엔터테인먼트사가 자사 사업으로 확대시키면서, 라이브 네이션즈라는 초대형 콘서트 국제 프로덕션과 함께 성사된 사건이었다. 또한 정부의 지원도 적절했다. 한마디로 민관, 현지인이 열정적으로 준비한 무대였다. 물론 세계 최대사라는 현지 프로덕션도 우리들처럼 깜짝 놀랐고, 프랑스 팝업계에서의 반응도 뜨거웠다. 당장 K-pop의 현장 진출이, 행사 성과뿐만 아니라 후속 사업의 수월성까지 획득하게 된 것이다. 인터넷 K-pop전문 라디오가 20만 명 이상의 고정 청취자로 활성화되고, 수많은 팝 미디어와 심지어는 일본 대중문화잡지까지 K-pop 특집호를 낼 정도로 뜨거운 반응을 보였다. 이 공연으로 인한 후속 사업들의 성공을 예견하게 하는, 전문가 네트워크 안에서 호의적 평가를 받은 것도 가장 큰 성과들 중 하나일 것이다. 물론 여기에는 SM의 십수년에 걸친 최선의 투자 – 인터넷 상의 동영상 및 음악, 가수들의 질적 수준 향상 – 가 최우선적인 기반이었음도 놓치지 말아야 하겠다.

2011 SM Town Concert의 후속 효과

앞에서도 언급했듯이 문화사업은 사업 자체의 성공도 중요하지만, 그 사업의 후속을 어떻게 이끌 수 있는가가 더욱 중요하다. 애초에 최초의 유럽 대형 K-pop 콘서트를 어떻게 열건가의 고민에서, 이 분야의 일을 하는 가족을 통해 KBS와 함께 하려고도 생각했었고, 대중음악 관련 협회와 할까도 고민했었다. 하지만 바로 이런 사업의 연계나 후속을 위해서, 설득이 쉽지 않더라도 직접 민간 엔터테인먼트사와 하기로 결정한 것이었다. 그때, 방송사와 협회 관계자에게는 2, 3차 사업을 추진하겠다고 약속을 했었다.

6월 콘서트에 대한 현지의 열화 같은 반응은 이런 약속 이행을 매우 수월하게 해주었다. 우선 프랑스 대중문화 기획사로부터 제일 먼저 접촉을 받았다. 그들이 사업을 하고 싶다는 것이었다. 필자는 즉시 KBS 예능국으로 연결을 했고, 기획사는 최초로 KBS 뮤직뱅크 공연을 '구매'하였다. 흥행에 대한 부담으로 2011년 12월 개최에서 2012년 2월로 연기되고, 의사소통이 원활하지 못한 등의 우여곡절 끝에 결국 이틀 공연이 하루 공연으로 바뀌었지만 가장 대규모의 베르시 다목적 공연장에서 열리게 되었다. 필자는 2011년 9월에는 귀국을 한 상태에서 KBS를 도와주긴 했으나, 방송사와 현지 기획사가 연계하여 진행한 콘서트는 아무래도, 기업의 사업이기보다는 행사에 가까운 느낌이 들었다. 하지만 이 뮤직뱅크 공연 역시 12,000석 매진 사례에 대성황을 이루었다. 이어서 5월에는 슈퍼주니어의 단독 콘서트가 제니트 공연장에서 또 한 번 성공을 거두었다. 빅뱅의 유럽 콘서트도 이어지고, 특히 싸이의 파리 공연은 또 다른 정점을 찍었다. 지금까지 긴 기간 이어지는 방탄소년단의 인기는 이런 과정을 거쳐서 드디어 K-pop이 프랑스 대중문화의 큰 축을 형성하는 데에 결정적인 역할을 하게 되었다. 수년 전부터 유럽에서 서울로 여행하거나, 유학을 오는 젊은이의 숫자가 가장 많은 국가가 프랑스로 잡히면서, 양국의 국가원수들이 약속한 2015-2016 한불상호교류의 해 준비와 성공에 날개를 달아준 계기가 되었다.

한국 예술가들과 그들의 작품이, 또 한국 고유의 문화가 적어도 프랑스 사회에서는 어떤 불리함이나, 부정적인 선입견이 없이 있는 그대로 훌륭히 소화되는 일들이 이후, 지금까지 지속, 발전되고 있다. K-pop과 드라마를 좋아하는 관객들의 만족도는 현실로 채워지면서, 그들의 친구, 가족, 동료들은 한국 영화, 문학, 공연, 음식, 패션, 코스메틱 등 셀 수 없는 문화예술의 넓은 범위에서 우리와 가까워지게 되었다. 더욱 더 중요하고 희망적인 것은, 그들의 일상 문화의 범위 안에 우리 문화가 들어갔다는 것이다. 오래된 예술 분야의 국제교류가 축적되고, 우리 문화의 매력을 삶에서 직접 전하는 어려움을 지속하다가, 이제는 대중문화 흥행의 폭발적인 힘을 받아서 다시

예술과 한국 고유의 문화로 더 큰 관심과 사랑이 돌아오게 되었다. 대중예술의 확산은 이렇게 새로운 차원의 국제 문화교류의 기회를 열어주고 있다.

국가 간 문화교류사업의 역동성과 파급력

예술작품이나 어떤 문화가 해외로 나가 관객을 만나거나, 새로운 문화 향유자를 얻는 과정은 여러 종류의 경로를 통하게 된다. 전혀 교류가 없던 초기에는 외교적인 통로를 통하여, 마치 새로운 소식을 전하듯이, 타지의 문화와 예술을 소개하고 전하는 '행사'가 벌어진다. 행사의 횟수가 늘어나고, 주재국민들의 경험이 쌓이는 과정이 축적되면, 그들 중 예술 분야의 전문가들의 관심이 먼저 확대된다. 왜냐하면 예술에서는 새로움이 가장 중요한 장점 중의 하나이기에, 그들은 낯설지만 새롭고 매력적인 외국의 예술을 통해 관객의 기대를 키우고, 예술 현장의 영역도 넓히고자 하기 때문이다. 관에서 시작된 문화예술 정보가 민간 문화예술 전문가와 관객들에게 옮겨져서, 이들이 자체적으로 교류하는 단계로 변화하게 된다. 이때 교류의 성과에 대한 가치가 인정되면, 민간이 시작한 교류사업을 관련 전문 기관이 지원하면서, 국제 문화예술 교류사업은 확대되어 실현된다. 이 세 단계를 종합적으로 판단하고, 긍정적인 미래를 전망하면서, 관은 관련 정책을 만들게 된다. 이는 민과 관이 혼합된 전문성으로, 민간 예술가, 문화계 종사자들에게 세계로 진출하는 몇 개의 중요한 길을 열어주는 것이다. 이후, 대중 예술과 문화는 산업적인 기반을 만들어 가며, 자생적인 발전의 길로 접어든다. 반면에 순수 예술 분야는 함께 성장해 갈 해외의 협업자들을 만나고, 작품을 창작하고 발표할 기회 – 또는 예술사업 기회 – 가 확대되면서, 창작과 배급의 장이 국제무대로 확장된다. 앞에서 소개한 많은 예술사업들은 세 번째 단계, 즉 민간이 시작하고, 관이 합류하여 실현하는 단계들이다.

그런데, 종종 세계 국가들끼리는 외교적인 의미를 담아 교류사업을 결정하곤 한다. 즉, 관이 판을 깔고, 민이 합류하는 경우이다. 이때, 그 나라 문화예술의 활성화 정도에 따라, 또는 정부의 문화적 수준 – 문화에 대한 이해와 비중의 차이 – 에 따라, 자주 문화예술사업이 일회적으로 동원되는 행사가 되곤 한다. 문화예술이 외교적 국제 행사에 쓰이지만, 일회성으로 소비되는 아쉬움을 남긴다. 민간 예술가나 작품이 안정적으로 해외에 진출하는데 필요한 시간이 개인의 노력으로는 14년이지만, 국가적인 사업을 통하면 4년으로 줄어든다는 외국의 통계와 분석은 무엇을 말할까? 정부가 계획한 행사의 판을 까는 일에 문화예술 전문 기관과 민간 전문가가 주도적으로 일을 하면서, 네 번째 단계로 가기 위한 플랫폼으로서 국가적 문화교류사업이 조성되기 때문이다. 이때 모든 일들은, 예술가들과 문화계 종사자들이 자신들의 일을 가지고 국제 문화교류 플랫폼으로 들어오는 구도 안에 있게 된다. 각각의 사업에 대한 인지도가 더 좋아지고, 바로 후속 사업으로 연결되어 다음 단계의 국제 문화예술 교류로 넘어가는 트렘플린 위에 올라간 것 같은 일이 벌어진다.

한국과 프랑스 간에는 기관 간의 사업들이 많이 있었지만, 근자에 '양국 원수들끼리 합의하여 결정한 국가 간 사업'이 두 차례 있었다. 이때 양 국가는 특별 예산을 편성하기도 하고, 기존 예산 계획의 방향을 바꾸어 이 사업 성공을 위해 국가적인 차원에서 집중적인 노력을 기울였다. 그것이 바로 '2006년 한불수교 120주년 문화사업'과 '2015-2016 한불상호교류의 해'였다. 이 기간 양국민들은 각기 다른 독특한 경험을 해본 적은 있었겠지만, 그 전체적인 구도나, 의미, 성과 등을 접하기는 어려웠을 것이다. 마침 양 사업의 프로그램 책임자로 필자가 일했었기에, 이 책에서는 이 두 건의 국가 간 문화예술 교류사업을 분석적이고, 입체적으로 살펴보고자 한다. 결국은 한류의 성공으로 인해 개선된 국제 문화예술 교류의 환경이 어떻게 잘 이용되었으며, 이들 대규모 사업으로 인해 전망할 수 있는, 지속 가능해 보이는 국제 문화교류의 미래는 어떠한지를 밝혀보고자 한다.

국가 간 문화교류사업의 기초를 만들며 :
2006년 한불수교 120주년 문화사업

2006년 한불 공연예술 교류의 현주소

1980년대까지 극히 일부의 단체를 제외하고 주로 국내적 시각에 갇혀 있던 한국의 연극인과 관객들은 90년대에 들어서야 세계를 바라보기 시작했다. 그런데 막상 우리가 세계 무대로 나서기에는 지금까지도 잘 풀지 못하고 있는 몇 가지 어려움이 있었다. 우선 국내에서의 흥행조차 어려운 지경이었기에 작품을 창작할 때에 외국 관객을 염두에 둔 작품을 창작하기 어려웠다. 따라서 우연히 어떤 기회가 왔을 때에도 문화적인 차이를 넘어서는 공연으로 변모시키기 어려웠던 것이 과거의 실상이었다. 그 다음으로는 국제 교류를 위한 노하우의 결여를 들 수가 있다. 정부―주로 외교부나 문화부―가 주도하여 교민을 대상으로 하는 공연을 하거나, 외국에 파견된 공관을 통하여 한국을 홍보하는 수단으로 공연이 이용되던 과거에는 외국의 연극애호가나 공연전문가를 만나기가 어려웠다. 그나마 연극계에서는 국제극예술협회(Institut International du Théâtre, IIT)를 통하여 국제교류를 해왔으나, IIT는 1990년대에 이르러서는 주로 제3세계권 국가들의 연극 교류의 장일뿐이었다. 국제 연극시장의 네트워크 현장과는 다소 거리가 있는 기구가 되었기 때문에, 이 기구가 한국연극의 국제 공연계 진출 활성화에 기여하기에는 어려움이 있었다. 오늘날에는 많은 국제 공연예술축제가 한국에서 개최되고, 여러 극장들이 해외 공연을 초청하거나 공동 제작도 하고 있어서, 일단은 한국에서의 국제화는 이루어지고 있다고 보인다. 이를 바탕으로 하여 국제 연극 시장으로의 진출 또는 진입이 이루어질 것이다. 연극에서의 국제교류는 사람들끼리의 진정한 만남을 통하여 연극의 감동을 다른 문화의 관객과도 함께 나누고자 하는 열망의 실현이며, 예술가들의 만남이 공동 제작 과정에서 이루어졌을 때 새로운 예술적 창조를 이루어내는 것이라고 요약할 수 있다.

프랑스와의 공연교류도 처음 양국의 작품들이 각기 오가며 관객들을 만나고, 예술가들도 소개되는 차원에서 시작되었다. 첫 단계에서는 주로 프랑스의 연극이 한국의 주요 극장 무대에 오르는 일부터 이루어졌다. 1988년 프랑스 국립극단 코메디프랑세즈(Comédie Française)의 〈서민귀족 le Bourgeois Gentilhomme〉(사바리 G. Savary 연출, 세종문화회관)이 서울올림픽에 즈음하여 한국에서 공연되면서 수준 높은 프랑스 연극 공연이 소개되기 시작했다. 다음 해에는 연극의 해를 맞이하며 국제적으로도 유명한 테아트르 드 뤼니테(Théâtre de l'Unité), 루아얄 드 뤽스(Royal de Luxe)가 서울과 지방에서 공연을 함으로써 정상급의 거리극 공연들도 한국 관객과의 만남을 시작하였다. 반면에, 한국 공연의 프랑스 여행은, 1980년대 초반 자유극단이 낭트(Nantes) 연극제 참여하거나, 1989년 극단 산울림의 〈고도를 기다리며 En attendant Godot〉가 아비뇽 off 축제와 파리의 씨테 위니베르시테르(Cité Universitaire) 극장에서 공연되었으나, 상대적으로 조망받기 어려운 환경에서 프랑스 관객과의 만남의 계기를 만들었다. 주한 프랑스문화원과 한국 정부의 공적 지원으로 공연이 성사된 프랑스의 경우와는 달리, 한국 민간 극단들은 공연 기회와 흥행을 모두 스스로 책임져야 하는 어려운 해외 공연을 했던 것이다.

하지만 그 후, 자유극단의 〈햄릿〉(김정옥 연출)이 1993년 파리의 롱푸엥극장(Théâtre du Rond-Point)에서 상연된 것은 한국 특집 행사로 기획되어, 주요 공연장에 진출한 첫 케이스로서 의미가 있다. 이전과 후에 자유 극단의 다른 작품이 프랑스를 오간 적이 있으나 IIT를 통해 초청되어 일회적으로 끝난 아쉬움이 있었던 것과 비교하면, 비록 후속은 이루어지지 않았어도 파리의 일반 관객을 만날 수 있는 좋은 기회가 되었었다. 반면, 프랑스 연극의 한국 공연은 1990년대 초반 이후 꾸준히 늘어났다.

모두 우리가 체제비와 공연료를 지급하는 정식 초청 공연이었다. 필자가 관여했던 공연들을 몇 가지만 언급하면 다음과 같다. 1993년엔 기 알루슈리(Guy Aloucherie)의 〈매일 만나기에 우리는 너무 사랑했었다 On s'aimait trop pour se voir tous les jours〉가 서울연극제에 초청되었고, 서울, 부산, 청주를 돌며 창작 워크숍(atelier)과 공연을 하고 관객과 연극인들을 직접 만났다. 잘 짜여진 희곡이 아닌 일상의 말들과 강한 신체적 표현이 중심에 놓인 이 낯선 작품의 신선한 영향은 바로 한국연극 현장에 이어졌었다.

또 특기할만한 사항 중 하나는 1996년 레자르쏘(Les Arts-Sauts)의 방한 이후 레잘라마스 지브레(Les Alama's Givré), 레그룸스(Les Grooms) 등의 거리극 단체의 공연들이 급격히 많아졌다는 것이다. 야외의 열린 공간에서, 우리 관객의 적극적인 반응이 공연을 더욱 생생하게 만들었기에, 프랑스 거리극 단체들도 한국 관객에 대해 깊은 호감과 좋은 인상을 가지게 되었다. 무대/객석의 경계가 거의 없는 우리의 전통연희와 마당극에 익숙한 우리 관객들은 편안해 하며 즐기고 공연에 참여했었다. 또 친근한 일상의 공간에서 자유롭고 즉흥성도 강하면서도 매우 창의로운 거리극의 발상이 축제적인 분위기와 함께 어울려 신선함을 더했었기에, 이 분야의 공연들이 가장 많은 한국 여행을 했다. 1997년 과천마당극축제 창설을 시작으로 해서 한국에서 많은 거리극축제가 생기게 된 것도 이 장르의 적합성과 닻을 잘 내린 국제교류의 성공적인 후속 성과이다.

이 시기에 내한한 가장 큰 프랑스 연극은 앞서 자세히 소개한 세계적인 명성을 가진 태양극단의 〈제방의 북소리〉(2001년)였다. 총 6회 공연에 유료관객으로 객석을 완전히 채우는 성공 사례를 낳았고, 이후 한국의 공연 창작에도 많은 긍정적인 영감, 영향을 주었다. 이런 일회적인 여행뿐만 아니라, 1994년 처음 초청되어 내한 했던 필립 장티(Philippes Genty) 극단은 2004년까지 총 4차례 한국 공연을 함으로써, 그들의 고객층이 확보될 정도로 인지도가 높아지게 되었다. 이런 초청들은 처음 공기관에서 시작하여 예술축제로 확대, 시행되고 있지만 이후에는 지역 공공극장, 사설극장으로 연결되는 바람직한 경향을 보이고 있다. 한국의 공연이 프랑스로 가는 경우도 본격적으로 일반 관객을 위한 프로그램으로 들어가는 변화가 있었다. 앞에서 소개한 1998년 아비뇽 페스티벌의 〈한국의 밤 Les Coréennes〉이 9일간 불봉야외극장(Carrière Boulbon)에서 축제와의 공동 제작으로 공연되었고, 이후 2006년까지 이 공연의 여러 부분인 정악, 한국무용, 민속악, 사물놀이 등이 유럽 여러 나라에 초청되었다. 극단 돌곶이의 〈우투리〉도 2004년 카르투슈리(Cartoucherie, 태양극단)의 축제에 초청되어 9일간 공연하며 일반 관람객을 만났다. 그 후속으로 같은 단체는 〈한국사람들 Les Coréens〉(비나베르 Michel Vinaver 작, 김광림/변정주 연출)로 노르망디 지방 에브뢰(Evreux)와 디종(Dijon)에 초청받게 되었다(2008, 2009년). 이처럼 한국의 공연도 1~2회 공연에 그쳤던 방문의 형식에서 벗어나 프랑스의 공연장 또는 축제에 정규 프로그램으로 진입하는 발전을 이제 막 시작한 것이다.

공연이 오고가는 단순한 한불 연극교류가 이어지면서 다른 한 편에서 예술가들의 교류 내지는 공동 창작의 형태로 발전되었다. 앞에서 자세히 설명하였지만 다시 요약해보면, 국립극장은 '해외명작시리즈'의 일환으로 프랑스 연출가를 초빙하여 제작하는 일을 지속하였다. 1993년 라신느의 〈앙드로마크〉(아미아스 연출), 2000년 같은 작가의 〈브리타니퀴스〉(메스기슈 연출)가 한국에서 초연되었고, 2004에는 몰리에르의 〈귀족놀이〉(비니에 연출)가 제작되었다. 이 경우에도 처음 단순한 예술가 초청, 연출에서 2004년에는 프랑스 브르타뉴 국립연극센터와 공동 제작을 하여, 서울 국립극장에서 2주, 로리앙극장에서 시즌 개막 공연으로 6일간 공연되며 본격적인 공동 제작, 프랑스 극장 네크워크로의 진입을 시작하였다. 물론 이런 공동의 작업은 이전에도 있었는데 모두 좋은 성과를 거둔 것으로 보였다. 1996년 징가로의 〈일식〉에 시나위합주단과 판소리 창자가 참가하여 3년간 공연하거나, 1999년 태양극단의 〈제방의 북소리〉의 창작을 위해 타악연주자가 파리에 11개월간 체류하며 공동 작업을 하는 등 예술가들 간의 교류는 왕성히 이뤄지기 위한 길에 접어들었다고 보인다.

다만 공적인 기구의 협조와 지원이 꾸준히 뒷받침 된다면, 한국과 프랑스 간의 먼 거리에도 불구하고 서로 좋은 공연을 공유하고, 새로운 작품을 함께 만들어 양국은 물론 세계의 관객을 만날 날도 그리 멀지 않을 것으로 예상된다. 그간 부족했던 외국 관객을 염두에 둔 연극도 적지 않게 제작되고 있고, 수많은 한국의 축제와 극장들이 교류를 위한 이해와 기술에 있어서 많은 성장을 이루었다. 또, 현대의 한국연극이 국제시장에서 관객과 예술가들에게 매력을 줄 수 있을 정도로 발전했으니 이제 이들에게 힘을 실어주는 과제가 남아있다. 서두를 것도 없이 조금씩, 하나씩 쌓아가야 할 것이다.

공동 사업을 기획하며

한국과 프랑스 양국이 외교적인 관계를 맺은 지 당시 120년이 지났지만 문화/예술 분야의 교류는 그리 활발하지 못했고, 겨우 1980년대를 지나면서 교류가 본격적으로 시작되었으나 그 양상은 양방향에서의 동등한 차원이 아닌 불균형적인 관계를 유지해왔다. 양적, 질적 차원에서 매우 미미했었다. 다른 분야와 마찬가지로 문화예술의 국제교류도 오랫동안 미국 일변도의 관계를 유지했었기 때문이다. 매우 간헐적으로 한불 양국 정부 차원에서의 예술 작품 왕래가 있었던 1970년대 한국에서는 서울의 프랑스 문화원 시네마테크(Salle Renoir)가 프랑스 문화를 소개하는 가장 큰 창구가 되었다. 당시 영화에 대한 검열이 심했고 영화 수입에도 제한이 많았기에, 한국의 대학생, 영화인, 지식인들은 세계 영화계의 변화를 이끌던 누벨바그 영화를 비롯한 프랑스 영화와 문화를 그곳에서 향유하였다. 젊은이들은 음악과 영화 등 여러 동아리들도 만들었었는데, 그들이 오늘날 우리 영화계, 문화계의 중진들로 성장하는 데에 중요한 자양분을 제공한 곳이 프랑스문화원이었다. 수입과 교류의 한계가 있었던 시절, 자료가 풍부하지는 않지만 문화원의 도서관, 전시실은 중요한 역할을 했었고, 프랑스 정부가 한국 초청을 주선했던 레비 스트로스(C. Levi Strauss), 이오네스코(E. Ionesco) 등 많은 프랑스 학자, 예술가들은 프랑스 문화예술에 대한 이해를 넓혀준 것은 물론이고, 한국의 학자, 예술가들에게 생산적이면서도 친프랑스적인 자극을 주곤 했었다.

당시 파리 주재 한국문화원 또한 같은 기능을 하였지만 상대적으로 프랑스 내의 파장은 아직 미약하였다. 1980년에 문을 연 이래 문화원은 한국 문화 알리기에 주력을 하였지만, 초기에는 국정홍보의 수단으로 주로 사용되었었고, 그 후에도 적은 예산과 인력의 편성으로 오랫동안, 또 이 국가 간 사업을 기획하던 2005년에 이르기까지도 자주 정부 행사를 수행할 수밖에 없었다. 하지만 기록할만한 프랑스와의 몇몇 협력 사업은 당시 막 프랑스에 씨를 뿌리고 있는 우리 문화예술의 터전을 준비해주었다.

1984년 겨울, 파리 퐁피두센터에서의 제3세계 영화제에서, 당시 북한 체류 중이었던 신상옥 감독의 영화 몇 편과 남한의 영화들이 소개되었었던 것이 일반 대중에게 소개된 최초의 좋은 기회였었다. 유학생이었던 필자는 현장에서 '숨죽이며(?)' 모든 북한 영화들을 프랑스 관객들과 함께 관람하였었다. 약 10년 후, 1993년 말에 같은 장소에서 두 달간 대규모의 한국영화제가 열렸고, 이후 칸영화제에 우리 영화가 연속 선정되었고, 한국 영화 일반 개봉도 늘어나기 시작하는 수순을 밟게 되었다. 2004년에는 세계 영화의 산실인 파리 시네마테크 프랑세즈(Cinémathèque Française)에서 한국영화회고전이 열리면서 한국영화가 프랑스 대중들에게 깊이 있게 잘 소개되는 단계적 교류의 발전도 이루었다.

문학의 경우도 프랑스어 번역 출판이 물꼬를 튼 계기는, 양국의 공동 주최로 열렸던 1995년 〈한국문학포럼 Les Belles Etrangères-Corée〉이 프랑스와 불어권 유럽국가에서 개최된 이후로 보인다. 1980년대부터 악트 쉬드(Acte Sud) 같은 좋은 출판사가 한국문학 번역 출판을 꾸준히 하였었고, 그 결과 이런 프랑스의 중요한 국가 행사가 한국을 주빈국으로 결정하기에 이르렀다. 이후 번역과 출판은 활기를 얻게 되어 2000년대에 이르러서는, 영어 번역을 넘어서는 가장 많은 양의 '한국 문학작품'이 프랑스어로 번역, 출판되는 좋은 결과를 얻게까지 되었다. 하지만 공연예술의 경우에는 1970년대 이후 세계문화의 전당(Maison des cultures du monde) 등에서 소규모의 전통예술이 몇 차례 프랑스에 소개되었고, 해외에 거주하는 한국인 클래식음악가들의 활동은 비교적 빈번하였으나, 프랑스 전국에 걸친 본격적인 작품의 교류나 인적 왕래는 이루어지지 못했다. 1993년 파리 롱푸엥극장에서 한 달간 한국 공연을 특집으로 프로그램한 것이 최초의 대규모 정규 공연장 교류 기획이었으며, 이를 계기로 양국에서 활동하는 예술가와 작품 교류가 프랑스에서도 점진적으로 이루어지기 시작한 것으로 보인다. 이 역시 세계문화의 전당 디렉터인 카즈나다르(Chérif Kaznadar)가 그 극장의 대표를 맡았던 때의 일로, 인적 교류의 결과물임이 흥미롭지만, 아직 공연계나 공연장, 축제에서의 인지도는 매우 미미하였다.

이 장에서 분석하고자 하는 2007년 현재, 대한민국에는 200개가 넘는 공공공연장이 존재하며, 20여 개의 국제 공연예술 축제가 있어서 연중 활발히 프랑스의 작품과 예술가들이 한국관객 및 예술가들을 만날 기회를 얻고 있다. 즉 다양한 축제와 극장들이 주한 프랑스 문화원과 협력관계를 유지하여 연례적인 사업을 하고 있고, 불과 10년여밖에 되지는 않았지만 프랑스의 예술현장과 한국의 그것이 직접 관계를 맺고 교류를 하고 있다. 하지만 역으로 프랑스 내에서의 한국 작품의 유통이나 한국예술가들의 활동은 상대적으로 극히 미약한 실정이다. 프랑스의 전문적 파트너 없이, 오랫동안 한국 정부가 자체적으로 공연 작품을 결정하고, 모든 예산을 감당하여 공연장을 대관하고, 대사관이 직접 홍보하고 관객을 동원하는 서글픈 노력을 해왔었다.

2004년 12월 노무현 대통령의 프랑스 국빈초청에서, 120년 양국 외교관계를 기념하는 2006년에 양국에서 특별한 문화행사들을 하자고 결정이 되었다. 2005년 2월에 업무를 의뢰받았을 때에는 준비기간이 1년도 채 남지 않아서, 이미 1년 후의 프로그램이 모두 확정된 프랑스 문화예술계는 매우 난감한 입장이었다. 파리에서는 카즈나다르의 지휘 하에 파리 한국문화원을 중심으로 하여, 많은 재불한국예술가들의 전시를 중심으로 '한불수교 120주년 기념' 사업 라벨링(공식 인증)을 진행하였다. 한국 측 총책임을 맡은 필자는 문화예술 분야에서 프랑스와 사업을 해온 전문가들을 모아 준비위원회를 만들고, 시간상 어렵지만, 가능한 한 프랑스 초청사업을 만들고, 쌍방향 교류를 주문했다. 일방적, 국내홍보용 해외행사를 끔찍이 싫어하는 필자의 기준이었다. 결국 필자는, 대한민국 국고로 지원된 20개의 공연사업을 한국, 프랑스 공동기획으로 실행함으로써 121년차부터는 양국 예술교류가 동등한 협력의 차원에서 활성화되는 계기를 마련하고자 하였다.

248

1년이 채 못 되는 짧은 기획의 기간이 있었지만, 그간에 관계를 한 번이라도 맺었거나, 성과가 프랑스에서 확인된 단체와 예술가들을 중심으로 사업을 만들어, 프랑스 내의 전문 공연장의 정규 프로그램으로 채택되게 하고자 하였다. 가능하면 공동 제작이나 교차교류를 유도하였고, 최소한 프랑스 측 파트너가 직접 공연에 대한 홍보, 마케팅을 할 수 있도록 환경을 만들었다. 2006년을 계기로 향후 양국 예술 현장에서, 이번에는 특히 프랑스에서, 서로를 필요로 하고, 협의, 협력하면서 예술교류사업을 할 수 있는 좋은 계기가 되기를 바란 것이다. 처음으로 선물처럼 떨어진 국가 간 대형 문화사업의 기회를 이런 방향에서 기획하며, 공연예술의 교류에는 어떤 핵심적인 일들이 있었는지, 어떤 어려움들이 있었는지 간략히 살펴보고, 2006년에 양국이 공동으로 기획한 공연들의 성격을 정리하면서, 특히 프랑스에서 이루어진 양국 공동의 사업을 통하여 지향해야 할 미래의 방향을 짚어보고자 한다. 이 해에 주프랑스 한국문화원과 프랑스 내 준비단이 자체적으로 인증한 수교기념 문화예술사업 목록이 있었으나, 예술가 개인들의 비지원 사업이었거나, 또는 한국 정부가 일방적으로 공간을 빌려 파견하며, 예산을 투여하고, 홍보한 무료 초청 공연들이었기에 여기에 포함시키지는 않았다.

한불 공동 기획 예술사업의 의미와 문화예술 교류의 방향

1. 공동제작

준비 기간이 너무 짧아서, 예술교류 가운데 가장 긴 시간의 준비가 필요한 공동 제작 범주에는 기존의 협력관계를 최대한 활용하거나, 진행 중인 예술가 간의 작업들을 담았다. 공연의 성과로서 이런 사업의 필요성과 효과, 후속성을 살려내야 했기에, 가장 신중을 기한 기획이었다.

　우선 2004년에 시작한 한국 국립극장과 프랑스의 로리앙 국립연극센터(CDDB)

의 공동 제작 연극 〈귀족놀이〉를 들 수 있다. 국립극장은 '세계명작시리즈'로, 로리앙 측은 첫 번째 개최하는 '로리앙에서 오리앙(오리엔트)으로 De Lorient à l'Orient' 축제의 일환으로 작품을 함께 창작하였다. 연출, 조명, 무대디자인(공동), 영상제작 등을 프랑스 측에서, 연기, 무용, 노래를 위한 출연진과 음악 연주, 의상 등을 한국 측에서 맡게 되었다. 공연은 서울과 로리앙에서 2004년에 이미 성공적으로 치러졌었다. 프랑스 초연 후 다른 프랑스 극장들의 투어 요청이 바로 이어졌으나, 필요한 여행 경비와 제작비 일부를 수교기념사업 예산으로 소화하기 위해서, 초청 투어를 1년 미루게 되었다. 국립극장은 재공연을 하게 되었고, CDDB는 공동 제작자로서 프랑스 투어를 기획하고 여러 초청 공연 일정을 2006년에 맞추었다. 하지만 4개의 프랑스 공연장에서 초청 의사를 밝혔으나, 한국 측의 사정으로 두 곳으로 정리하였다. 국립 극장장과 단체장들이 모두 바뀐 가운데, 4개의 국립단체 예술가들의 일정을 한 달 이상 빼는 것이 어렵게 된 것이다. 따라서 2006년 파리의 오페라코믹(Opéra Comique) 극장에서 2주간 공연을 하고, 브레스트 지방 공연을 하는 4주 이내의 투어 공연으로 만족해야 했었다. 프랑스를 대표하는 작가 몰리에르의 작품을 프랑스의 연출가가 총 지휘를 하는 가운데, 한국의 국악기로 17세기 궁중음악가 륄리(Luly)의 음악이 연주되고, 한국예술가들의 춤과 연기로 〈귀족놀이〉는 전혀 새롭고 독창적인 창작으로 거듭남과 동시에 파리의 대표적인 공연장 시즌 개막 프로그램으로 자리를 잡는 기록도 아울러 만들었다.

세계 최고 수준으로 알려진 프랑스의 거리극 단체가 이번 기회에 한국의 예술가들과 만나 새로운 작품을 창작하게 되었다. 한국의 '과천한마당축제'와 프랑스의 극단 일로토피(Ilotopie), 한국의 마임극단 호모루덴스가 공동으로 제작한 〈요리의 출구 Sortie de cuisine〉가 그것이다. 프랑스 거리극의 창조력과 한국예술가들의 움직임, 소리, 음악이 합쳐져 새로운 공연이 창작되었다. 이 작품은 샬롱 거리극축제(Festival Chalon dans la rue)를 비롯한 프랑스의 여러 축제에서 7월, 10월에, 한국의 과천축제, 수원연극제, 서울국제공연예술제 등 많은 곳에서 8~9월에 공연되어 민간 예술단체 간의 국제 공동 창작이 다양한 배급의 성과를 거두게끔 이 국가 간 사업에 담았다.

무용 분야에서는 한국을 대표하는 김매자(창무극장)와 프랑스 루베 국립무용센터(Centre National Chorégraphique de Roubaix)의 카롤린 칼슨(Carolyn Carlson)이 공동으로 현대무용을 창작했다. 이미 서로의 작품 세계를 알고 있는 두 대가가 동ㆍ서양의 매력을 한 작품에 담은 것이다. 공연 제목도 양국의 현지에 어울리게 〈느린달〉과 〈Full Moon〉으로 각각 선정하였다. 마침 필자가 공연예술감독으로 일하던 서울 예술의 전당과 공동 기획으로 11월 3~5일에 서울에서 초연을 하고, 12월 7~9일 루베 국립무용센터에서 프랑스 초연 후 프랑스 투어를 시작하였다. 르몽드(Le Monde)와 리베라시옹(Libération) 지에 대서특필되면서 작품성에 대한 호평과 아울러 향후 무용 분야의 양국 공동 작업의 물고를 터줄 훌륭한 기회가 된 것이다.

클래식 음악으로는 한국 작곡가 황성호의 곡을 중심으로 한,불의 솔리스트들이 모여 실내악 연주회를 열 계획을 세웠다. 짧은 준비 기간 관계로 황성호의 새 곡은 빠지게 되었으나 양국의 솔리스트들이 모여 공동으로 준비한 콘서트는 성사되었다. 프랑스에서는 그라팽(Philippe Graffin), 파스칼(Denis Pascal)이 한국 측에서는 양성원과 이생강(대금)이 연주에 참여했다. 9월 22일 쌩나제르(Saint-Nazaire)의 콩소낭스축제(Festival Consonnance)를 시작으로 프랑스의 여러 도시, 10월 12일 한국 예술의 전당 연주를 비롯한 한국 투어가 기획되었다. 활동 중인 작곡가의 곡을 양국의 악기를 조화시켜 연주하는 의미있는 최상의 협연주가 되었다. 이미 왕성한 음악계의 교류에 상징적인 공동 참여 연주로 새로운 매력을 선사하였다.

사진전시로는 세계적인 작가 모리스 꾸랑(Maurice Courant)의 〈서울의 추억, Souvenir de Seoul, 1886~1905〉이 한국과 프랑스에서 동시에 열렸다. 여기에는 알베르 칸 박물관과 고려대학교 박물관이 전시 공동 주최로 참여하며, 10월~12월 양국 교류의 역사를 동시에 기억하는 계기를 양국민들에게 제공하는 전시가 되었다.

이 다섯 가지 사업은 모두 공동 제작, 공동 기획으로 이루어졌는데, 기대한 대로 공연 및 전시 자체에 더 많은 관심이 집중되었고, 양국의 다양한 장소에서 연장되거나, 긴 기간에 실현되는 성과를 거두었다. 특히 공동 제작에 대한 확신과 자신감을 주는 계기가 되어, 이후 더욱 다양한 공동 기획, 제작의 가능성을 열어주었다.

2. 교차교류

이는 기존의 교류하던 전문가(집단, 기관)들 간에 의미있는 교류의 기회를 열어 주고 자 마련된 국제교류의 한 방향이다. 특히 프로그래밍이 공연장보다는 늦게 확정되는 점을 이용하여 서둘러서 페스티벌 간의 교류를 성사시키고자 하였다. 마임을 주요 내 용으로 하는 양국의 대표적인 축제인 미모스축제(Festival Mimos)와 춘천마임축제 가 기존의 우호관계를 살려서, 2006년에도 양국의 대표작들을 상호 초청하였다. 아 울러 프랑스에서는 처음으로 한국마임주간을 열어 강연, 전시, 영상물 상영 등을 통 해 한국의 마임, 비주얼 연극 등을 집중 소개하였다. 한국에서는 5월 말 춘천에서 2004년 프랑스주간에 이어서 다양한 프랑스특집 행사를 준비했다. 두 축제로서는 양 국 수교 120주년을 계기로 더욱 활성화된 작품 및 예술가 교류를 실행할 수 있게 되었 고, 향후 양국 공연교류의 대표적인 축제로 자리 잡게 될 것으로 전망할 수 있었다.

서울국제무용축제(SIDANCE)와 몽펠리에 무용축제(Montpellier Danse)의 협 력은 양국의 대표적인 무용축제 간의 사업으로 의미가 크다. 양국 간의 무용교류사업 을 주도해왔던 두 축제는 프랑스에서 남영호의 안무, 프랑스 무용수들의 출연으로 공 동 제작 공연을 하였고, 한국에서는 브뤼마숑(Claude Brumachon)의 낭트(Nantes) 국립무용단 공연 등 다양한 프랑스 무용공연이 이루어졌다. 또한 2005년 시댄스축제 에 올랐던 〈전무후무〉라는 한국 무형문화재들의 공연이 몽펠리에 측의 기획으로 10 월에 몽펠리에 국립 오페라극장(Opera National de Montpellier)에서 프랑스의 관 객들을 만난 것은 축제 공연이 국제유통되는 길을 열어준 기회로 의미가 크다. 7~8년 전부터 활발해지기 시작한 양국의 무용교류의 장을 무용전문축제를 통해 안정적으 로 확고히 하는 중요한 계기가 되었다.

앙굴렘 만화페스티벌(Festival de la bande dessinée d'Angoulême)과 서울 캐 릭터페어 2006도 공동으로 양국을 부각시키는 사업을 진행했다. 2006년 1월 프랑스 에서는 한국의 '만화(Manhwa)'를 축제의 주요 쟁점으로 두고 전시와 작가와의 만남 등의 행사를 하였다. 한국에서는 7월에 열리는 캐릭터페어 2006에서 프랑스를 주빈국으로 하여 행사를 준비했다. 이미 서로를 잘 알고 교류를 시작한 두 축제에서 수교 120주년을 맞아 특별한 행사를 기획하여 협력의 토대를 더욱 더 공공히 한 것이다.

영화 분야에서는 가장 많은 양국 교류사업이 진행되었다. 그중 한국 한국영화진흥위원회(이하 영진위)가 지원한 사업은 11월 프랑스 시네마테크(Cinémathèque Française)에서 열린 김기영 감독 회고전이다. 수많은 젊은 영화감독들이 공통으로 영향을 많이 받았던 한국의 대표적인 거장 감독의 회고전을 통해 더욱 깊이 있는 한국영화에 대한 이해를 프랑스 관객들에게 전할 기회가 되었다. 이 사업은 프랑스의 시네마테크 프랑세즈와 한국 영진위, 영상자료원이 공동으로 진행했다. 기타 한국영화에 대한 프랑스의 수요 증대는 7개 이상의 지방 도시에서 영진위의 협조로 한국영화제를 개최할 수 있을 정도로 확대되었음을 확인할 수 있었다.

패션 분야는 한국패션협회와 파리의상조합연합회가 공동으로 사업을 진행하였다. 그 결실로 10월 초 파리에서 한국디자이너들의 갈라 패션쇼가, 10월 말 서울컬렉션 기간 중에는 프랑스의 패션브랜드들이 대거 집중 부각되었다. 이미 매스컴을 통해 널리 알려졌지만 디자이너 이상봉을 중심으로 한글을 디자인한 의상과 소품이 개발되는 계기가 되기도 하였다.

이밖에도 많은 양국의 교차교류사업들이 있으나 이 글에서는 준비위원회가 매개한 사업들을 중심으로 소개하였다. 2006년의 사업들을 계기로 더욱 왕성한 축제, 기관, 예술가단체, 개인 간의 교차교류가 이루어질 수 있을 것으로 기대할 정도로 모든 프로그램들이 성과를 거둔 것으로 파악되었다.

3. 양국 공동 기획

2006년에는 비록 일방향의 개최로 끝났지만, '프랑스 측 파트너의 적극적인 협력'으로 '한국의 예술이 프랑스 내의 정규 프로그램으로 유치'되어서 향후 예술 현장에서 전문적인 교류가 이루어질 수 있는 계기를 마련해준 것이 이 범주에서의 사업들이었다. 이 역시 그간의 양국 교류의 인맥과 기관을 이용하여, 일방적인 진출이 아니라 초청 형식을 갖춘 현지 전문 사업화의 기회를 만들었다. 간략히 열거하면, 황병기의 가야금연주(세계문화의 전당)와 박병천의 씻김굿(카르투슈리 Cartoucherie)이 2, 3월에 열렸고, 국립국악원의 음악과 무용이 플레이엘 음악당(Salle Pleyel)에서 12월에, 정가와 판소리가 11월에 기메 국립아시아박물관에서, 사물놀이축제가 12월에 카르투슈리에서, 한지공예전시가 11월 파리 바가텔(Bagatelle) 전시장에서 열렸다. 이 모든 공연과 전시는 프랑스 측 파트너들이 직접 우리의 제안을 받아들여 그들의 공식 프로그램으로 소화하였다. 이때 우리 측은 항공권을 지원하고, 프랑스 측은 현지 문화사업 주최자로서 사업의 운영은 물론이고, 예술가들의 체류와 공연료를 지불하는, 선진국들 간의 국제교류의 정상적인 역할 분담을 하였다.

이밖에도 같은 비중 또는 의미가 큰 전시, 공연들이 120주년 행사로 열렸지만 짧은 준비 기간과 한정된 국고 예산, 지원인력으로 인하여 일일이 힘을 거들어 줄 수가 없었다. 프랑스 현지에서 프랑스 거주 한국예술가들과 주불 한국대사관, 한국문화원이 힘을 모아 훌륭한 행사들을 치루었다. 2004년 12월 노무현 대통령의 국빈초청에서 급히 정해진 양국 정부간의 수교 기념 행사이었지만, 모든 사업을 관례적으로 하던 일방향성을 지양하고, 준비 기간이 짧아서 수적인 제한은 있었지만, 동등한 차원에서 정상적으로 상호 교류하는 문화사업으로 발전시키고자 하였다. 이 기회를 통하여 이제부터는 문화예술교류가 일방적으로 한편에서 작품, 예술가를 파견하여 행사를 하는 것에 그치지 않고, 우리의 문화, 예술작품과 예술가들이 프랑스의 예술계에서 정당하게 평가받고, 프랑스의 기존 프로그램과 마찬가지로 정상적인 위치에서, 프랑스의 전문가 파트너에 의해 홍보되어, 프랑스 관객을 만족시킬 수 있음을 확인하였다. 국가 간 행사의 기회를 이용하여, 2006년이 지속 가능한 문화예술교류 쌍방향 실현의 원년이 되기를 희망하였다. 우리의 예술이 프랑스인들의 삶 속에서, 또 프랑스의 예술이 한국인들의 삶 속에서 사랑받으며 성장하고, 또 양국의 예술가와 예술기구들이 향후 오랫동안 함께 일하게 될 좋은 기회가 되었기를 희망한다.

한국예술특집 연중 공동 기획 :
'한국예술의 다양한 면모' (2013)

이 기획은 한국문화예술위원회가 쌍방향 국제교류 행사로서 한국의 순수 예술을 해외에 집중적으로 소개할 목적으로 추진된 사업이다. 프랑스 전문 공공기관들이 한국의 전통예술과 문학을 초청하여, 프랑스 대중 관객을 만날 수 있었던 '공동 기획' 으로, 국가 기관인 한국문화예술위원회가 주최하였기에 이 장에서 짧게나마 그 특기할 만한 가치를 조망하고자 한다. 필자가 사업추진단장을 맡고, 김선국 프로듀서가 총괄 운영을 하였다. 이 책에서 소개하는 주목할 점은, 필자가 1990년대부터 진행해오던 한국 문학, 미술, 특히 전통예술의 프랑스 진출의 연장선상에서, 이번에는 그간의 한, 불 협력 파트너들과의 공동 기획을 통해 여러 공연들이 다양한 공간에서 열린 점이다. 먼저 민족예술축제로 세계적인 명성을 가진 '상상축제(Festival de l'Imaginaire)' 는 한국 국악을 오래 전부터 초청한 축제인데, 처음으로 여성 가곡 완창(김영기)을 2013년 5월 28일, 6월 1일 양일 간 프로그램하여 공연하였다. 아울러 이 분야에서 가장 중요한 파트너인 '세계문화의 전당(Maison des Cultures du Monde)' (관장 아와드 에스베르 Arwad Esber)은 송순섭 명창의 〈흥보가〉 완창을 10월 4~5일 양일간 공연하고, 이틀째 공연 전 오후에는 판소리 포럼을 열어, '판소리의 공연예술로서의 가능성과 음악성' 에 대해 현지 민족음악 학자들을 모아 토론하였다. 10월 10일에는 이재화(거문고), 김해숙(가야금), 김영길(아쟁), 유경화(타악) 등 한국 최고의 명인들이 모여서 '시나위 산조 공연' 을 초청하였고, 이 팀은 파리 공연을 앞둔 10월 5일 네델란

드 라사(RASA) 세계문화센터 공연도 성황리에 치렀었다. 세계문화의 전당 공연장에서는 이렇게 3종의 전통예술 공연과 포럼이 열리며, 민족음악 애호가들을 다양하고 새로운 한국 전통음악으로 만족시킬 기회를 얻은 것이다. 그들이 그간 초청하고 싶었던 레파토리를 최고 수준의 음악가들과 함께 한 기획은 한국과 프랑스 모두가 원원한 공동 기획으로 남아있다.

세계문화의 전당과 김선국 피디의 파트너십은 양국 예술가들이 만난 합동공연－잼연주라고 한다－으로 더욱 빛났었다. 작곡가이자 재즈 피아니스트인 로랑 관지니(Laurent Guanzini)는 위의 시나위 연주자들에 대금 연주자를 더해, 각각과 또 함께 한국(8월 22일, 한국의 집)과 프랑스에서(10월 8일, 파리 9대학) 독창적이면서도 더 넓은 관객층을 만나는 공연을 하였다. 시나위팀은 아울러 프랑스 국영 라디오 프랑스(Radio France)에서 방송에 출연하여 연주를 들려주는가 하면, 방송국 스튜디오에서 녹음을 하여 현지에서 음반을 출시하기도 했다. 4월부터 정기적으로 모여 연습을 한 결과로서, 세계적인 레이블인 오코라(Ocora)를 통해 출시되고, 언제든지 프랑스 국영 음악방송 프로그램에서 송출될 수 있는 준비를 마쳤다. 이런 공동 기획과 치밀한 준비는 단순히 한국 전통 예술가가 외국에 초청되어 연주회를 하는 단계를 넘어선다. 공동 기획은 전문공연장의 시리즈 공연을 통해 매니아층 관객에게 최상의 만족도를 선사하고, 지명도 높은 축제의 프로그램으로 더 많은 관객들에게 소개될 뿐만 아니라, 한국과 프랑스의 다른 문화가 만나 전혀 새로운 음악을 만들어 들려주기도 하고, 음반과 방송을 통해 이후 상시적으로 우리 음악을 들을 수 있는 계기도 마련하였다.

다른 한편에서는 프랑스 독자들에게 잘 알려진 고은, 황석영 작가 초청 행사를 만들었다. 고은 시인의 시낭송회와 독자들과의 만남은 5월 28일 브르타뉴 지방 낭트(Nantes)의 코스모폴리스(Cosmopolis)에서 열렸는데, 이곳에서 매년 5월에 열리는 〈한국의 봄〉 축제와 함께 하였다. 이 기획은 매우 친 한국문화적인 역사를 가지고 있는 대표적인 도시와, 지금도 그곳에서 왕성히 진행되는 한국 문화예술축제를 선택하였다. 낭트는 한국 영화가 전혀 세계에 알려지지 않았던 1986년에 한국영화회고전을 열고, 1989년에는 임권택 감독 특별전을 열어서 한국영화를 유럽에서 최초로 널리 알린 영화제인 〈3대륙 영화제 Festival de 3 continents〉가 열리는 도시이다. 또 유럽 최대의 에코공원 안에 '순천 정원'을 2006년 한불수교 120주년에 만든 곳이기도 하다.

필자가 한국 초청을 기획했었던 세계 최고의 거리예술단체인 루아얄 드 뤽스(Royal de Luxe)의 창작 센터가 있는 곳이기도 하여, 한국과의 문화적인 유대가 유난히 깊은 도시이다. 거문고 연주자 이정주가 체류하면서, 2011년 〈한국의 봄〉 축제를 만들었고, 한국과 프랑스의 문화교류 가교 역할을 지금도 하고 있다. 이런 이유로 자연스럽게 시인의 밤은 국악 연주와 함께 하였고, 필자에게 이끌려 행사에 참가한 여러 국회의원들 중 도종환 의원의 시 낭송회를 즉흥적으로 열자, 관중들은 한국 문화의 저력에 매료되고 말았다. 과거에 오랫동안 프랑스 최대의 해양 산업 도시였던 낭트가 문화적, 환경적 도시재생을 통해 새로운 문화 도시로 변모된 모습을 보고 매력적으로 깊은 인상을 받았던 정치인까지도 우연히 참가하여 서로의 마음에 울림을 준 공동 기획이 되었다.

프랑스에서 가장 많은 독자층을 가진 황석영 작가도 이번에는 특별히 젊은 독자들을 만나게 되었다. 파리 9대학에서 〈바리데기〉 번역 출간을 기념하여, 작품 낭독회, 강연, 관객과의 대화를 하였다(10월 9일). 대학의 2층 로비에서는 디자이너 이효재의 전통 의상과 자수 전시(10. 2~24)가 열리고 있었기에, 또 다른 파트너인 파리 9대학에서는 한국 문화(음악, 문학, 의상)에 대한 이야기 꽃을 피울 계기가 되었었다. 이전에 학술적인 파트너십으로 함께 문화정책과 문화도시 포럼을 개최한 바가 있었는데, 이번에는 예술로 영역을 확대한 것이다. 또 다른 파트너십의 연장으로는 프랑스 국립현대미술관 기획전시장인 팔레드도쿄(Palais de Tokyo)에서 6월 21일부터 9월 9일까지 한국 작가의 영상, 설치미술전시와 퍼포먼스 등이 다채롭게 열렸는데, 김해주 큐레이터가 한국인으로는 드물게 국립미술관의 큐레이팅을 하고 있어서, 서로에게 좋은 계기가 될 수 있었다.

이 공동 기획이 확인시켜 준 흥미로운 점은, 현지 파트너의 재확인과 맥이 끊어지지 않고, 연결 선상에서의 발전되는 공동 기획의 중요성, 아울러 파트너 기관(또는 기획자, 예술가)이 꾸준히 한국 문화예술로 활동할 수 있는 지속적인 협력의 필요성이었다. 결국 그들이 각각의 전문 분야에서 프랑스 관중을 한국예술로 매료시키고, 또 확대시키는 기쁨과 열망을 우리와 똑같이 가지고 있다는 사실에 감동도 받게 되었다. 문화예술 교류는 이렇게 국경을 허물고 작품의 감동과 아름다움을 공유하게 하며, 기획자, 예술가와 관객, 그리고 두 나라의 심리적 거리를 가깝게 해주었다. 한국문화예술위원회, 주불한국문화원, 세계문화의 집, 낭트 '한국의 봄' 축제, 팔레드도쿄, 파리 9대학 그리고 수많은 예술가들, 기획자들이 함께 한 문화예술교류 공동 기획 프로그램이었다.

국가 간 사업의 모델을 지향하며 :
'2015-2016 한불상호교류의 해'

2015-2016 한불상호교류의 해 결정 및 준비

필자가 주불 한국문화원장으로 재직 중이던 2010년 11월, 당시 한국, 프랑스 양국의 대통령 이명박과 사르코지가 정상회의에서 합의하여, 프랑스 내에서 진행 중인 '외국 문화 시즌'에 한국을 주빈국으로 하고, 아울러 한국에서도 그와 같은 특별한 기간을 양국 수교 130년을 맞는 2016년에 마련하자고 결정했다. 국제적인 규모의 미술관에서 기획 프로그램을 만들려면 통상 5~7년의 시간이 필요하기에, 문화원장으로서 필자는 대형 기획 전시 프로그램 협의를 2011년에 바로 시작하였다. 또 귀국 후에는 주요 공연예술 및 여러 예술 분야의 프랑스 전문가들을 한국에서 맞이하며, 그들이 일하는 기관, 축제, 극장에 맞는 한국 예술가와 작품들을 만나게 하는 일을 진행하였다.

  2년 이상이 지난 후, 필자는 한국 측의 커미셔너(예술총감독)에 우선 선임되었고, 2014년 1월에야 양국 조직위원회도 결성이 시작되고, 3월에는 서울에 한국 사무국을 조성하였다. 이후 2016년 5월까지 총 다섯 차례의 공동 회의를 양국에서 번갈아가며 개최하였는데, 우선 2014년 4월 1차 회의에서 양국은 사업 기간을 재조정하였다. 프랑스는 한 해의 행정과 실무가 통상적으로 9월에 시작하고, 한국은 1월에 시작하는 점을 감안하여, '프랑스에서의 한국의 해'는 2015년 9월부터 2016년 8월까지, '한국에서의 프랑스 해'는 2016년 1월에서 12월까지로 결정되었다. 1년 4개월간 양국에서 열리는 '2015-2016 한불상호교류의 해'의 기간이 확정되어 대한민국 역사상 전무후무하게 긴 준비 시간과 사업 기간이 주어졌다. 이런 규모의 국가 간 문화예술 사업이 지속 가능한 국제교류의 기반으로 쓰이기 위해서는 3년 이상의 준비 시간이 실제로 필요하기에 다행스러운 일이었다.

　　필자는 다양한 분야에서 양국 정부와, 문화예술기관, 전문가들의 협력과 공동 사업을 하나씩 서둘러 추진하기 시작했다. 프랑스는 이미 2011년 가을부터 그 준비 를 본격적으로 시작하였다. 한국 사무국이 결성되기 훨씬 전인 2011년 하반기부터, 2014년 초까지 이미 200명 이상의 프랑스 전문가들이 한국을 방문하여, 한국의 예술 작품들을 살피고, 예술가들과 문화예술기관을 만나고, 자신들이 초청하여 주최할 한 국문화예술사업을 준비하기 시작했었다. 예술경영지원센터가 주최하는 '서울아트 마켓'이 공연예술 분야에서 가장 중요한 파트너 역할을 해주었고, 서울국제공연예술 제를 비롯한 여러 장르의 예술축제들과 기관, 예술가(단체)들이 그들을 맞이하였다. 결정부터 종료까지 6년 이상이 소요된 역사상 유례없는 대장정이었다. 국가사업의 사무국이 행사시작 1년 6개월 전에 결성되고, 총 3년간 유지된 것도 단위 국제교류사 업에서는 전무후무한 일이었다. 이것만으로도, 국가 간 국제교류의 중요성이나, 긴 준비 시간의 필요성은 공식적으로 인정되었다고 본다. 그럴만한 국제교류사업이었 는지는 아래에서 자세히 살펴보겠다.

　　프랑스 정부는 기존 외국 문화 시즌을 전담하는 엥스티튀 프랑세(Institut Francais)가 전 분야의 코디네이션과 행정의 실무를 맡고, 대한민국 정부는 문체부의 해외문화홍보원이 문화/체육/관광 분야를, 기타 과학, 기술, 교육 등의 분야는 외교 부 문화외교국이 행정과 코디네이션의 책임을 맡게 되었다. 한국 정부는 특별 예산을 편성하였고, 관련 분야의 실무를 위해 문체부 산하 예술경영지원센터 내에 사무국을 구성하였다. 2014년 초에 예술경영지원센터 안에 사무국을 둔 이유도, 많은 프랑스 전문가들에게는 이미 국제교류를 위한 파트너로 알려진 공공기관이기에, 또 우리 정 부 입장에서도 예산의 안정적 집행을 위한 공공기관으로서 가장 적합하였기 때문이 었다. 당시, 예술경영지원센터를 국제 문화교류 주무기관으로 정부가 인증했었던 것도 결정을 쉽게 해준 이유이기도 했다. 다만, 우리는 특정 기관에서 한시적으로 이 업무를 수행했지만, 프랑스는, 다른 유럽 국가들과 마찬가지로, 국제 문화교류의 국가적 창구인 엥스티튀 프랑세가 이 일을 맡았다는 점에는 큰 차이가 있었다. 우리의 경험은 기록으로만 남고, 개인화되어 버리지만, 그들은 기관 내에 업무 역량으로 축적되고, 향후 보다 향상된 국가 차원의 국제교류정책과 실현에 직접 이 경험과 인력이 이용되는 것이다. 교류의 주역들은 상당수의 민간 문화예술인들이기에, 그들의 국제적인 교류, 활동에 견인차 역할을 해야 하는 공기구의 역량은 매우 중요하다. 그래서 필자는 당시 국제 문화예술 교류 현장의 일을 하고 있던 예술경영지원센터가 이 사업을 수행함으로써, 이후 기관의 역량이 향상되고 국제 네트워크도 확대될 기회였었기에, 문화부에 이 기관을 추천하였다. 그런데 결국 아직도 국가적 차원에서 문화예술 교류의 주통로가 어디인지를 알 수 없는 우리의 실정은 매우 유감스럽다.

왜냐하면 불행히도 이 큰 사업의 인적, 사업적 성과를 축적할 기회를 기관이 잘 이용할 수 없었기 때문이다. 우선 정부 담당 부서는 안전한 행정을 이유로 이 전문 공공기관을 사업 대행사처럼 이용했었다. 게다가 프랑스 전문기관들의 사업에 초청된 한국 예술가들이 정치인들의 블랙리스트에 있다고 해서 누가 무슨 이유로 그들을 제외시킬 수 있겠는가? 2015년에는 대부분의 주요 사업들이 확정되었기에, 정치인, 고위 행정가들의 관련 지시는 이루어질 수도 없는 채, 담당 공무원들과 사무국 직원들의 사업 진행을 줄곧 어렵게만 했다. 그런데, 훗날 이와 정반대로, 다른 한쪽에서는, 이 사업의 특수성을 이해하지 못한 채, 방대한 지시 사항들을 보고 블랙리스트 집결판 문제 사업으로 서둘러 규정지었다. 결국 이렇게 해서 이 사업 자체에 대해 다시 언급하기도 불편한 지경에 이른 것은 6년간 수만 명의 노고와 결실을 파묻어버린, 지극히 비문화적이고 개탄스러운 일이었다. 양국에서 공식인증사업만 399건에 이르고 사업에 참여한 2만 5천여 명의 예술가, 스탭, 기획자들의 노력과 성과의 후속이 정작 국내에서 장애물에 가로막힌 꼴이다. 마치 불명예스러운 국가사업에 참여했었던 것처럼.

하지만 정치적 이해와는 전혀 무관하게, 우리 문화예술인들은 파리 외에 75개 도시에서 744만 명의 프랑스인들이 관람한 '온전한 한국의 해 프로그램'의 주역으로서, 프랑스 내에서도 30년 넘는 외국 문화 시즌들 중 가장 성공한 해로 평가받는 사업에 참가했음을 확인한다. 필자는 수를 헤아릴 수 없이 많은 프랑스 측 파트너들에게 '최상의 한국 문화예술(인)'을 매개해 준 대가로 찬사를 받았으나[5], 정작 모국인 한국에서는 이 문화예술사업의 진행을 오랫동안 어렵게 했었고, 줄곧 설득하고 거부하느라고 고초를 겪었던 필자가 오히려 정치적인 지시의 공모자로 추궁당하는 모순과 모욕을 겪어야 했었다. 국가 간 문화교류사업 성공의 성과로, 또 그간의 고통을 아는 문화부 공무원들의 추천으로 우리 정부도 필자에게 훈장을 수여하고자 했었지만, 정중히 사양했다. 국가 간 국제문화사업에 정치적으로 개입하려 했던 일부 정치인, 행정가들과 마치 답을 정해놓고 짜맞추듯이 경직되었던 블랙리스트 진상조사위원회 양자에게 묻고 싶다. 3년 이상을 준비한 사업들의 성과를 아무도 기쁘게 누릴 수 없게, 또 후속 사업을 공적 차원에서 바로 이어서 진행할 수 없게 된 것을 아는지? 또 그 피해는 고스란히 문화예술계와 국민의 몫이 되었다는 것을… 하지만 절호의 기회로 확대, 활성화시킨 양국 문화교류의 차원은 이렇게 내동댕이쳐져도 결국 현장 문화예술인들의 또 다른 혼신의 노력으로 지켜질 것이라고 믿는다. 다만 긴 시간, 수많은 사람들의 노력의 결과로 만든 기반이 무색해진 것이 아쉬울 따름이다.

이 양국의 사업들을 자세히 소개하는 것만으로도 몇 권의 책이 필요하겠지만, 관련된 방대한 자료들은 백서로 이미 남겨두었기에, 여기에서는 양국이 오랫동안 함께 기획한 '프랑스에서의 한국의 해'를 중심으로, 이 사업이 어떻게 국제 문화예술 교류의 바람직한 구도를 제시해 주었는지와 정상적인 교류의 환경이 어떻게 한국 문화예술의 국제화에 기여하였는지를 중심으로 살펴보고자 한다. 수교기념 '행사'가 아니라, '사업'이라 칭하는 이유도 지속 가능한 국제문화사업에 초점이 맞춰져 있기 때문임을 거듭 밝힌다. 다소 딱딱할 수도 있기에 핵심적인 내용을 중심으로 읽기 편하게

---

5) 필자는 30년간의 프랑스와의 문화예술 교류와 특히 '2015-2016 한불상호교류의 해' 예술총감독의 공로로 2017년에 프랑스 국가 최고훈장인 레지옹 도뇌르(Légion d'Honneur) 기사(Chevalier)로 임명되었다. 수훈식은 여러 가지 이유로 2020년 2월로 연기되었다.

요약하겠다.

양국 상호교류의 해의 목적

이 특별한 해는 문화예술을 중심으로 하며, 전 분야에 걸쳐 양국 '상호교류' 의 차원을 한 단계 높이기 위한 목적을 가지고 있다. 양국 국민/정부 간의 이해 증진은 물론이고, 상호 지속 가능한 교류로의 발전을 위한 전기를 마련하고자 했다. 프랑스에서는 1983년 이후, 특정한 나라를 정하여, 그 나라의 문화시즌(Saison Culturelle)을 실현하여, 국민들에게 잘 알려지지 않은 국가와 민족의 문화적 이해를 넓혀왔다. 짧게는 2, 3개월간 일반 대중들이 자주 찾는 곳에서, 그 나라의 문화예술을 집중적으로 소개하며, 자국 내에서의 문화다양성을 강구했다. 이는 함께 사는 다양한 민족이 문화적 이해와 존중을 받으며, 프랑스 사회에서 서로 어울려 평화롭게 살 수 있도록 국가가 기획한 사업이다. 물론 여기에 외교적인 목적도 담겨있어서, 미국, 중국, 일본과 같이 큰 나라의 문화 시즌은 1년간 진행되기도 했었기에, 필자는 과감히 '양국에서 동시에' 개최되는, 양국 일상의 리듬에 맞추어 '1년 4개월간' 의 사업을 주장하였고, 이 제안은 무난히 받아들여지게 되었다.

　　대한민국 역사 이래 어느 한 국가와 이렇게 긴 기간을 잡아 교류의 해를 지정하여, 오랜 기간 준비한 예는 없었다. 따라서 한국으로서는 국제 문화예술 교류의 모범적인 전범을 마련할 기회를 맞게 되었다. 파리에 한국문화원이 생긴 후 35년간 한국 문화를 프랑스에 소개하고, 프랑스 국민들이 우리 문화를 향유하는 계기가 점점 늘어가던 차에, 우리로서는 매우 중요한 전환기를 맞게 된 것이다. 한편, 프랑스 측은 한국과의 문화예술 교류를 더욱 다양화하고, 특히 '창조와 혁신' 이라는 주제에 수렴시켜서, 그간 미처 하지 못하던 여러 다른 분야로 교류를 확대하는 데에 초점을 두었다.

문화예술 분야 399개 공동 사업 프로그래밍을 위한 준비와 원칙

 1. **의의**

양국의 수교 이래 이때까지, 종종 일방향으로, 특히 한국은 '서로 균형이 맞지 않는' 문화교류 '행사'를 하곤 했었다. 즉, 지난 20년간 프랑스의 문화예술 작품들과 예술가들은 늘상 한국의 문화예술 기관이나 축제에 '초청' 되었었다. 하지만 한국의 경우는 그런 기회가 적었었던 불균형을 말한다. 따라서 양국은 이번 기회에 양국 '교류의 형평성'을 지키고, 교류사업의 기간을 늘여, 수도에 국한되지 않게 '전국적'으로 폭을 넓히며, 양국 간의 교류에 한 단계 진전된 발판을 마련하고자 했다. 사업 개시 전 4년간, 양국의 문화예술 현장에서 전문가 간의 교류, 협의를 통하여 양국의 주관기관(단체)이 자체 프로그램화(초청 프로그램화)하여 대부분의 사업을 준비하고, 이제 프랑스에서의 한국의 해를 실현할 단계에 이른 것이다. 국제사적으로도 이렇게 긴 기간 동안, 양국의 전국에서, 이렇게 많은 문화예술 프로그램들이 대부분 초청사업으로, 양국이 협력하여 준비한 일이 없었고, 앞으로도 쉽지 않기에, 2015-2016 한불상호교류의 해는 특별한 의미를 담고 있다고 정리할 수 있겠다.

2. **방향**

양국의 조직위원회는 2014년 4월 제1차 공동회의를 통해 교류의 해의 방향과 공동 규약을 정하였다. 지면의 제약상 규약은 아래 단원에서 부분적으로 언급하기로 하고, 여기에서는 프로그램 구성의 방향을 소개하겠다.

① 예술가 간의 인적교류를 통한 공동 제작을 최우선적으로 하고, ② 공동 기획을 통한 양국 순회 또는 교차 교류를 추진하며, ③ 문화예술 기관 간 교류도 가능한 한 교차교류를 지향한다. ④ 작품은 물론 작가 초청의 경우도 수도 및 지방에 순회할 수 있도록 공동 협력을 기울이며, ⑤ 체류 프로그램 등 인적 교류를 통해 지속 가능한 교

류의 미래 기반도 구축한다. ⑥ 그간 수도 중심으로 진행되던 교류는 전국으로 골고루 확대시켜 양국의 전국민에게 향유의 기회와 폭을 넓힌다. ⑦ 또한 소개가 비교적 적게 된 한국의 문화예술은 기성의 최정상급 예술가/작품을 비롯하여 그 범위를 넓히되, ⑧ 양국은 가능한 한 젊은 예술가/작품/기획자/연구자 등에게 기회의 폭을 넓혀, 새롭고, 미래 지향적인 프로그램을 소화하기로 하였다.

3. 공식 프로그램을 위한 조직, 운영, 원칙

1) 실무 조직과 운영

위와 같은 방향을 문화예술 전 분야에서 소화하기 위해서는, 기실 각각의 분야에 축적된 전문성을 가진 기관이나 인물이 직접 준비를 해야 한다. 프랑스의 경우는 IF와 소속 직원들의 주된 업무가 문화예술 현장의 진흥을 위하여 해외와 연결하는 일이기에, 일상적 업무의 연장선상에서 해외 파트너만 바뀌는 경우이다. 하지만 우리는 한시적인 조직을 구성해야 하는 형편이었다. 기관은 잘 결정되었으나 실무 조직의 어려움은 남아 있었다. 공모를 통하여 새로 고용해야 했던 터였는데, 마침 프랑스통인 한 계약직 직원이 정규직화 되면서, 예술경영지원센터내 사무국에서 함께 일할 새로운 사람들을 더 뽑았다(처음 4명에서 최대 8명 근무). 아쉬운 점은 예술총감독인 필자에게 일체의 의견 조차 제시할 기회도 주지 않고, 기관 내 인사로 3년간 지속된 것이다. 물론 다행히도 좋은 사람들을 뽑아주어서 고마웠지만, 여러 어려운 일들과 악재를 감당할 미래의 전조인 것은 필자가 알 길이 없었다. 물론 예술경영지원센터와 해외문화홍보원은 사업 관리를 위한 분야별 안전한 행정 담당자를 선호했을 것이다.

　이 일의 특성과 미래를 위한 기회나, 임용된 개개인의 기획자로서의 장점과 열정은 무시되고, 담당 직원들은 두 기관의 일반적인 룰과 행정에 많은 에너지를 쏟아야 했었다. 결국 전 기간을 함께 근무한 분야별 담당자는 한명도 없었고, 사무국에 파견된 예술경영지원센터의 직원들과 해외문화홍보원 담당 공무원들도 주무관부터 사무관, 과장, 국장에 이르기까지 교체를 반복하였다. 이때까지 늘 그랬었지만, 국가 간 또는 국가 기관 간 문화예술사업은 늘 긴 시간을 필요로 하는데, 한국 쪽에서는 항상 필자 혼자만 남아서 짧게는 2년, 길게는 6년간의 사업을 반복해왔다. 개인적인 일이 아니었고, 국제교류에서는 인적인 신뢰가 그 기반에 있기에, 늘 감수해야 했었다. 대통령이 바뀌기도 하지만 — 1998년 아비뇽 특집과 이 사업 —, 특히 중앙정부에서는 늘 실무진부터 책임자까지, 순환 보직의 원칙에 따라, 그것도 여러 번 교체되는 것이 큰 어려움이었다. 공공기관 내에서도 마찬가지이니, 국제교류사업의 성공과 전문성 증진, 미래 활용을 위해서는 반드시 해결해야 할 행정적인 과제로 보인다. 프랑스 측은 초기에 예술감독이 교체되는 예외적인 경우를 맞았었다. 물론 다른 모두는 처음부터 끝까지 함께 했다.

그래서 필자는 방법을 찾아내어, 문화예술계 대부분의 영역의 협력 프로그램을 엮어낼 '전문위원' 들을 선임하였다. 사업 준비 기간 동안 양국 공동 회의에 참가하여 사업을 발굴하고, 협력을 이끌어내고, 프로그램을 함께 결정할 전문가들이다. 이들은 전통예술(김선국), 문학(정진권), 영화(이수원), 시각예술(김애령), 현대음악(인재진), 서양음악(양성원), 무용(김용걸), 문화정책(김규원, 손원익), 만화(박인하) 등의 분야에 크게 기여하였다. 이들은 대학, 기관, 축제, 연구소, 예술현장 등에서 오랫동안 프랑스와 일을 해왔던 전문가들이다. 우리의 현장과 프랑스의 그것을 머리로 아는 것이 아니라, 몸으로 함께 살아온 귀한 인물들이었다. 원래 필자의 계획은 준비 기간이 끝나고 한국의 해가 시작되면, '운영위원' 으로 이름을 바꾸어 각 사업들의 진행과 후속 성과를 이끌어내는 일에 도움을 받고자 했다.

그런데, 정부 당국에서는 1년이 지나자 전문위원들을 이런 사업에 대한 이해가 전혀 없어 보이는 인물들과 교체하기를 요구해 와서 필자는 이를 거절하고, 운영위원회 구성 계획을 접어야 했었다. 이런 국가 간 문화예술사업은 후속 사업으로의 연결이 사업 자체만큼이나 중요하기 때문에 필자는 아쉬움을 넘어 분노를 느꼈다. 블랙리스트 예술가 배제 시도를 힘겹게 막아내던 차에, 사업 진행과 후속의 일을 홀로 감당할 각오를 하고, 정부 고위층의 지시를 또 접었다. 국제문화교류사업의 취지와 방향과는 거리가 먼 행정 당국에 불만을 넘어 연민까지 느끼게 되었다. 절대로 미래에는 되풀이되지 말아야 되겠다. 기업의 신규 사업에 연구, 개발, 마케팅을 책임지는 사람들을 모두 전혀 관련이 없는 사람으로 갑자기 바꾸자는 것과 다를 바가 없기 때문이다. 결국 전문위원단은 일 년 만에 해체되어, 도움을 크게 받았던 이분들에게 감사의 인사나 사업의 결실을 함께 하는 기쁨을 나눌 수도 없었다. 하지만 우리 모두는 현장의 전문가들이기 때문에 반드시 현장에서 다시 만날 것을 믿었다. 오랫동안 그들과 함께 준비하고, 또 양국 교류의 미래를 이끌어 갈 후속 사업들을 함께 키워갈 수 없었던 아쉬움이 매우 컸다. 아이러니하게도 후일, 필자는 물론, 전문위원들 다수가 정치적으로 문제 삼았던 블랙리스트에 있거나, 그 집행에 협조도 하지 않는, 필자와 같은 부류의 인물들로 분류되었던 것을 알게 되었다. 그래서 내게 전문위원들의 교체를 요구해왔던 것이었다.

늘 그렇듯이 여러 종류의 장애는 날이 바뀌는 것처럼, 새롭게 생겨나곤 한다. 20년 이상을 경험했었어도, 예상할 수 없는 어려움들은 여전히 나를 기다리고 있었다. 이 일을 위해 20년 근무 중 두 번째로 대학의 연구학기를 얻기까지 했던 필자에게 문화부 담당과로부터 프랑스 출장을 가급적 가지 말라는 요청도 이어졌다. 전문위원들과 함께 사업이 진행되는 시기별로 프랑스 현장으로 달려가 진행 협력과 후속 사업 도모를 위해 넉넉히 마련해 두었던 국고의 여비 조차도 아무 의미가 없게 되었다. 미안함과 아쉬움을 감춘 채, 프랑스 측 파트너들에게 필자가 바빠서 그렇다고 핑계를 계속 댔지만, 불가항력으로 보이는 행정 조치로 받아들일 수밖에 없었다. 국제 문화교류의 지속 가능성을 위해서 꼭 필요한 현지와의 진행 협력이었음을 이 기회에 다시 한 번 밝힌다.

양국 대통령 결정 사업으로서, '2015-2016 한불상호교류의 해'는 조양호(한진그룹 회장)와 루아레트(Henri Loyrette, 전 루브르박물관장)를 공동 조직위원장으로 하고, 프랑스 측은 후원회장(이스라엘 Stéphane Israël)과 커미셔너(총감독, 베나이에르 Agnès Bénayer)를 임명하였다. 필자가 늘 필요성을 절감하지 못하는 우리의 여러 종류의 위원회들은 결국 행정적인 형식으로 존재하게 되었다.[6] 실제로 양국에서

---

6) 조직위 부위원장은 문화부와 외교부 2차관, 준비기획단장은 해외문화홍보원 정책관, 외교부 문화외교국장이 각각 맡았다. 위원이 없는 조직위원회, 단원이 없는 준비기획단이었다.

교대로 다섯 차례 열린 공동위원회의는 양국 주최 기관들이 함께 회의하는 것으로 조직이 구성되었다. 프랑스에서는 IF 지도부와 담당자들이, 한국 측에는 해외문화홍보원 2개 과와 외교부 1개 과의 과장 및 담당 공무원들 그리고 우리 사무국 직원들이 항상 참여하였다. 백서에 기록된 양국 조직의 인원 수는 우리가 두 배가 넘고, 복잡하다. 전체 코디네이션을 맡았던 필자가 보기에는 실제 근무자는 IF 측과 동수조차 되지도 않지만 말이다. 아직도 잘 극복하지 못하는 역삼각형 조직으로, 소수의 실무 인력만 2, 3중으로 노고를 겪는 행사 조직도이다. 이 역시 반드시 재고되어야 할 구도이다. 그럼에도 불구하고, 양국의 이 모든 분들에게 가진 깊은 감사의 마음은 아직도 잘 간직하고 있다.

2) 사업 운영의 원칙

① 프랑스의 전문적인 문화예술 공간(기관)이 자체 프로그램으로서 한국의 문화예술을 자신들의 관객들에게 소개함으로써 향후 한국예술(가) 작품을 지속적으로 프로그래밍할 수 있는 계기/동기를 제공한다. 그 역으로도 마찬가지이다. 이는 한마디로 말하면, 의식이나 행사가 아닌 '프로페셔널 초청프로그램'을 말한다.

② 양국조직위원회의 공동업무협약을 근거로, 한 편으로 기울지 않는 균형있는 국제교류의 전범이 되게 한다. 즉 '초청하는 사업 주최자가 현지에서 전적인 책임'을 맡는다는 말이다.

③ 공식인증(라벨링)사업은 가능한 한 '양국 공동 기획'을 원칙으로 하며, '양국 공동 회의가 함께 협의하여 최종 결정'한다. 이를 위해 공동 회의는 2014년 4월부터 2016년 5월까지 총 5차례 개최되었다.

④ 대관, 무료 관람은 절대 지양하고, '현지 주관자(opérateur)가 전적으로 홍보, 마케팅, 집객, 운영 등을 통해 성공적인 프로그램 소화'에 최선을 다한다.

⑤ '예산의 배분은 공동 분담'의 원칙을 지키되, 양국의 현실이 매우 다르므로, 한국은 중앙정부의 특별 예산을 통해 프랑스로 가는 많은 프로그램의 항공/운송료를 중심으로 한 지원을, 그리고 한국 내 프랑스의 해를 소화하기 위한 일부 예산을 지원

하고, 프랑스는 전국의 국공립, 민간 문화예술 기관, 축제에 공적으로 지원된 운영 예산을 한국 프로그램을 위해 주로 사용하며, 메세나 지원을 보태어 한국 내 프랑스의 해 실현을 위해 필요한 예산을 소화한다. 양국에서 공동으로 필요한 홍보예산은 각각 20만 유로씩을 출연하여, 전체 사업 홍보를 위해 사용하였다.

⑥ 한불상호교류의 해 문화예술 프로그래밍을 위해 프랑스의 전문가들은 2011년 가을부터 200회 이상 방한하여, 한국 문화예술계를 방문하고, 특히 '프랑스 내 한국의 해' 프로그램 결정을 위해 협의를 지속하였다. 한국 측에서는 별도의 예산을 조기에 집행해야 하는 이런 일이 불가능하므로, 전문위원단을 구성하게 되었다. 최소 10년 이상 각 분야에서 프랑스와 교류사업을 전문적으로 해오던 여러 분야의 전문가들이 '전문위원(comité des Experts)'으로 선임되었으며, 예술총감독과 함께 한국의 예술가/작품을 프랑스 파트너들에게 제안, 설득하여 프로그래밍하거나, 프랑스 측 사업 및 기관들을 한국의 문화예술 현장과 연결시키는 일을 하였다. 사무국은 이 모든 일들이 진행되도록 실무, 행정을 전담하였다. 프랑스는 IF 내에서 각 분야별 담당자들이 있어서 우리 사무국, 전문위원단과 호흡을 맞추었다. 즉, '전문가 집단들의 집약적이고 긴 협업'이 이루어졌던 것이다.

⑦ 2015-16년 사업의 근간에는, 130년 수교사에 처음으로 '프랑스의 대다수의 주요 국·공립 및 민간 문화예술 기관, 축제, 지역의 핵심적인 공간과 사업 등에 한국 프로그램들이 결정'되게 되었다.

⑧ 기존의 개인(예술가) 대 개인(공간)의 교류나, 한국인들 — 또는 프랑스인들 — 끼리 엮어내는 프로그램은 본 정부 간 사업에 공식프로그램으로 채택되기 어렵다. 다만, 질적 수준이 대단히 우수한 경우, 라벨을 부여하고 다른 곳에서 재정 지원을 받을 수 있게 하였다.

프랑스 내 한국의 해(l'Année de la Corée en France), 국제 문화예술 교류의 다양한 플랫폼 발현

'2015-2016 한불상호교류의 해' 한불 양국에서 열리는 문화예술 프로그램은 총 399개 ─ 프랑스 내 한국의 해 227개, 한국 내 프랑스의 해 172개 ─ 가 공식인증사업으로 지정되었다. 일반 분야까지 포함하면 492개(247＋245)의 사업이 라벨링되었다. 이 글에서는 일반 분야는 제외하고, 문화예술 분야의 사업들을 조망하겠다. 대부분이 공동기획사업들이고, 양국에서 함께 진행되었기도 했기 때문에, 지리적으로 나누기는 어렵지만, 이 책의 맥락에 맞추어, 프랑스 내 한국의 해를 중심으로 보겠다. '2015-2016 한불상호교류의 해 문화예술 분야 백서'에는 국제협력 프로젝트의 유형을 '공동 제작', '레지던시', '종합 교류 프로그램', '인적 교류 프로그램'으로 나누고, 이를 다시 주요 거점 공간, 도시, 주빈국 또는 포커스 프로그램, 교차 프로그램으로 나누었다.[7] 국제교류에서 가장 중요한 개념들로 사업들을 잘 정리한 것이다. 이는 다른 말로 풀면, 모든 사업들이 어떻게 준비되고, 어떻게 펼쳐지고, 또 어디에서, 어떤 방식으로 부각되었는지를 말한다. 하지만 이는 결과적인 분류일 뿐, 현실에서는 레지던시를 통해 공동 제작되어서 포커스 프로그램으로 공연되고 이는 양국에서 투어를 하며 교차 프로그램으로 발전하게 되는[8] 등 서로 섞이거나 융합되어 있다. 400개 가까운 사업들이 모두가 의미 있는 일들이었지만, 일부 사업들의 예를 통하여 지속 가능한 국제교류를 위한 플랫폼으로서 이 국가 간 사업이 어떻게 이뤄졌고, 어떤 후속이 이어지거나 기대되는지를 밝혀보도록 하겠다. 독자들은 일부 경험을 했거나, 아니면 소식을 접할 기회도 없었을 수도 있기에, 이 글을 통해 이런 사업들을 입체적으로 상상하고 더 왕성한 국제 문화예술 교류를 기대하는 기쁨을 공유할 수 있기를 바란다.

---

7) 염혜원, '한불상호교류의 해 국제협력 프로젝트의 유형', 〈2015-2016 한불상호교류의 해 문화예술분야 백서〉, 예술경영지원센터, 66~75쪽
8) 연극 〈빛의 제국〉이 좋은 예이다.

이렇게 긴 기간인 한 해 동안 지속되는 문화예술사업들은 절대 같은 힘과 템포로 진행될 수가 없다. 따라서 전체를 프로그램하고 홍보할 때에는, 주제, 주목할 만한 시기(temps forts), 전체 흐름의 구성, 타겟 관객들의 변화와 연결 등을 고민하며, 1년간 끊기지 않고 흘러갈 수 있게 해야 한다. 프랑스의 기관, 축제, 기획자들이 4년간 그들의 여건에 맞추어 초청 프로그램들을 준비하긴 했지만, 필자는 예술감독으로서, 전체를 지휘해야 하는 역할을 가지고 있기에, 그 흐름을 정리하고 사업의 성공을 위한 홍보에 활용하고자 하였다. '프랑스 내 한국의 해'는 2015년 9월에 시작하여, 2016년 8월에 끝났는데, 우선 개막부터 3개월간은 우리의 깊은 전통에서 출발하여, 전통과 현대가 양극에서 만나는 장도 함께 열었다. 대상은 전통예술 애호가 층이지만, 월드뮤직, 전자음악 매니아층까지도 바통을 이어받게 하였다. 폐막 전 3개월간에는 보다 넓은 청년층으로 대상이 확대가 되고, 축제 프로그램들을 통한 관객층 활성화를 염두에 두었다. 이때, 프랑스인들은 한국 문화예술의 현재와 직접 만나는 기회를 많이 갖도록 하였다. 그 중간의 기간들에는 대형 전시들이 많이 연결되어 진행되고, 파리는 물론 지역의 다양한 도시에서, 매우 다양한 한국 문화예술사업들이 무수히 열렸다. 1년 사업 흐름의 연장 동력과 실핏줄 같은 연결선에서 독특한 사업들이 더 넓은 관중들의 층을 꾸준히 만났다. 이제 긴 사업 기간을 3차례로 나누어 사업들의 간략한 내용 및 편성과 한 해의 호흡을 살펴보겠다.

1. 한국의 해 개막과 1차 주목할만한 시기: 전통, 교류사와 현대의 연계

2015년 9월 18~19일 국립 샤이오극장에서 2015-2016 한불상호교류의 해와 프랑스에서의 한국의 해가 개막되었다. 국립국악원의 〈종묘제례악〉이 개막공연으로 선정되었다. 한국의 중요무형문화재 1호이며, 2001년에 유네스코가 지정한 세계무형문화유산 걸작으로서, 이 작품은 560년의 역사를 가진 조선조 최고의 의례이면서, 조선 전기의 음악과 무용이 총 망라된 종합예술이다. 85명이 출연한, 국외에서의 역대 최대 규모 공연이었다. 느리고, 변화도 없고, 볼거리도 없는 공연이라며 반대가 심했었

'한국의 해' 개막공연 〈종묘제례악〉(국립국악원 제공)

다. 필자와 김선국 전문위원이 이 공연을 개막작으로 설득한 이유는, 이 작품 안에 지금까지 이어지는 한국 전통예술의 기반이 들어가 있고, 의례에 들어가 있는 내용에 조선 초기의 동아시아에서의 우리 역사, 왕들의 철학, 유교 문화 등이 담겨있기 때문이었다. 공연 내내, 한국 관객들도 잘 알지 못하는 내용들을 자막으로 처리하여, 외국 관객들이 귀와 눈과 가슴으로 감상할 수 있도록 했다. 다른 한편으로는, 연주, 공연할 기회가 적어서 공연의 질이 떨어지고 있는 현실을 감안하여, 가장 중요한 공연으로 선정함으로써 최고의 공연을 준비할 수 있게 하였다. 아울러 이 중요한 공연의 영상 기록도 매우 빈약하였기에, 프랑스 최고의 공연영상 전문 제작사를 통해 DVD를 제작할 기회를 만들기도 했다.

첫날 양국 총리를 비롯한 귀빈, 파트너들을 위한 공연과 이튿날 일반인 대상 유료 공연은 천 석이 넘는 극장을 채우며 대성황을 이루었다. 첫 공연 후 리셉션의 자리에서 몇 명에게 동일한 인사를 받았다. "이런 훌륭한 문화예술의 전통을 수백 년간 지

'한국의 해' 에펠탑 점등 행사(한불상호교류의 해 한국사무국 제공)

켜준 한국과 한국인을 존경한다. 고맙다"는 말이다. 최고의 경제, 정치, 군사력을 가진 나라도 '존경' 받기는 어렵다. 국제교류를 통해서 공감하고 공유하게 된 우리의 예술이 외국인으로부터 우리가 존경받을 수 있게 한다는 엄청난 가치를 재확인시켜 주었다. 그들과 우리 모두에게 이 개막공연은 최고의 선물이었다. 공연 준비에 고생한 예술가, 스탭들이 진정성으로 다가온 관객에게 오히려 감동을 받은 시간이기도 했다.

매년 9월~12월에 열리는 세계적인 공연예술축제인 파리가을축제(Festival d'Automne de Paris)는 한국특집 프로그램을 네 종으로 구성하였다. 만신 김금화의 〈만수대탁굿〉(9. 20, 파리시립극장 Théâtre de la Ville de Paris), 안숙선의 판소리

〈수궁가〉입체창(9. 21, 부프뒤노르 극장 Théâtre Bouffes du Nord), 〈안은미 댄스 3부작〉(9. 23~29, 파리시립극장/10. 2~3. 크레테이 예술의전당 Maison des Arts de Créteil), 〈오늘의 음악, 진은숙〉(10. 9~10, 라디오센터 Maison de la Radio/11. 27, 음악의 전당 Cité de la Musique)이 그것이다. 김금화는 2002년 파리가을축제에서 〈대동굿〉을 공연하였고, 2005년(파리국립해양박물관)과 2009년(캐브랑리박물관) 초청 공연에서도 이미 엄청난 호평을 받은 바 있어서, 다시 초청하였다. 병중이었음에도 불구하고 긴 여행을 허락해준 만신은 휠체어를 탄 불편한 몸을 일으켜 세우며 생애 마지막 파리 공연을 하였다. 2006년 박병천의 〈씻김굿〉의 파리 공연이 명인 생애에 마지막 해외 공연이었던 일과 겹쳐지며, 그들이 사랑했던, "미신이라 생각하지 않고, 마음을 열고 화끈하게 맞아준"(김금화) 외국 관객들에게 마지막 선물을 준 결과가 되었기에 그 진한 감동과 감사함을 잊을 수가 없다.

안숙선은 이미 프랑스에서 가장 유명한 판소리꾼이었다. 1998년 아비뇽축제, 2002년 파리가을축제에 이어 수차례 프랑스 투어공연을 했었던 터라, 그의 팬들은 서둘러 재회의 기회를 놓치지 않았다. 일찌감치 매진을 기록했고, 또 20분이 넘는 커튼콜으로 예술가를 열렬히 환영했다.

안은미는 〈사심없는 댄스〉, 〈조상님께 바치는 댄스〉, 〈아저씨를 위한 무책임한 댄스〉 등 3부작으로 파리가을축제부터 1년간 긴 프랑스 투어를 했다. 세계적인 무용 전용 극장인 메종 드 라 당스(Maison de la Danse)를 비롯해 1년간 20개의 공연장에서 초청 공연을 했다. 마지막에는 파리여름축제(Festival Paris l'Eté)가 신작 〈위 아 코리안 허니 We are Korean, Honey〉(2016. 7. 20~24, 카로 뒤 텅플 Carreau du Temple)를 직접 제작, 초연하기도 했다. 안은미 역시 파리여름축제에 이미 3차례 초청되면서, 유럽 무용계와 관객들에게 사랑받는 예술가이다. 이 사업의 성공에 힘입어, 2019년에는 파리시립극장의 초청 상주무용가로 선임되어, 여러 작품을 수 년간 이 극장이 제작을 약속하는 쾌거를 거두었다. 그는 훌륭한 국제교류사업 끝에 유럽 무대에 우뚝 서게 된 것이다.

세계적인 작곡가인 진은숙은 파리가을축제로부터 수 년 전 작곡을 의뢰받았고,

〈조상님께 바치는 땐스〉 안은미 작, © Choi Young Mo

세 차례의 연주회에서 작품들을 소개하였는데, 한국의 젊은 연주자들, 작곡가들을 주목하게 하는 연주 프로그램으로 격찬을 받았다. 이렇게 예술가와 관객들도 세대를 넘어 지속 가능한 교류의 장에 깊이 들어와 있는 것이다. 파리가을축제의 음악감독 조세핀 마르코비치(Joséphin Marcovics)는 음악 영역에서 15년이 넘는 긴 시간 동안 한국과 프랑스 사이의 핵심적인 산파의 역할을 해주었다.

한국 전통예술의 플랫폼인 '상상축제(Festival Imaginaire)'와 '세계문화의 전당'도 10월 10일부터 12월 20일까지 특별 프로그램을 구성하였다. 한국특집으로, 〈산조, 시나위〉(10. 23~24, 국립아시아박물관 오디토리움), 〈최승희 트리뷰트〉(11. 22~29, 캐브랑리 박물관 레비스트로스 극장) 공연을 비롯해, 이후 김덕수와 사물놀이 한울림의 〈파리 난장〉(12. 17~22, 태양극장)에 이어서 진도 상장례 〈씻김, 상여소리〉(2016. 4. 8~10, 세계문화의 전당)로 연장되었다. 이 프로그램들 역시 오랜 동지인 에스베르 축제 및 기관 예술감독에 의해 결정, 운영되었다.

〈파리 테크노 퍼레이드〉 선도 한국 DJ 차량 © Thibaut Chapotot

　　전자음악과 인디뮤지션들은 젊은 프랑스 세대들과 폭발적인 몇 가지 사업을 벌였다. 30만 명의 관중이 하루 종일 함께 한 〈파리 테크노 퍼레이드 Techno Parade〉(9. 19), 〈파리 일렉트로 위크〉(9. 24), 제 2회 〈거리음식축제〉(9. 25) 그리고 지역의 〈릴 Lille 3000〉 축제 초청(9. 26)에 이르기까지, 우리의 젊은 전자음악과 디제이들이 일반 대중에게 폭넓게 알려지는 기회가 되었다.

　　개막공연이 시작되기 전부터 큰 전시사업들이 시작되었는데, 한국국립현대미술관의 교차전시 뉴미디어아트특별전 〈The Futur is now〉(프리슈 드 라 벨 드 메 La Friche de la belle de mai, 마르세이유, 2015. 8. 27~10. 25), 공예비엔날레 〈레벨라

파리 국립장식미술관 〈코리아 나우〉, 한국공예디자인문화진흥원 ⓒ 이도영

시옹 Révélations〉에 한국주빈국 전시(그랑 팔레 Grand Palais, 2015. 9. 9~13) 등이 그것이다. 또한 개막일부터는 파리국립장식미술관(Musé des Arts Décoratifs)의 4,000㎡ 전관에서 151명의 작가들이 참가한 대형전시 〈코리아 나우! Korea Now! Design, mode, craft et graphisme en Corée〉(2015. 9. 18~2016. 1. 3)와 국립기메 동양박물관에서 〈이배 특별전〉(2016. 1. 31일까지)이 열렸다. 초대형이면서도 장기 간의 전시는 이후 계속되는데, 세르누치 파리시립미술관(Musé Cernuschi)에서는 〈프랑스의 한국화가들, 서울-파리-서울 Seoul-Paris-Seoul〉(2015. 10. 16~2016. 2. 7)로 미술교류의 주역 한국 작가들을 소개하고, 개별 대작가들을 주목하는 특별 전시 는 디종(Dijon) 시의 콘소르시움(Consortium)에서 〈이응로 & 한묵: 파리의 두 한국 현대작가〉(10. 30~2016. 1. 24), 〈이불, 새벽의 노래 III〉(팔레 드 도쿄), 김수자의 〈투 브리스 To Breathe〉(메츠-퐁피두센터Centre Pompidou-Metz) 등이 10월부터 각각

파리 국립장식미술관 〈코리아 나우〉, 한국공예디자인문화진흥원 ⓒ 이도영

4개월간 열렸다.

프랑스 북쪽 플랑드르(Flandres) 지방의 수도로 유명한 릴(Lille) 시에서는 트리포스탈(Tripostal) 전시장 전체와 야외에서 20여 명의 대표적인 현역 한국미술 작가들이 참여하여 3,000㎡ 이상의 공간에서 4개월간의 〈서울, 빨리 빨리 Seoul, vite, vite!〉(9. 26~2016. 1. 7.) 전시를 필두로, 비엔날레 축제인 'Lille3000'의 한국특집 공연프로그램이 이어졌다. 샹보르(Chambord) 성에서 열린 〈배병우 전〉(9. 26~2016. 6. 12.)도 오래전부터 준비한 큰 전시이며, 여기에는 작가의 레지던시가 5번의 계절에

걸쳐 사전에 열렸었고, 전시도 연장되고, 작가의 다른 전시가 바로 후속으로 생겨나거나 하는 등 양적, 질적인 성과가 이루 다 말할 수 없을 정도였다. 파리 시보다 더 큰 샹보르성의 숲과 제주의 자연을 한지에 흑백 사진으로 담은 전시의 성공은 남동부의 쌩테티엔느(Saint-Etienne) 시의 국립미술관에서 그의 유명한 소나무 전시로 이어졌다.

　모든 사업들은 주최자들이 직접 한국을 방문하여 예술가와 작품을 확인한 후에 결정되었고, 그들의 정성으로 모두가 만족스럽게 이루어졌다. 이렇게 많은 좋은 예술가들과 그들의 작품이 집약적으로 공연, 전시된 사례는 서울에서 조차도 없었을 거라고 입을 모았다. 1년간 지속될 전체 사업을 위한 임팩트는 물론이고, 한국예술에 대한 기대감을 최대로 키워내려던 의도를 충분히 충족시켜주었다. 그 후속 과실을 다음 세대가 온전히 따먹을 수 있을 것으로 기대하기에 부족함이 없었다.

2. 사업 기간의 허리: 오래된 협력관계로 만든 대규모 특집사업들

시작은 한국의 해 개막 초기에 했으나, 길게 연계되어 이어진 사업이기에, 영화 분야는 이 기간에 포함시켰다. 파리의 시립영상센터인 포럼데지마쥬(Forum des Images)에서는 〈매혹의 서울 Séoul Hypnotiquev〉이란 제목으로 서울을 주제/소재로 한 한국영화 76편이 2015년 9월 15일부터 11월 1일까지 상영되었다. 한불 영화계의 오래된 협력관계는 이번 상호교류의 해를 맞아 더 의미있고, 더 큰 규모의 프로그램으로 더 많은 관중들을 소화하였다. 매주 3차례 이상 관객과의 만남(GV)과 포럼도 개최한 프랑스의 막내 파트너격인 파리 포럼데지마쥬의 에르즈베르(Laurence Herzberg) 대표는 이번 사업의 성공을 계기로 앞으로도 계속 한국영화를 집중적으로 소개하겠다는 포부를 밝혔다. 영향력 있는 시립 영화 기관이 새로이 한국 영화의 충실한 파트너로 선언되는 기쁜 계기가 되었다.

　가장 오래된 친구이자, 세계 영화의 심장이라 불리는 시네마테크 프랑세즈에서는 임권택 감독 회고전으로, 70편 이상의 역대 최대 규모이자 해외 최초의 전작전이 열렸다(2015. 12. 2~2016. 2. 29). 그 직전에는, 또 다른 오랜 파트너인 낭트 3대륙영화제(Festival des 3 Continents)에서 임감독 영화 25편을 연속 상영했었기에, 3개월 간 양국의 영화계가 이 특집사업에 함께 모이게 되었다. 오랜 교류를 맺어오던 서울 국제여성영화제와 크레테이(Créteil)여성영화제도 각각 특집으로 교차 교류 프로그램을 소화하고, 부천국제애니메이션페스티벌은 파트너인 안시(Annecy) 국제애니메이션영화제와 양국의 해 특집으로 그간 다져온 우정과 동반자의 역량을 펼쳐놓았다. 여기에서 다 열거하지 못할 정도로 많은 양국 영화사업에서 한국영상자료원은 엄청난 노고와 역량을 아끼지 않았고, 국제영화계, 프랑스 관객과 우리 영화계를 연결하는 매개자 역할을 유감없이 발휘하였다. 부산영화제, 영화진흥위원회도 그간 공고히 해온 프랑스와의 협력관계를 앞으로 오랫동안 지속할 파트너십의 기반으로 단단히 다질 기회를 다양한 사업의 성공으로 만들었다. 양국의 예외적인 우호관계는 이렇게 훌륭한 사업으로 발전되는 것이다.

　　공연계에서도 가장 중요한 플랫폼인 극장과 축제들에서 한국특집을 마련했다. 파리시립극장은 2015년 파리가을축제에 이어 2016년 1~2월에는 파리 시립극장에서 국립창극단의 〈옹녀〉를 비롯하여 아동/청소년 연극 〈달래이야기〉(예술무대 산), 〈나무와 아이〉(더베프), 무용 〈Antipode〉(김남진)와 〈가는 세월 오는 세월〉, 이은결의 마술 공연 〈디렉션〉 등을 한국 포커스 프로그램으로 초청했다. 세계 공연예술창작 및 배급의 핵심적인 플랫폼인 파리 시립극장에 정경화 등 음악인을 제외하고는 단 한 번도 한국 공연예술 작품이 정규 프로그램이 된 적이 그간에 없었다. 기적 같은 반가운 일이 성사된 것이다. 세계 무용계를 이끌면서, 한국 무용에 자주 관심을 보여왔던 리옹 무용의 전당(Maison de la Danse)도 안은미의 공연과, 비보잉, 국악, 무용, 무술 등이 결합된 모닝오브아울 팀의 〈Harmonize〉(2016. 2. 3~6)를 초청하여, 젊은 관객들의 환호를 받았다. 물론 우리 비보잉과 힙합에 관심을 보여온 파리 근교의 쉬렌장빌라르(Théâtre de Suresnes Jean Vilar) 극장도 함께 이들을 초청(1. 28~31)하였다. 이처럼 대부분의 주요 파트너들의 특집으로 프랑스에 온 공연단체들은 대개 두 군데 이상의 투어 공연을 하며, 앞으로의 동반자들로 영역을 확대하고 있다.

파리 포럼데지마쥬 〈매혹의 서울〉 한국영화제. 2015-2016 한불상호교류의 해 사무국 제공

상상축제는 해를 넘겨서도 진도 상장례문화의 〈씻김, 상여소리〉(2016. 4. 8~10, 세계문화의 전당)를 프로그램하였고, 국제 무용계의 등용문이자 한국 무용계와 오랜 인연이 있는 센-쌩드니 무용축제(Rencontres Chorégraphiques de Seine-Saint-Denis)는 5개의 젊은 무용단의 작품을 초청하여 한국 포커스를 마련하였다. 1990년 대 중반부터 한국 무용계와 작업을 해온 아니타 마티유(Anita Mathieu) 예술감독이 수차례 방한하며 발굴해낸 성과를 이 해에 다시 한번 보여주었다. 한국 예술을 프로 그램하던 툴루즈(Toulouse)의 메이드 인 아시아 축제, 낭트(Nantes) 한국의 봄 축제, 몽펠리에(Montpellier)의 코레디씨(Corée d'Ici) 페스티벌 등이 더욱 더 다양한 한국

까라보스 〈흐르는 불, 일렁이는 밤〉 ⓒ 서울거리예술축제(2016)

공연과 전시, 교육 프로그램들을 선보였다.

공연예술 분야의 모든 성과들 중 가장 돋보이면서도 지속성이 강화된 분야는 거리예술 장르이다. 세계 거리예술 창작의 본거지로 불리는 프랑스와는 그간의 작품교류 차원을 넘어, 교육센터, 창작센터 간의 교류를 시작함으로써, 새로운 작품을 공동으로 창작하는 시스템과 작업, 나아가 인력 양성에 이르기까지 입체적인 교류를 시작한 원년이 되었다. 페아르(FAI-AR, 마르세이유 거리예술지구 La Cité des Arts de la Rue 내 교육기관)와 프랑스 국립서커스예술센터(CNAC, Centre National des Arts du Cirque)가 서울거리예술창작센터, 서울문화재단과 기관 간 협력을 정례화한 것이다. 프랑스 마르세이유에서 〈한국의 봄 Printemps Coréen à Marseille〉과 한국 서울에서 〈프랑스의 가을 Automne Français〉이란 타이틀로 양국에서 2년간 함께 교육하고, 상주시키고, 제작한 작품들이 관객들을 만나게 되었다. 스트라스부르, 오리악거리예술축제 등 수많은 프랑스의 축제들이 한국의 작품들을 초대하기 시작했고, 한국에서도 서울, 안산, 일산, 포항 등의 거리예술축제에 공동 제작된 작품들과 프랑스에서 제작된 한국 예술가들의 작품들이 공연되는 특별한 해가 되었다. 특히 불꽃화랑팀은 프랑스의 불꽃 극예술 단체인 카르나비르(Karnavires)와 공동 작업을 통해 기술력도 키우고, 〈길-Passage〉을 양국에서 투어했으며, 리옹의 세계적인 '빛 축제(Festival des Lumières)'에 당당히 선정되는 쾌거를 올리기도 했다. 이후 지금까지 거리예술계와, 관련 창작, 교육 기관, 축제, 단체들의 왕성한 교류가 계속되고 있다.

이 기간에는 기존의 협력관계가 지속 가능성을 열어줄 사업으로 확인되고, 그 영향력이 넓어지는 장을 만들어 주었다는 점에서 의미가 크다. 마치 이 국가 간 문화교류의 역사가 어떻게 현재와 미래의 사업으로 확장되는지를 보여주고 있는 듯하였다. 이 글을 쓰고 있는 2021년 말 현재까지도 이 모든 협력관계는 잘 이어지고 있다.

3. 공동 제작, 기획의 마지막 주목할 시기: 애호가층은 더 깊게, 대중은 더 넓게

2015-2016 한불상호교류의 해는 한국문학번역원이 비전을 다시금 확인하는 기간이기도 했다. 첫해 겨울, 세계문학축제('Meeting no 13', St. Nazaire, 2015. 11. 19~27)에서 한국의 해를 진행하고, 주요 문예지에 한국문학 특집호를 발간하는 성과를 올리는 등 수많은 문학행사를 전국에서 실현했다. 독자와 책이 만나는 세계적인 문화축제인 파리도서전(Livre Paris, 2016. 3 .17~20)에 한국이 주빈국이 되었다. 30여 명의 한국 작가들이 초청되어 낭송회, 좌담회, 사인회, 한불작가 대담회 등 다양한 만남을 통해 25만 명 이상의 방문객/독자의 관심을 집중시켰다. 어려운 여행을 한 이 작가들은 또 다른 많은 한국 작가들과 함께 파리의 수많은 공공도서관에서 1월 말부터 두 달간 각종 문학행사에 참가하였다. 1995년 이후 또 다시 프랑스 문학계 최대의 관심이 한국에 집중되는 일이 벌어졌다.

미술 분야에서는 앞에서 소개한 이상의 수많은 중요한 전시가 있었지만, 이 시기에는 '2016 아트파리 아트페어(Art Paris Art Fair 2016)'(2016. 3. 31~4. 3, 그랑팔레)가 한국을 주빈국으로 맞았다. 세계적인 페어인 피악(FIAC)과 파리 포토(Paris

파리도서전 한국의 해. 한국출판문화진흥원

Photo)에서 한국과 인연을 맺었던 보젤(Vauselle)과 피엥(Piens)이 각각 '아트파리 아트페어'의 홍보 책임자와 커미셔너로 합류하면서, 20여 개국 143개 갤러리가 참여한 이번 페어에 한국이 주빈국으로 결정되는 일이 자연스러웠다. 8개의 한국 갤러리가 참가하고, 총 90여 명의 한국작가 작품들이 소개되었다. 더욱 흥미로운 점은 프랑스 현지 한국미술가를 소개하는 '131 아트 프로젝트'도 있었지만, 많은 프랑스 갤러리들이 이번 기회에 한국 작가들을 대거 집중하여 부각시킨 일이었다. 한국 측의 참여 범위를 넘어서는 한국 작가 전시들이 추가되면서, 한국 미술의 파리 미술시장 진출에 에너지를 불어넣어 주기에 충분하게 되었다. 마침 한국 정부로부터 사업당 지원 비중을 균등하게 하라는 전혀 엉뚱한 지시 때문에, 준비한 대로 사업을 펼쳐내지 못하던 차에, 참으로 고맙고도 다행스러운 프랑스 민간 갤러리들의 참여가 선물처럼 그곳에 놓여 있었다.

한편, 남불의 니스 아시아예술박물관(Musée des Arts Asiatiques de Nice)에서

는 처음 4개월간을 계획했었다가, 1년 가까이 전시를 한 〈꼭두, 영혼의 동반자〉(2016. 5. 30~2017. 4. 23)가, 파리 그랑팔레(Grand Palais)에서는 국립중앙박물관이 준비한 한국도자명품전 〈흙, 불, 혼〉(2016. 4. 27~6. 20)이 열려서, 매니아층들은 물론 수많은 외국 관광객들도 매료시켰다. 이 미술과 문화재 관련 사업들은 다국적 관람객과 관광객을 대거 불러들임으로써 프랑스가 왜 국제문화교류의 거점인지를 재삼 확인시켜주었다.

현대무용을 좋아하는 애호가들은 샤이오 국립극장의 한국특집(Focus Corée, Théâtre National de Chaillot)을 통해 흠뻑 즐길 기회를 가졌다. 1939년 최승희 이후 77년 만에 한국의 무용이 이 세계적인 극장 무대에 서는 기쁨이 있었다. 프로그래머 야르모 펜틸라(Jarmo Penttila)는 3년 전부터 수차례 한국을 오가며, 예술가와 작품을 만났고, 상임안무가 조세 몽탈보(José Montalvo)도 2년간 한국과 프랑스에서 작업을 하였다. 이인수의 〈모던 필링〉, 김판선의 〈Own MHz〉, 안성수의 〈혼합〉, 안애순의 〈이미아직〉이 일찌감치 파리 공연 2년 전에 차례로 프로그램되었다. 또 '한국내 프랑스의 해' 개막작으로 선정된 국립무용단과 샤이오국립극장 공동 제작품 〈시간의 나이〉의 프랑스 초연도 함께 잡혀 있었다. 2016년 6월 8일부터 6월 24일까지, 장빌라르 극장(대), 모리스베자르 극장(소) 등 두 개의 공간에서 '한국 전통과 현대의 하이브리드' 무용에 관객들이 집중했다. 그간 간헐적으로 소수의 매니아를 만나던 한국무용이 더 넓은 무용관객을 만나며 '한국의 느낌을 기억으로 남긴' 이 기회는 앞으로 오랫동안 함께 할 예술적 믿음으로 거듭날 계기가 되었다.

LG아트센터는 파리시립극장과 함께 〈댄스 엘라지 Danse Elargie〉 경연대회의 아시아 예선을 주최함으로써, 또 다른 창의적인 협력 사업을 하였다. 우리가 아는 기술력이 뛰어난 콩쿠르가 아니라, '춤을 기반으로 하는 3~10분 이내 작품'의 창의성, 파격성이 무대에서 경합했다. 50개국 500개 팀이 접수를 했고, 서울에서는 17개 팀이 1차 예선, 9개 팀이 2차 예선을 했다. 파리 본선에서는 한국예술가가 참여한 3팀 중 한 팀이 최종 3등 상을 수상했다. 춤예술의 창의성을 위해 활짝 열린 콩쿠르는 한불교류의 해의 옷을 입고, 신선한 충격과 즐거움을 안겨주었다. 교류는 이렇게 새로운 문화로 우리를 안내하기도 한다.

2015-2016 한불상호교류의 해에는, 한 해에 한 편을 하기도 쉽지 않은 국제 공동 제작 공연작품이 여러 편 만들어지고, 양국의 관객들을 또 다양한 극장에서 만난 매우 희귀한 기록을 세웠다. 이는 가장 우선적으로 4년이라는 준비 기간이 있었기에 가능한 일이었다. 그리고 이미 30년 이상 양국이 교류한 경험을 토대로, 기존의 양국 전문가들와 기관들 간의 신뢰가 쌓여서 대부분의 사업을 공동으로 기획하게 되었다. 이때, 제작 극장과 단체들은 좀 더 도전적으로 공동 창·제작을 결정할 기회를 만들 수 있었다. 앞의 장에서 살펴본 대로, 양국의 공동 제작 작품들은 당연히 양국에서의 공연이 확정되고, 대개는 양국에서 바로 투어를 준비하거나, 이후에 후속 초청사업으로 지속될 가능성이 크다. 작품 성공을 위한 시간과 공이 많이 들어가고, 예산도 더 투여되지만, 공연예술 국제교류에서는 최상위 단계의 사업이다.

한국국립극장과 프랑스 샤이오 국립극장이 공동 제작한 〈시간의 나이〉는 프랑스의 안무가가 한국무용을 새롭게 해석하고 안무한 작품이다. 이 작품은 한국 춤의 전통과 음악이, 한국의 현대와 일상이, 무용, 음악, 영상과 어우러져 '매력적인 미지의 세계'를 프랑스 관객에게 느끼게 해준 독창성과 파격성이 돋보였다. 비록 후속 초청이 이어지지는 못했지만, 한국 무용이 세계적인 안무가에 의해, 세계가 주목하는 걸작 무용이 선택되는 곳에서 온전히 공연되고 평가받는 기회는 그리 쉽지 않은 일이다. 다른 무용 공연들의 후속 진출을 위한 디딤돌은 잘 놓은 것으로 보인다.

앞의 장에서 소개한, 한국 국립극단과 프랑스의 지역 국립극장인 오를레앙 국립연극센터가 공동 창·제작한 연극 〈빛의 제국〉은 2016년 양국에서 초연되고, 2017년 프랑스 투어에 이어 2022년에 3차 프랑스 투어까지 결정되어 있다. 연출가와 배우들 그리고 다른 공연기관들인 렌(Rennes) 국립극장과 우란문화재단에까지 이어져서 서로 협력하였던, 바람직하고, 지속된 교류를 배태한 경우이다. 국립극단은 리모쥬 국립연극센터와 협력하여 〈로베르토 주코〉(2016. 9. 23~10. 16, 명동예술극장)도 제작하였다.

필자가 재직 중인 한국예술종합학교 연극원은 아비뇽의 알극장(Théâtre des

Halles)과 함께 〈모두에 맞서는 모든 사람들〉(2016. 5. 31~6. 2, 한국예술종합학교 예술극장/ 7. 6 ~28, 알극장)을 서울과 아비뇽축제에서 성황리에 공연을 하였다. LG아트센터가 샤이오 국립극장의 제작에 참여한 공연 〈Light Bird〉도 특기할만하다. 무용수 이선아, 박유라가 출연하고, 음악가 원일이 참여한 이 작품은 6마리의 학이 무용수와 함께 하는 공연인데, 2014년 말부터 안무가 뤽 페통(Luc Petton)이 방한하고, 워크샵과 오디션을 하는 등 오래 준비하고, 성공한 공동 제작 공연이었다. 그 결과 프랑스 내 10개 도시에서 24회 공연을 하였으나, 2016년 4월 LG아트센터 공연은 조류독감의 여파로 학이 여행할 수 없게 되어 무산되고 말았다. 국제교류로만 할 수 있었던 새로운 예술적 시도와 협력은 성공적이었으나, 한국 관객을 만나지 못한 아쉬움은 크게 남는다.

　　한국의 해 마지막 시기에는 아비뇽축제 외에도 오리악 거리극축제 등 프랑스 내 여러 거리예술축제들, 파리여름축제, 재즈 수 레 포미에(Jazz sous les pommiers) 축제 등 프랑스의 수많은 축제들이 다양한 한국 작품들을 초청하여, 가족, 관광객으로 확대된 관객들을 만나게 하였다. 오랫동안 한국의 축제 감독, 기획자들이 세계적인 작품을 한국에 초청하기 위해서 방문하던 예술축제들이다. 이번에는 역으로 그들이 한불상호교류의 해를 맞아 좋은 한국 작품들을 찾기 위해 몇 년간 기꺼이 한국을 방문했고, 한국 작품들이 성공적으로 그들의 축제에 초청되었다. 게다가 또 다른 고무적인 점은, 예술단체들 간에도 여러 편 공동 제작을 한 것이다. 이때에는 '양국의 관련 기관과 축제들이 그들과 협력' 하여 관객을 만나는 장을 다양하게 풀어내어 주었다. 불꽃거리예술의 불꽃화랑팀과 카르나비르의 〈길〉, 한국 올웨이즈 어웨이크 거리극 단체와 프랑스 오스모시스(Osmosis)의 〈내 땅의 땀을 위해 A la sueur de ma terre〉 등이 적어도 3곳 이상의 투어를 양국에서 이뤄냈으며, 상호 지속적 협력을 계속하고 있다. 국제 거리예술 분야에서 일방향적인 수입 중심의 국제교류가 균형을 맞추어, 이제 한국의 작품들이 그들에게 선택받기 시작하는 전환점이 되었다.

　　그밖에도 그룹 잠비나이(국악헤비메탈)와 이디오테잎(일렉트로니카)은 각종 페스티벌과 다양한 공간을 휘저으며 각각 24개소와 10여 곳에서 일년 내내 젊은 관객들을 몰고 다녔다. 그들이 세계무대에서 자리를 잡는 훌륭한 계기가 된 한해였다. 이 책에서 일일이 다 언급하진 못했지만, 프랑스 내에서의 모든 사업들은 당연히 한국 측의 전문 파트너들이 함께 했다. 이 책에서 소개한 이상의 여러 예술축제들이나 문화재단들, 예술가 단체들이 이 좋은 기회를 놓치지 않았고, 또 그간의 실력을 유감없이 펼쳐낸 주인공들이다.

비록 우리 측 단독 행사이긴 했으나 〈케이콘 KCON 2016〉(CJ E&M 주최, 2016. 6. 2, Accor Arena)은 공식인증사업 중 가장 대규모의 케이팝 및 문화콘텐츠사업이었다. 구 베르시(Bercy) 체육관 자리인 공연장에는 1만 2천 석이 하루 만에 매진되었고, 의료진까지 동원되는 열광적인 3시간 공연에 프랑스는 물론 유럽의 젊은 관객들이 모였다. 샤이니, 방탄소년단, 블락비, IOI, F(x), FT아일랜드 등 정상급 케이팝 스타들이 유럽 팬들을 만족시키는 공연을 해주었다. 또 한 번 현장에서 팬들을 만나는 축제의 장이 뜨겁게 열렸다. 분명 한국 대중예술가들의 세계 무대 활동에 시너지를 준 하루가 되었을 것이다.

2015-16 한불상호교류의 해의 의의와 준비과정, '프랑스 내 한국의 해' 주요 프로그램들을 간략히 살펴보았다. 미처 언급하지 못한 다른 훌륭한 사업들과, 그만한 비중과 파급력이 있었던 '한국 내 프랑스의 해'를 소개하지 못해서, 또 함께 일했던 더 많은 양국 동료들을 일일이 언급하지 못해서 미안하고 아쉽다. 한국과 한국의 문화예술에 관심과 호기심이 있는 프랑스인들에게, 또 프랑스의 문화예술인들에게 '2015-2016 한불상호교류의 해'는 특별한 만족감과 의미, 그리고 중요한 계기를 마련한 것으로 믿으며 부족한 글을 마무리한다. 부디 양국의 예술가들과 실무진이 희망한 대로, 이 한 해의 풍성함이 양국의 문화교류의 차원을 한 단계 높이고, 지속 가능한 교류를 위한 새롭고도 탄탄한 발판이 되었기를 바란다.

제언으로 맺으며

세계를 무대로 국제 문화예술 교류를 지속 가능하게 하기 위하여 어떤 구체적인 일을 다시 생각해봐야 할지를 정리해보자. 우리는 42년 전부터 시작하여 현재 29개국에서 32개의 한국문화원을 운영하고 있다. 먼저 이 문화원들의 활동을 현지인들을 중심에 두고 활성화시켜야 하겠다. 한국문화를 전 세계에 알리는 일을 목표로 삼는 단계를 넘어서야 한다는 말이다. 국가 홍보의 수단으로 문화원을 설립하고 운영하는 것도 이제는 뒤로 숨겨야 하겠다. 이 책의 사례에서 보듯이 현지 사회와의 안정적인 협력 관계를 만들어서, 그 활동이 일상화되고, 전문화되기도 하는 일이 절실히 필요하다. 그 결과로서 국가나 문화의 홍보는 얻게 된다. 이를 위해 문화권별로 다른 특정한 전략과 지원이 필요할 것이다. 문화원별로 단 한 명 파견된 원장이 행정/외교적 보고와 정부의 과제를 수행하기에 벅차서, 국내 홍보용 국제정치적 장치가 되기 쉬운 문화원에 좀 더 폭넓은 자율적인 여유를 주자. 정부는 국제문화 전문가 양성과 맞춤형 사업 개발에 재외문화원이 기여할 수 있게, 일인 원장들에게 귀기울일 필요가 있다. 한국문화원 설립 42년사에서 수많은 인력들을 소모했을 뿐, 사람을 남겨 키우지 못했음을 상기해야 하겠다.

한편, '재외 국민과 재외 한인예술가들'은 늘 애매한 지점에 놓여 있다. '한국 문화 애호가와 한국 문화 전문가인 현지인들' 또한 이들처럼 가끔 취재나 동원의 대상일 뿐이었다. 실상 이 모두가 지속 가능한 국제교류의 주역임을 이 책에서 확인하였다. 이들에 대한 우리의 진정한 관심과 이들을 위한 구체적이면서도 중, 장기적인 정책과 전략이 필요하다. '한국 문화와 관련된 사업을 하고 있는 재외 국민이나 외국인들' 또한 매우 중요하다. 그들의 성공은 곧 문화적인 확산이 되며, 그들이 잘못되면 우리 문화에 대한 왜곡이 현지에서 쉽게 발생, 확산된다.

청년 일자리 창출 대상을 국내에서만 찾을 것이 아니라, 시각을 전 세계로 넓히면, 한국 청년들이 관심과 열정을 가지고 창출할 수 있는 문화적인 일자리는 얼마든지 개발될 수 있음을 프랑스의 사례에서 확인할 수 있었지 않은가. 아직까지 아무런 공적인 지원과 관심을 받지 못하고 있으나, 영미권 및 교포 사회의 인구가 많은 나라 외에도 그들이 진출할 나라와 문화권은 수없이 많다. 이상은 세계 현지 사회에서 일상적으로 우리 문화가 활성화되기 위한 해외 현지에서의 고려사항들이다.

눈을 국내로 돌려보자. 이 책에서 언급한 수많은 '문화예술 국제교류 관련 기관들'이 다행히도 국내에 존재한다. 하지만 이들 공공기관들은 주로 정부나 지자체의 사업들을 대행하거나, 국가 정책에 맞추어 사업예산을 따내고 있다. 무릇 공공기관은 행정 중심주의에 갇혀있어서, 대개 무겁고 느리다. K-pop이나 드라마, 한식 등 민간이 키워낸 속칭 한류사업들이 오랫동안, 지속적으로, 전력을 다해서, 전문 인력들을 키우면서 발 빠르게 국제화를 이뤄낸 것과 비교가 된다. 이 기관들은 적어도 10여 년 전에 설립되었기에, 이제 전문성을 갖추기 시작했고, 나름의 판단과 사업계획을 세울 수 있으니, 이들에게도 관련 일을 맡겨주고, 또 책임도 묻자. 20년 가까이 된 기관들도 여전히 정부의 담당 부서의 지휘 아래에서 발전의 어려움을 겪고 있다. 그것도 순환으로 보직을 받는 중앙 또는 지방 정부 공무원의 지시를 따르니, 수많은 반복과 번복을 피하기 어렵다.

2~3년이면 바뀌는 문화기관장과 담당 보직의 짧은 임기는 가장 우선적인 국제 문화교류의 걸림돌이다. 중장기 계획 수립은 물론, 지속적, 발전적인 실행을 어렵게 만든다. 앞에서 봤듯이 해외의 파트너들은 그 반대이기에, 서로의 합이 오랫동안 조화를 이룰 가능성이 희박한 주요한 이유가 되기도 한다. 국제 문화예술 교류는 사람이 시작하고, 지속, 발전시킨다. 특히 '해외 파트너들과의 관계'에서 빚어지는 일이

많다. 우리의 기관, 축제 등에는 수장과 책임자가 너무 자주 바뀌어서, 관계가 지속, 발전되기 어렵다. 본 글에서도 독자들이 확인했을 것이다. 조직과 체계를 만들어도, 사람을 키워내지 못해서 한계가 쉽게 노출된다.

성공 기업이나 한류의 사례에서는 내용보다도, 그 인적, 물리적 기반이 어떻게 뒷받침하고 있는지에 더 주목해야 하겠다. 국제 문화예술 교류에 투여되는 공공 예산도 지극히 미미할 뿐만 아니라, 매번 단년 사업 중심이기에 중,장기적 체계도 구상하기 어렵다. 결국 문화의 시대와 세계화라는 모토도 유행처럼 이벤트화 될 수밖에 없으니, 시민들이 일상에서 공감하기는 더욱 어렵다. 따라서 시간적으로 길고, 공간적으로 넓은 국제 문화교류 사업을 위해서도 미리 계획을 세우기가 현실적으로 매우 어려워서, 매해 새로운 행사를 준비하듯이 하고 있다. 이는 매우 심각한 문제 이상이다. 민간 문화예술 단체나 기업을 육성시켜, 시민들이 그 수혜를 누릴 수 있게 하는 정책의 연장선상에서 한국 문화예술의 글로벌화의 길을 열어줘야 하겠다. 이는 절대로 상품을 해외로 수출하는 것과는 다르다. 어떤 행사를 통한 국위선양이나 한국문화 알리기와도 다르다. 한국 문화예술인들이 세계를 무대로 세계인과 만나며, 우리 문화예술의 매력을 함께 나누고, 또 세계의 문화예술인들 역시 한국을 무대로 우리와 함께 하는 일이다.

산업화 과정에서 정부 부처 간에, 민간과 정부 간에, 서로 다른 여러 이익집단들, 개인들 간에 높은 벽이 세워진 것이 많은 사회적 어려움을 풀어내는 데에 장애가 되고 있다. 이들 모두가 보편적인 시민을 대상으로 하고 있지만, 각각의 목표와 이해관계 하에서 다투는 모습을 보면서 시민들은 피로하고, 신경이 날카로워지곤 한다. 현실적 이해관계가 없는 문화예술을 통하면 모두가 서로 쉽게 이해하고 교통하고 협력하여 조화를 이룰 정신적, 정서적 기반을 만들기 쉬울 것이다. 우선 문화예술에서는 인간이 만든 모든 국가, 계층, 세대, 성, 빈부의 차이 등이 중요하지 않기 때문이다. 오히려 다름이 존중받고, 사회를 더욱 풍요롭게 하며, 현실의 어려움을 이겨내는 공통의 자존감과 힘을 준다. 그리고 문화에서 사업 자체의 목표나 결과 보다는 과정과 파생되는 후속이 더 중요한 이유도, 이때 얻게 되는 더 많은 가치들이 더 많은 사람들을 만나며 확대되기 때문이다. 문화는 수동적으로 한 개인이 한 번 체험하는 것으로 끝나지 않고, 그 공감의 파장이 주변의 더 많은 사람들에게 전해지는 것이다. 특히 국제문화교류의 과정은 생산자와 수용자가 더 넓어져서 더욱 복합적이고 새롭다. 연극예술의 특징처럼, 새롭고 낯설게 보이는 것들이 우리에게 성찰할 기회를 더 많이 제공하지 않는가.

위와 같은 내용들이 세심하게 고려된다면, 세계 무대를 지속 가능하게 열어주는 국제 문화예술 교류는 당사자들의 행사가 아니라, 우리의 일상으로 스며들게 될 것이다. 때로는 다양한 체험으로 일상의 즐거움이 커지기도 하고, 때로는 멀리 사는 세계인들과 공유하며 함께 키우는 문화로 또 다른 행복감을 느끼게도 될 것이다. 문화예술로 인해 서로 존중하는 새로운 관계는 어떤 현실적인 어려움도 함께 감당해낼 수 있는 세계 공동체의 힘이 될 것으로 기대한다. 그리하여 다양한 문화로 성숙된 국가와 국민은 섬세하면서도 품이 넓은, 평화로운 세계를 엮는 주역이 되리라고 믿는다.

글을 마치며

국제 문화예술 교류는 우리의 일상과 먼 일들일까? 국산 제품이 훌륭히 만들어지면, 수입을 할 필요가 없듯이, 국내의 문화예술이 풍요로우면 외국의 문화예술도 우리의 삶에 불필요한 것일까? '그렇다' 라고 답한다면, 우리는 새로운 변화를 멈추고, 화려하지만 외딴 섬에 사는 것과 비슷할 것이다. 특히 문화예술의 경우, 그 중심에는 사람과 공동체가 있고, 다름과 창의로움을 존중하는 의식이 있다. 소위 선진국이라 불리는 나라의 예에서 볼 수 있듯이, 국제 문화적 패쇄성은 자칫 존재하지도 않는 문화적 우월감에 빠지기 쉽게 하며, 우리와 사회를 다른 시각으로 재조망할 기회와, 우리 문화의 가치와 스스로의 자존감을 확인할 객관적인 성찰의 기회를 잃게 할 것이다. 그래서 나는 국제 문화교류는, 왕성한 수출과 수입, 국위선양의 문제가 아니라, 국내에 살고 있는 우리를 위해 더 중요한 일이라고 생각한다.

국제적인 문화예술이 우리의 일상과 함께 한다면, 예술의 본질이 그렇듯이, 우리는 낯설기에 더 새로운 즐거움을 경험하며, 우리 스스로를 돌아보는 성숙함을 얻게 될 것이다. 우리가 누리는 문화가 다양해지면, 더욱 넉넉한 존중의 품으로 서로 다른 사회 구성원들을 더 쉽게 이해하고, 또 그들의 서로 다른 모습과 가치관은 우리 사회를 더 풍요롭게 변화시키리라 본다. 아름다운 것들도 더 다양하게 많아지고, 함께 나눌 생각의 폭도 넓어지고, 서로를 바라보는 눈도 너그러워질 것이다. 문화의 힘은 결코 국력이나 경제력과는 다른, 사람의 힘이요 사회의 힘으로서, 우리를 거듭나게 한다. 그래서 세계 문화를 누리며 사는 삶은 우리로 하여금 지구촌 어느 누구와도 넉넉한 마음으로 교통할 수 있고, 어떤 가치도 함께 나누고 키워낼 수 있게 할 것이다. 문화예술의 세계에서는 예술가나 관객 모두에게서 국적이나 계층, 성, 빈부, 세대를 나누는 일은 없다. 다만 함께 공감하고, 나누고, 공유할 마음과 정신의 다양한 가치들이 가득하다. 정치, 경제, 군사, 전쟁이 갈라놓은 지구인들 중 어떤 이들의 문화에도 귀기울이고, 지켜봐줄 수 있다면, 또 우리 문화를 그들과 함께 나눌 수 있다면, 우리는 선진 국민이 아니라, 성숙된 세계 시민이 될 것이다.

방탄소년단이 벌어들이는 재화나 국위선양이 자랑스러운 것이 아니라, 그들이 음악과 쌍방향 의사소통으로 품고 있는 세계인들과 함께 만들어 낸 문화가 자랑스럽다. 백범 김구 선생님의 '나의 소원'은 "우리나라가 세계에서 가장 아름다운 나라"가 되는 것이며, 이는 "높은 문화의 힘"으로 이루어진다고 믿는다. 수많은 전쟁과 식민 지배, 경제적인 어려움에도 불구하고 우리를 지켜주었고, 또 우리가 지켜낸 전통예술과 정신 문화를 경험한 외국인들은 망설임 없이 대한민국과 국민들을 존경한다고 얘기한다. 정치, 경제, 군사 등 그 무엇도 할 수 없지만, 문화는 우리를 존중받고, 존경받게 한다. 비록 소수 민족이라도 그들이 공유하고, 지켜온 문화에도 우리가 관심을 가지며, 그들을 존중하고, 이해의 폭을 넓히고, 배려하며 함께 살면 어떨까. 우리 스스로가 더욱 성숙해지지 않겠는가. 세계 평화는 지구촌이 폭넓게 공유하는 문화로 지켜진다고 믿는다. 이 일은 '세계에서 가장 아름다운 나라'의 국민이 만들어 낼 높은 '문화의 힘'으로 이루어질 것이다.